Android mit Kotlin

kurz & gut

Android mit Kotlin

kurz & gut

Jörg Staudemeyer

O'REILLY®

Jörg Staudemeyer

Lektorat: Alexandra Follenius
Korrektorat: Sibylle Feldmann, www.richtiger-text.de
Herstellung: Susanne Bröckelmann
Umschlaggestaltung: Michael Oréal, www.oreal.de
Satz: III-satz, www.drei-satz.de
Druck und Bindung: M.P. Media-Print Informationstechnologie GmbH, 33100 Paderborn

Bibliografische Information Der Deutschen Nationalbibliothek
Die Deutsche Nationalbibliothek verzeichnet diese Publikation in der Deutschen Nationalbibliografie; detaillierte bibliografische Daten sind im Internet über *http://dnb.d-nb.de* abrufbar.

ISBN:
Print 978-3-96009-038-0
PDF 978-3-96010-204-5
ePub 978-3-96010-205-2
mobi 978-3-96010-206-9

Dieses Buch erscheint in Kooperation mit O'Reilly Media, Inc. unter dem Imprint »O'REILLY«. O'REILLY ist ein Markenzeichen und eine eingetragene Marke von O'Reilly Media, Inc. und wird mit Einwilligung des Eigentümers verwendet.

1. Auflage

Wieblinger Weg 17
69123 Heidelberg

5 4 3 2 1 0

Inhalt

Teil II: Apps implementieren

Teil III: Systemfunktionen

Referenzteil

Vorwort

Android mit Kotlin – kurz & gut wendet sich an Programmiererinnen und Programmierer, die sich das für die Entwicklung von Android-Apps erforderliche Grundlagenwissen rasch aneignen möchten und nicht erst dicke Lehrbücher und unübersichtliche Webanleitungen durcharbeiten wollen. Das Büchlein führt Sie kurz und knapp in die technischen Zusammenhänge und Vorgehensweisen ein und bietet eine Kurzreferenz für die wichtigsten zur Android-Entwicklungsumgebung gehörenden Begriffe, Werkzeuge, APIs usw.

Android-Programmierung ist ein sehr umfangreiches Thema, das sich in diesem Kurz-&-gut-Bändchen nicht annähernd in der Breite und Tiefe darstellen lässt, wie Sie es zur Programmierung ernsthafter Anwendungen benötigen. Daher werden Sie auch weiterhin auf die ausführliche Android-Dokumentation und andere Informationsquellen (siehe unten) zurückgreifen müssen, wenn es um weitere Funktionen oder kompliziertere Details geht. Schwerpunktmäßig beschränken wir uns hier auf die Programmierung von Apps für Smartphones und Tablets; was die grundsätzlichen Mechanismen angeht, sind die Unterschiede zur Programmentwicklung für Fernseher, Uhren, Automobilkonsolen usw. jedoch nicht allzu groß.

Ungeachtet seines abweichenden Titels ist dieses Buch eine überarbeitete und umstrukturierte dritte Auflage von *Android-Programmierung kurz & gut*. Ein wesentlicher Unterschied zu den vorangegangenen Auflagen besteht darin, dass die Codebeispiele nicht mehr in Java, sondern in der neuen Programmiersprache Kotlin formuliert sind. Kotlin bietet – gerade in der Android-Programmierung – viele Vorteile und ist für Java-Programmierer relativ leicht zu lernen. Um den Übergang zu erleichtern, haben wir das

Kapitel 3, *Kotlin für Android*, hinzugefügt, das die wichtigsten Unterschiede zwischen Kotlin und Java in kompakter Form erläutert.

Vorkenntnisse

Um dieses Buch erfolgreich nutzen zu können, sollten Sie über gewisse Vorkenntnisse verfügen. In erster Linie gehört dazu ein solides Grundwissen über die Java-Programmierung (Java SE) im Speziellen und die moderne Rechner-, Netzwerk- und Datenbanktechnik im Allgemeinen. Daneben sollten Sie sich aber auch schon etwas mit dem Gebrauch von Android-Geräten auskennen und möglichst ein halbwegs aktuelles Android-Telefon oder -Tablet zum Ausprobieren besitzen. Einige Erfahrungen mit der Java-Entwicklungsumgebung IntelliJ IDEA können nicht schaden, sind aber keine Voraussetzung.

Android-Versionen

Die Codebeispiele und Erläuterungen sind so gewählt, dass sie noch auf Geräten mit der Android-Version 4.0 (*Ice Cream Sandwich*) und höher laufen, das schließt aber nicht die Verwendung neuerer Features (zurzeit bis Android 8.1) aus, sofern sie durch ergänzende Android-Bibliotheken unterstützt werden. Die Darstellung der Entwicklungsumgebung beruht auf Android Studio Version 3.0 und Android SDK Version 27.

Aufbau dieses Buchs

Das Buch besteht aus drei Teilen:

Teil I – Grundlagen beschäftigt sich mit Dingen, die man (eigentlich) wissen sollte, bevor man zu programmieren anfängt. Er bietet einen groben Überblick über die Funktionsweise des Android-Systems insgesamt und die darin laufenden Apps, eine Beschreibung der umfangreichen Entwicklungsumgebung und wie man mit ihr umgeht sowie eine Einführung in die Programmierung mit Kotlin, soweit es für das Verständnis der Beispiele in diesem Buch erforderlich ist.

Teil II – Apps implementieren handelt davon, wie man Apps schreibt, aus welchen Komponenten sie bestehen, welche Mechanismen und Schnittstellen Sie beachten müssen und welche Hilfsmittel Android Ihnen dafür zur Verfügung stellt.

Teil III – Systemfunktionen hat die Fülle der technischen Möglichkeiten zum Inhalt, die Ihnen ein Android-Gerät zur Verfügung stellt, und zeigt, wie man die wichtigsten von ihnen konkret nutzt.

Der *Referenzteil* bringt schließlich verschiedene Übersichten in Listen- und Tabellenform, die den Inhalt der drei Teile ergänzen und zum späteren Nachschlagen kompakt zusammengestellt sind.

Weitere Informationsquellen

Wenn Sie sich tiefer gehend informieren möchten (und das werden Sie müssen, wenn Sie Apps programmieren), finden Sie unendlich viele Tipps, Tutorials, Foren usw., in denen fast jede erdenkliche Frage beantwortet wird. Einige Informationsquellen sind aber besonders zu empfehlen:

- Die Android-eigenen Webseiten für Programmierer bieten umfassende Dokumentationen, die nur selten Lücken aufweisen, sich aber – schon wegen ihres Umfangs – nicht immer ganz leicht erschließen: *https://developer.android.com/index.html*.
- Wenn Sie über die neuesten Entwicklungen bei Android auf dem Laufenden bleiben möchten, sollten Sie gelegentlich in das Android-Entwicklerblog von Google hineinschauen: *https://android-developers.googleblog.com*.
- Dort kann man auch einen Newsletter für Entwickler bestellen: *https://developer.android.com/newsletter/index.html*.
- Die kompakteste und gleichzeitig umfassendste Beschreibung der Programmiersprache Kotlin findet man wohl auf den Seiten des Kotlin-Projekts: *https://kotlinlang.org/docs/reference/*.
- Wer bewegte Bilder mag, findet im »Android Developer«-Kanal Stoff zum Zuschauen: *https://www.youtube.com/user/androiddevelopers*. Dort gibt es auch Beiträge zum Thema Android-Programmierung mit Kotlin.

Was gedruckte Literatur angeht, gibt es ebenfalls ein breites Angebot, hier daraus auch noch zwei Tipps.

- Soeben frisch herausgekommen: *Android Studio 3.0 Development Essentials* von Neil Smyth (Payload Media) beleuchtet wohl alle Winkel der Android-Programmierung – und kommt dabei trotz relativ kompakter Darstellung auf 82 Kapitel und über 800 Seiten! Das Buch gibt es in einer Java- und einer Kotlin-Version.
- Weniger massiv und eher auf die Besonderheiten von Kotlin im Zusammenhang mit Android bezogen ist *Kotlin for Android Developers* von Antonio Leiva (Leanpub).

TEIL I

Grundlagen

KAPITEL 1

Das Android-System

Android ist eine Kombination aus Betriebssystem und Anwendungsframework, ausgerichtet auf die besonderen Anforderungen und Möglichkeiten von mobilen Geräten. In diesem Kapitel zeigen wir, wie diese Plattform aufgebaut ist und wie auf ihrer Basis Anwendungen betrieben werden.

Versionsgeschichte

Android hat in seiner kurzen Geschichte bereits eine lange Reihe von Release-Ständen erreicht, die mit jeweils neuen oder veränderten Funktionalitäten verbunden sind. Da viele Geräte keine Aktualisierung der auf ihnen installierten Android-Version erlauben, muss man beim Konzipieren einer App immer berücksichtigen, dass auch die alten Android-Versionen noch vielfältig genutzt werden. Die Android-Entwicklungsumgebung unterstützt Sie dabei, Apps zu schreiben, die auch auf älteren Geräten noch laufen. Allerdings sind dann natürlich nicht alle Features von neueren Geräten verfügbar.

Die Fragmentierung in den Griff bekommen

Um Ihnen die Einschätzung darüber zu erleichtern, auf welche früheren Android-Plattformen Sie noch Rücksicht nehmen sollten, finden Sie unter *https://developer.android.com/about/dashboards/* eine Übersicht der aktuellen Marktanteile, die regelmäßig anhand der Zugriffe auf Google Play ermittelt werden. Gegenwärtig (November 2017) zeigt sie, dass Anwendungen, die mit Android 4.0.3 und höher kompatibel sind, über 99 Prozent des gesamten Gerätebestands abdecken.

Unter *https://developer.android.com/guide/topics/manifest/uses-sdk-element.html#ApiLevels* können Sie die Release-Notes der wichtigeren aktuellen und früheren Plattformversionen abrufen, um zu erfahren, in welchen Versionen welche neuen Funktionen eingeführt worden sind. Eine aktuelle Zusammenfassung der Versionsgeschichte finden Sie auch in der Wikipedia unter *https://de.wikipedia.org/wiki/Liste_von_Android-Versionen*.

Prinzipiell können Sie davon ausgehen, dass eine für eine Plattformversion (z.B. 4.0) erstellte App auch auf höheren Android-Versionen (z.B. 7.0 oder 8.0) funktioniert, da die APIs prinzipiell aufwärtskompatibel weiterentwickelt werden. Allerdings kann es Änderungen im Verhalten des Betriebssystems geben, die möglicherweise zu Problemen in späteren Versionen führen. Ein Beispiel dafür ist die Einführung dynamischer Berechtigungen in Android 6.0 (siehe den Abschnitt »Android-Apps«, auf Seite 20), die dazu führen kann, dass ältere Apps abstürzen, die die verfügbaren Berechtigungen nicht auf die richtige Weise abfragen, weil das in früheren Plattformversionen nicht nötig war.

Testen Sie Ihre Apps immer gegen neuere Android-Versionen, bevor diese auf dem Gerätemarkt verfügbar werden, um den Anwendern mit den neuesten Mobiltelefonen und Tablets böse Überraschungen zu ersparen.

Versionsnummer und API-Level

Jede Android-Plattformversion wird, wie traditionell bei Softwareprodukten üblich, durch eine zwei- oder dreiteilige Versionsnummer (beispielsweise »4.0.3« oder »7.0«) und einen Codenamen wie »Ice Cream Sandwich« oder »Nougat« (seit Version 1.5 immer Bezeichnungen von in den USA populären Süßwaren) gekennzeichnet.

Versionswechsel der Plattform gehen meistens, aber nicht immer, mit Erweiterungen der Android-APIs einher. Daher gibt es eine gesonderte, durchgängig ganzzahlige Nummerierung der API-Levels, also der Versionsstände der Bibliotheken, auf die sich die Dokumentationen häufig beziehen.

Wenn wir uns im Text auf eine bestimmte Android-Version beziehen, geben wir in der Regel die Versionsnummer und das API-Level an, z.B. Android 4.0.3 (API-Level 15) für »Ice Cream Sandwich MR1« oder Android 8.0 (API-Level 26) für »Oreo«.

Im Anhang auf Seite 239 finden Sie eine Übersicht aller bisherigen Android-Versionen.

Architektur

Die auf einem Android-Gerät laufende Software stellt ein komplexes, mehrschichtiges Gebilde dar. Bei der normalen Anwendungsprogrammierung bekommen Sie davon nicht allzu viel direkt zu sehen, sollten aber Bescheid wissen, um das Geschehen im System richtig verstehen zu können. Eine schematische Übersicht sehen Sie in Abbildung 1-1.

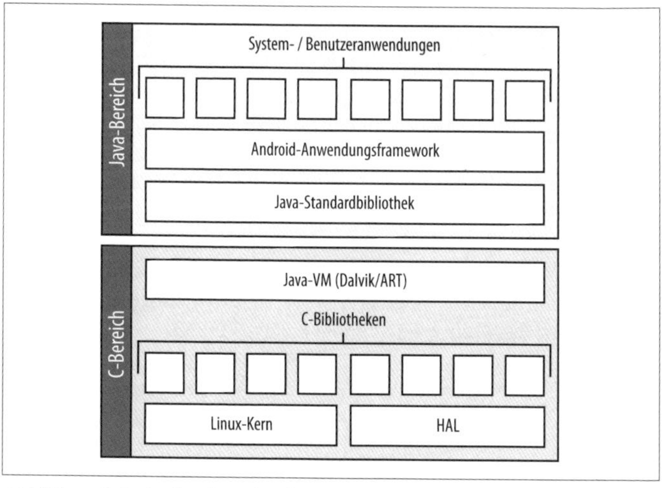

Abbildung 1-1: Android-Architektur

Der »harte Kern«

Die Systemkomponenten in den unteren Schichten des Betriebssystems bestehen aus kompiliertem C- oder C++-Code und sind für normale Android-Apps unsichtbar.

- Die Basis des Betriebssystems bildet ein angepasster Linux-Kern. Er stellt elementare Systemfunktionen wie die Prozessverwaltung, die Benutzer- und Rechteverwaltung, den Dateizugriff usw. zur Verfügung.
- Ebenfalls auf der untersten Ebene befindet sich ein *Hardware Abstraction Layer* (HAL) mit gerätespezifischen Treibern, die einen einheitlichen Zugriff auf divergierende Hardwareplattformen ermöglichen. Das HAL und die Linux-Kernels müssen von Geräteherstellern an die Besonderheiten der in ihren Geräten verbauten Hardware angepasst werden.
- Weiterhin gibt es eine Reihe von C- bzw. C++-Bibliotheken, die geräteunabhängige Basisfunktionen zur Verfügung stellen. Dazu gehören unter anderem *SQLite* als relationales Datenbanksystem und *Chromium* (bzw. früher *LibWebCore*) als schnelle HTML-Rendering-Engine.
- Die *virtuelle Maschine* (VM) dient dazu, die in einer speziellen Bytecode-Variante codierten Java-Programme der Android-Apps und des Anwendungsframeworks auszuführen. Seit Android 6.0 wird eine leistungsfähige VM namens *ART* (*Android Runtime Environment*) eingesetzt. In älteren Geräten übernimmt diese Aufgabe eine virtuelle Maschine namens *Dalvik*. Beide verarbeiten nur eine spezielle Form von Maschinenprogrammen, die sich von normalem Java-Bytecode grundsätzlich unterscheidet, da sie für einen anderen, Speicherplatz sparenden Prozessortyp optimiert ist: das *Dalvik Executable Format* (DEX).

Mit der Android-Version 8.0 wurde durch das Projekt »Treble« eine klare Abtrennung der geräteabhängigen, angepassten Teile im HAL und im Kernel vom Rest des Betriebssystems eingeführt. Dadurch wird es möglich, neue Android-Versionen einzuspielen, ohne dass die Hersteller erst einmal aufwendige Anpassungen vornehmen müssen. Damit dürfte das Ende der Zersplitterung in der Android-Landschaft eingeläutet sein. Wenn man aber bedenkt, dass auch heute noch Geräte mit dem inzwischen vier Jahre alten *KitKat* verkauft werden, kann man sich vorstellen, wie lange uns das Nebeneinander alter und neuer Android-Versionen noch erhalten bleiben wird.

Die sichtbaren Teile

Die folgenden Systemkomponenten liegen denn auch im DEX-Format vor, werden also (typischerweise) in Java programmiert und laufen auf der virtuellen Maschine (*ART* oder *Dalvik*). Bei der Entwicklung Ihrer App haben Sie ausschließlich hiermit zu tun.

- Die Java-Standardbibliotheken stellen Ihnen alle für die Java-Programmierung prinzipiell benötigten anwendungsneutralen Basisfunktionen zur Verfügung. Sie entsprechen weitgehend den vom Standard-JDK bekannten Bibliotheken, sind aber auf die Erfordernisse der Android-Programmierung angepasst. Insbesondere fehlen APIs, die im Zusammenhang mit der Android-Programmierung keinen Sinn ergeben, wie etwa AWT und Swing.
- Das Android-Anwendungsframework umfasst eine Fülle von APIs für Grundfunktionen, mit deren Hilfe Anwendungen die Features ihrer Geräte nutzen sowie eine einheitliche Darstellung und ein Höchstmaß an Effizienz und Wiederverwendung erreichen können. Es ist komplett in Java programmiert, auch wenn die eigentliche Funktionalität zu einem großen Teil durch den Linux-Kernel oder die nativen Bibliotheken zur Verfügung gestellt wird.
- Die mitgelieferten Systemanwendungen repräsentieren schließlich die gesamte für Anwender in Form von Icons im Home-Screen sichtbare Funktionalität der Android-Plattform. Mit wenigen Ausnahmen (z.B. der *Einstellungen*-App) kann die Funktionalität der Systemanwendungen vollständig durch vom Benutzer selbst installierte Apps ersetzt werden, und sie können gleichberechtigt miteinander und mit dem Betriebssystem kom-

munizieren. Das heißt auch, dass den System-Apps im Prinzip dieselben APIs zur Verfügung stehen wie Ihrer selbst programmierten App.

Es besteht auch die Möglichkeit, in C bzw. C++ (oder einer anderen Sprache) programmierten Binärcode einzubetten, um besonders zeitkritische Aufgaben zu erledigen oder interne Features direkt aufzurufen; diese Möglichkeit wird jedoch nur in speziellen Fällen benötigt und wird daher hier nicht behandelt.

Die Realisierung von in Java geschriebenen Benutzeranwendungen bildet das Thema dieses Buchs. In den weiteren Kapiteln werden wir uns damit beschäftigen, wie sie im Einzelnen funktionieren, wie man sie programmiert und welche Unterstützung das Framework bietet.

Android-Apps

Android definiert eine Reihe von Regeln und Konventionen, die eingehalten werden müssen, damit sich ein Programm überhaupt auf einem Gerät installieren und starten lässt. So ist auch genau festgelegt, aus welchen Bestandteilen eine Android-Anwendung bestehen kann und wie diese Bestandteile untereinander und mit dem Anwendungsframework kommunizieren.

Die APK-Datei

Eine Android-App besteht immer aus einer einzigen Datei, deren Dateiname mit *.apk* (Android-Package) endet. Die Datei enthält nichts weiter als ein gewöhnliches JAR-Archiv mit folgendem Inhalt (Sie können ihn selbst ansehen, indem Sie die Datei mit einem Unzip-Programm öffnen):

- *META-INF* – ein Verzeichnis mit dem JAR-Manifest (Inhaltsverzeichnis des Archivs) sowie den zur App gehörenden Zertifikaten.
- *res* – ein Verzeichnis mit den zur App gehörenden Ressourcen im Quellformat. Dies sind diverse Arten unveränderlicher Daten wie Bildschirmlayouts, Texte, Bilder und Medien, die

von einer Anwendung benötigt werden, aber selbst kein Programmcode sind.

- *resources.arsc* – eine Datei mit den Ressourcen in vorkompilierter, zur Laufzeit schnell auswertbarer Form.
- *classes.dex* – eine Datei mit dem gesamten ausführbaren Programmcode im sogenannten Dalvik-Executable-Format, das von der Android-eigenen virtuellen Maschine Dalvik bzw. ART verstanden wird.
- *AndroidManifest.xml* – eine Datei mit den Metadaten der App, die sowohl vom App-Shop als auch vom Android-Framework auf dem Gerät bei der Installation und beim Betrieb ausgewertet wird.

App-Betrieb in der Sandbox

Android-Anwendungen laufen typischerweise auf mobilen Geräten, die spezielle Anforderungen an die auf ihnen betriebenen Programme stellen. Dazu gehören begrenzte physische Ressourcen, eine Vielzahl von eng miteinander verwobenen Anwendungen aus unterschiedlichen Quellen, aber auch die Fähigkeit, auf bestimmte Ereignisse (vor allem eingehende Telefonanrufe) unvermittelt reagieren zu können. Um unter diesen Bedingungen einen sicheren Betrieb zu gewährleisten, müssen die Anwendungen in einer bestimmten Art und Weise betrieben werden.

Jede Android-Anwendung wird in einer eigenen sogenannten *Sandbox* (einer weitgehend isolierten Umgebung) betrieben, in der sie nur die Rechte für den Zugriff auf diejenigen Daten und Gerätefunktionen hat, die sie für ihre spezifischen Aufgaben benötigt.

Dies wird dadurch erreicht, dass jede Anwendung in der Regel unter einem eigenen Linux-Benutzerkonto läuft, von dem allerdings weder Anwender noch Anwendungsprogrammierer etwas wahrnehmen. Die Zugriffsberechtigungen aller zu einer Anwendung gehörenden Dateien im Systemspeicher werden standardmäßig so eingestellt, dass nur das eigene Benutzerkonto darauf zugreifen kann.

Sofern sich eine Anwendung nicht gerade in der Entwicklung befindet und über die Entwicklungsumgebung gestartet wird, lässt sie sich nur installieren, wenn sie mit einem Zertifikat des Herstellers signiert ist. Das Zertifikat muss nicht von einer offiziellen Zertifizierungsstelle ausgestellt worden sein (und ist es in der Regel auch nicht), denn es dient nur dazu, Anwendungen verschiedener Herkunft sicher voneinander zu trennen.

Man kann auch mehrere Anwendungen so einrichten, dass sie gemeinsam unter demselben Linux-Konto laufen und gegenseitig auf ihre Dateien zugreifen können. Das erfordert aber, dass sie mit demselben Zertifikat signiert sind – also praktisch aus derselben Quelle stammen.

In der Regel läuft jede Anwendung vollkommen getrennt von allen anderen Apps in ihrem eigenen Prozess und damit in ihrer eigenen virtuellen Maschine. Der Prozess wird vom Betriebssystem gestartet, sobald eine ihrer Anwendungskomponenten aufgerufen wird. Er wird spätestens dann wieder beendet, wenn die Anwendung nicht mehr aktiv ist und der von ihr beanspruchte Arbeitsspeicher für andere Zwecke benötigt wird.

Trotz der strikten Trennung der Anwendungen ist es möglich, dass verschiedene Anwendungen auf einem System untereinander Funktionen aufrufen und Informationen austauschen können. Das funktioniert aber nur, indem alle ausgetauschten Informationen von der absendenden App serialisiert (d.h. von einer internen Objektstruktur in eine sequenzielle Form codiert) und von der empfangenden App deserialisiert (d.h. wieder zu einer internen Objektstruktur decodiert) werden. Das Anwendungsframework bietet dafür unterstützende Funktionen, allerdings müssen festgelegte Regeln eingehalten werden. Außerdem setzt die Kommunikation mit anderen Apps häufig bestimmte Rechte voraus.

Berechtigungen

Wenn eine App auf Informationen zugreifen will, die außerhalb des eigenen Zuständigkeitsbereichs liegen, oder Aktionen ausführen will, die sich außerhalb auswirken, benötigt sie dafür entsprechende

Rechte. Damit ein solches Recht in Anspruch genommen werden kann, muss es im Manifest deklariert werden. Wenn das Recht nicht deklariert ist, kann die App die betreffenden Aktionen nicht ausführen; schlimmstenfalls stürzt sie ab.

Eine Reihe dieser Rechte, die von Android als »kritisch« markiert sind, bekommt die App lediglich mit expliziter Zustimmung des Benutzers. Bis zur Android-Version 5.1 (API-Level 22) werden diese Rechte nur bei der Neuinstallation einer App abgefragt (und gegebenenfalls bei einem Update, wenn zusätzliche Rechte benötigt werden): Die Benutzer müssen vor dem Aufspielen der App zustimmen, dass diese die entsprechenden Rechte in Anspruch nehmen darf. Wenn die Frage dazu verneint wird, lässt sie sich nicht installieren.

Seit Android 6.0 werden die Benutzer erst dann gefragt, ob sie mit der Vergabe eines Rechts an eine App einverstanden sind, wenn das Recht tatsächlich benötigt wird. Dadurch können Rechte einer App von Fall zu Fall nach Bedarf zugebilligt werden.

In Kapitel 4, *Apps programmieren*, finden Sie Details zum Festlegen und Abfragen von Berechtigungen in der Anwendung.

KAPITEL 2

Entwicklungsumgebung und Entwicklungsprozess

Ein fester Bestandteil von Android ist die umfangreiche, umfassend dokumentierte Entwicklungsumgebung, mit der sich Anwendungen komfortabel entwickeln, unter realitätsnahen Bedingungen testen, schließlich veröffentlichen und damit potenziellen Anwendern auf der ganzen Welt zugänglich machen lassen.

Um selbst Android-Apps entwickeln zu können, benötigen Sie die Entwicklungsumgebung *Android Studio* und das *Android Software Development Kit* (Android SDK). Daneben gibt es noch ein *Native Development Kit* (Android NDK), das zur Entwicklung von Programmen in C oder C++ und nur in sehr speziellen Fällen benötigt wird; es soll daher hier nicht weiter behandelt werden.

> Die Darstellungen in diesem Kapitel beruhen auf der Android-Studio-Version 3.0 und der SDK-Version 27, Stand November 2017. Die Entwicklungsumgebung ist der Teil von Android, der sich am schnellsten fortentwickelt. Es ist daher nicht auszuschließen, dass sich Aussehen und Funktionsweise der Werkzeuge schon wieder in Details verändert haben, wenn Sie dieses Buch lesen.

Installation

Um den Arbeitsplatz eines Android-Entwicklers einzurichten, genügt es, Android Studio zu installieren. Alle benötigten Werkzeuge sind im Installationsprozess enthalten oder werden (mehr oder weniger) automatisch hinzugeladen.

Voraussetzungen

Sie benötigen einen neueren, möglichst leistungsfähigen Arbeitsplatz-PC mit einer aktuellen Version eines der Betriebssysteme Microsoft Windows, Linux oder Mac OS X und ein paar Gigabyte Plattenplatz. Im Einzelnen wird gegenwärtig die folgende Geräteausstattung vorausgesetzt:

- Eines der folgenden Betriebssysteme:
- Windows 7, 8 oder 10
- Mac OS X (Intel) 10.10 bis 10.13
- Linux mit GNOME- oder KDE-Desktop und glibc 2.19 oder höher
- Ein 64-Bit-System (sofern Sie den Emulator verwenden wollen, was auf jeden Fall zu empfehlen ist).
- Mindestens 4 GB RAM (besser 8 GB oder mehr).
- Etwa 4 GB freier Plattenplatz.
- Bildschirm mit mindestens 1.280 × 800 Pixeln.

Es ist nicht mehr erforderlich, dass auf dem Rechner eine Java-Entwicklungsumgebung (JDK) installiert ist, da Android Studio selbst ein *OpenJDK* mitbringt.

Wenn Sie Android Studio auf einem 64-Bit-Linux-Rechner betreiben wollen, benötigen Sie einige zusätzliche Bibliotheken. Näheres dazu ist unter *https://developer.android.com/studio/install.html* beschrieben.

Android Studio installieren

Nehmen Sie sich etwas Zeit. Die Android-Entwicklungsumgebung ist sehr umfangreich, und wenn Sie sie zum ersten Mal installieren, muss erst einmal einiges herunter- und nachgeladen, ausgepackt und initialisiert werden, bis Sie die erste App fertig angelegt haben.

Laden Sie die zu Ihrem Betriebssystem und Ihrem Prozessortyp passende Installationsdatei von der Seite *https://developer.android.com/studio/index.html* herunter. Dort finden Sie auch detailliertere Angaben zum Installationsprozess und den Installationsvoraussetzungen.

Wenn Sie ein 64-Bit-Windows-System haben, laden Sie am besten das All-inclusive-Installationspaket (*android-studio-ide-XXX-windows.exe*), starten es und folgen den Anweisungen. Sie bekommen dann Android Studio fertig installiert und können es über ein Desktopsymbol oder das Startmenü aufrufen.

Wenn Sie Linux verwenden, laden Sie die entsprechende Archivdatei (*android-studio-ide-XXX-linux.zip*) und packen das darin enthaltene Verzeichnis *android-studio* an geeigneter Stelle aus, z.B. im Verzeichnis */opt*. Starten Sie dann das in dem Unterverzeichnis *bin* liegende Programm *studio.sh*.

```
$ sudo unzip android-studio-ide-171.4408382-linux.zip -d /opt
$ /opt/android-studio/bin/studio.sh
```

Nachdem Sie Android Studio gestartet haben, können Sie über das Menü *Tools → Create Desktop Entry* ein Startsymbol auf dem Desktop erzeugen.

Die Entwicklungsumgebung einrichten

Wenn Sie Android Studio zum ersten Mal starten, werden Sie zunächst gefragt, ob Sie die Konfiguration aus einer früheren Installation übernehmen möchten. Wenn ja, können Sie hier das entsprechende Verzeichnis angeben.

Danach startet ein Assistent, der Sie in mehreren Schritten durch die Einrichtung von Android Studio führt. Im ersten Schritt werden Sie nach dem Typ der Installation gefragt. Wählen Sie hier der Einfachheit halber *Standard* aus, andernfalls können Sie selbst festlegen, wo die Dateien des SDK auf dem Rechner abgelegt werden. Unabhängig von Ihrer Entscheidung erscheint noch die Auswahl zwischen verschiedenen, teilweise vom Betriebssystem abhängigen Bildschirmoptiken, zwischen denen Sie sich frei entscheiden können.

Auf der letzten Seite bekommen Sie dann die Liste Ihrer Einstellungen präsentiert, die im Wesentlichen diverse herunterzuladende Komponenten aufzählt. Bestätigen Sie diese, beginnt ein längerer

Prozess, in dem zahlreiche, zum Android SDK gehörende Pakete heruntergeladen, ausgepackt und abgespeichert werden.

Nach dem Abschluss dieses Vorgangs erscheint ein Startfenster, in dem Sie auswählen können, ob Sie ein neues Projekt beginnen, ein bestehendes Projekt öffnen oder irgendeine andere Aktion ausführen möchten (siehe Abbildung 2-1).

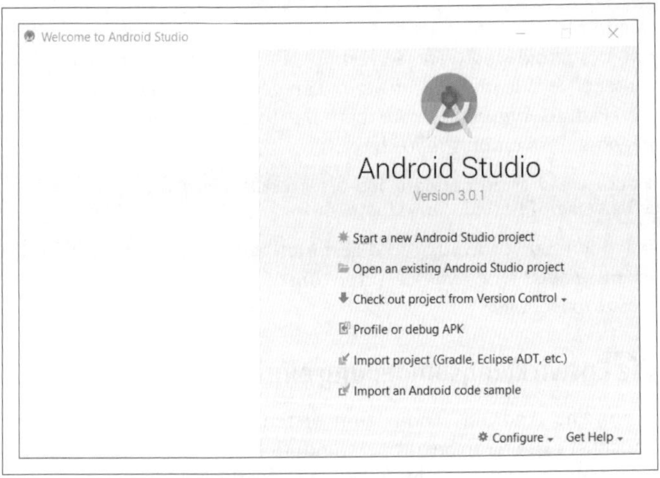

Abbildung 2-1: Startfenster von Android Studio

Pfade setzen

Nach der Installation des Android SDK ist es sinnvoll, die Pfade zu den Befehlszeilenwerkzeugen in die PATH-Umgebungsvariable aufzunehmen. Dies sind unter Windows normalerweise diese Verzeichnisse:

- *C:\Users\<user>\AppData\Local\Android\sdk\tools\bin*
- *C:\Users\<user>\AppData\Local\Android\sdk\platform-tools*

Unter Linux sind es diese:

- *~/Android/sdk/tools/bin*
- *~/Android/sdk/platform-tools*

Die Entwicklungsumgebung im Überblick

Die Android-Entwicklungsumgebung ist sehr umfangreich und enthält eine Fülle von Werkzeugen, mit denen Programmierung und Tests unterstützt werden. Die wichtigsten von ihnen sollen hier kurz vorgestellt werden.

Android Studio

Android Studio ist eine integrierte grafische Entwicklungsumgebung speziell für Android. Sie basiert auf der äußerst beliebten und weit entwickelten Java-Entwicklungsumgebung *IntelliJ IDEA* der Prager Firma JetBrains. Da JetBrains zugleich Schöpfer von Kotlin ist, findet man hier auch eine hervorragende Unterstützung für das Programmieren in dieser Sprache.

Android Studio ist praktisch die »zentrale Schaltstelle« für alle Aufgaben zur Realisierung eines Android-Projekts. Dazu gehören insbesondere die folgenden Features:

- Eine einfache und übersichtliche Möglichkeit, zwischen den verschiedenen Dateien eines Android-Projekts zu navigieren.
- Komfortable Editoren für die unterschiedlichen Arten von Dateien, die in der Android-Programmierung benötigt werden, darunter Java- und Kotlin-Quellprogramme, GUI-Layouts und andere spezifische XML-Dateien, Icons usw.
- Automatische Prüfung der syntaktischen Korrektheit und der Gesamtkonsistenz während der Entwicklung.
- Arbeitsoberflächen für alle wichtigen Android-Tools wie den Debugger, den Monitor usw.
- Anbindung an bekannte Versionsverwaltungssysteme wie Git und Subversion.

Android Studio konfigurieren

Android Studio verfügt über umfangreiche Konfigurationsmöglichkeiten. Diese sind über das Menü *File → Settings* zu erreichen. Es lohnt sich, den ganzen verschachtelten Einstellungsdialog einmal durchzugehen, um einen Überblick darüber zu bekommen, an welchen Stellschrauben sich insgesamt drehen lässt.

Alternative Entwicklungsumgebungen

Anstelle von Android Studio können Sie im Prinzip auch eine andere Entwicklungsumgebung einsetzen, da sich das Android SDK unabhängig von Android Studio verwenden lässt. Dies kann sich unter Umständen anbieten, wenn die App-Programmierung innerhalb eines größeren Projekts eine untergeordnete Rolle spielt.

Folgende bekannte Java-Entwicklungsumgebungen bieten besondere Unterstützung für Android:

- *IntelliJ IDEA* mit dem Android-Plug-in bietet praktisch die gleichen Möglichkeiten wie Android Studio, was die Android-Entwicklung angeht, ist darüber hinaus aber auch für reine Java- (bzw. Kotlin-)Projekte geeignet.
- *Eclipse* mit dem *Andmore*-Plug-in, das eine Weiterentwicklung der früher offiziellen Eclipse-Erweiterung ADT (*Android Development Tools*) darstellt, jetzt aber nicht mehr von Google direkt unterstützt wird.
- *NetBeans* mit dem *NBAndroid*-Plug-in ist eine weitere Möglichkeit. Allerdings wird NBAndroid offenbar seit einigen Jahren nicht mehr weiterentwickelt, und diese Version dürfte nicht annähernd die Möglichkeiten von Android Studio (oder auch Eclipse-Andmore) bieten.

Sowohl für Eclipse als auch für NetBeans gibt es Kotlin-Plug-ins, die von der Firma JetBrains zur Verfügung gestellt werden, sodass auch auf diesen Umgebungen die Android-Programmierung mit Kotlin prinzipiell denkbar ist.

Das Android Software Development Kit (SDK)

Das Android SDK ist das Kernstück der Android-Entwicklungsumgebung. Es kann unabhängig von Android Studio heruntergeladen und verwendet werden und erlaubt damit den Einsatz in anderen IDEs und in Continuous-Integration-Werkzeugen wie *Hudson* oder

Jenkins. Darüber hinaus umfasst es eine Reihe von zusätzlichen Befehlszeilenwerkzeugen zu Test- und Profilierungszwecken. Die folgenden Bestandteile des Android SDK lassen sich direkt aus Android Studio heraus aufrufen und steuern.

Wichtige zum SDK gehörende Tools, die sich über das Untermenü *Tools → Android* direkt aus Android Studio heraus aufrufen lassen, sind:

- *SDK Manager* – ein grafisches Werkzeug zum Herunterladen und Verwalten der Android-Werkzeuge und Plattformpakete in den benötigten Versionen.
- *AVD-Manager* – ein Werkzeug zum Erzeugen und Verwalten von System-Images für verschiedene Gerätekonfigurationen für den Android-Emulator.
- *Android Device Monitor* – ein Hilfsmittel zum Überwachen einer laufenden App im Emulator oder in einem angeschlossenen Gerät.

Viele weitere Tools werden indirekt über Gradle-Scripts aktiviert.

Gradle

Gradle ist ein in letzter Zeit sehr populär gewordenes integriertes Werkzeug für den automatischen Build von Softwarepaketen mit ähnlicher Funktionalität wie *Make*, *Ant* oder *Maven*, aber wesentlich flexibler. Die Build-Scripts werden nicht wie bei Ant oder Maven in XML formuliert, sondern in Groovy, einer Java-basierten Skriptsprache, die neben dem üblichen prozeduralen Code auch einen deklarativen Programmierstil erlaubt.

Gradle hat die Aufgabe, anhand projekt- und modulspezifischer Build-Scripts die komplexen Build-Prozesse für den Bau der zu einem Projekt gehörenden Artefakte zu organisieren. Allerdings wird der größte Teil der Arbeit in einem Gradle-Android-Plug-in ausgeführt, das beim Build automatisch mit geladen wird und die Details der verschiedenen Abläufe enthält. Die projekt- und modulbezogenen Skripte enthalten im Wesentlichen nur die jeweils benötigten spezifischen Konfigurationseinstellungen.

Android-Emulator

Um das Testen von Anwendungen zu erleichtern, verfügt das Android SDK über einen auf dem Open-Source-Tool *QEMU* (*https://www.qemu.org/*) basierenden Emulator für Android-Geräte, der verschiedene Gerätekonfigurationen mit diversen Android-Plattformen darstellen kann. Um ihn zu nutzen, legen Sie sich ein oder mehrere sogenannte virtuelle Geräte (*Android Virtual Devices*, AVDs) an. Mithilfe der als »AVDs« bezeichneten Konfigurationen kann der Emulator verschiedene Gerätetypen mit unterschiedlichen Android-Versionen darstellen.

Alternativ besteht aber auch die Möglichkeit, ein physisches Android-Gerät, z.B. ein Mobiltelefon oder einen Tablet-Computer, über ein USB-Kabel anzuschließen (siehe den Abschnitt »Starten und debuggen« auf Seite 57).

Die Oberfläche zur Verwaltung der AVDs öffnen Sie aus Android Studio über das Menü *Tools → Android → AVD Manager* oder den entsprechenden Button.

Standardmäßig legt der AVD-Manager im SDK-Unterverzeichnis *avd* ein Verzeichnis mit Konfigurations- und Image-Dateien sowie eine *.ini*-Datei für jedes virtuelle Gerät an.

Plattformpakete

Die Plattformpakete für verschiedene Android-Versionen ermöglichen es, Apps zu schreiben, die auch auf älteren Geräten installiert und betrieben werden können, und diese entsprechend zu testen. Dazu gehören jeweils die Java-Bibliotheken einschließlich JavaDoc-Dokumentationen sowie die entsprechenden System-Images für den Betrieb im Android-Emulator.

API-Erweiterungen

Zum Android SDK gehört eine Reihe von Java-Bibliotheken, die die Funktionen, die Sie über die in den Geräten installierten Plattform-APIs erreichen können, um zusätzlichen Funktionen erweitern und ein in Grenzen von den Plattformversionen unabhängiges Programmieren ermöglichen.

Die Erweiterungsbibliotheken werden im Laufe des Build-Prozesses automatisch über Maven-Repositories heruntergeladen und in das Projekt eingebunden. Zu diesem Zweck müssen sie im Gradle-Script des Projekts entsprechend benannt werden (siehe den Abschnitt »Die Build-Scripts für Gradle« auf Seite 43). Gradle kümmert sich dann auch darum, zusätzliche Pakete einzubinden, die in Folge von Abhängigkeiten zwischen den Paketen benötigt werden.

In der Regel ist es sinnvoll, die neueste Version einer Erweiterungsbibliothek einzubinden, damit sie auch Features neuerer Geräte und neuerer Plattformversionen berücksichtigen kann.

Im Anhang in den »API-Übersichten« finden Sie eine Liste der in den Erweiterungsbibliotheken enthaltenen Pakete einschließlich der jeweils zugehörigen Gradle-Script-Einträge.

Die Unterstützungsbibliothek

Die Android-Unterstützungsbibliothek (*Support Library*) bietet die Möglichkeit, auch auf älteren Android-Geräten Features zu nutzen, die in neueren Versionen von Android entwickelt worden sind. Außerdem enthält sie zusätzliche Funktionen, die auch in den aktuellen Plattformversionen noch nicht implementiert sind.

Die Unterstützungsbibliothek besteht aus einer Vielzahl von Paketen für unterschiedliche Funktionen. Diese unterscheiden sich darin, von welcher Android-Plattformversion aus sie verwendet werden können. So kann beispielsweise ein Paket mit dem Package-Namen `android.support.v7` in Geräten genutzt werden, auf denen Android-Plattform 2.1 (API-Level 7) oder höher läuft. Die allermeisten Pakete setzen keine Plattformversionen höher als 4.0 (API-Level 14) voraus.

Typischerweise sind die einzelnen Features der Unterstützungsbibliothek auf drei unterschiedlichen Wegen implementiert: als Erweiterungen bestehender Klassen, als parallel implementierte Typen und als neue Typen.

Erweiterungen bestehender Klassen

Viele schon in früheren Android-Versionen existierende Klassen wurden in späteren Versionen um neue Funktionen erweitert. Um diese auch auf älteren Geräten nutzen zu können, gibt es in der Unterstützungsbibliothek analog benannte Klassen mit der Endung ...`Compat`, die später eingeführte Konstanten enthalten und fehlende Funktionen durch gleichnamige statische Funktionen ersetzen.

Ein Beispiel dafür ist die Basisklasse für GUI-Elemente namens `android.view.View`, die es schon seit Android 1.0 gibt, die nachträglich aber mit verschiedenen neuen Funktionen versehen worden ist. Dazu enthält die Unterstützungsbibliothek eine Klasse namens `android.support.v4.view.ViewCompat`. Somit kann man etwa den erst ab Android 2.3 (API-Level 9) vorhandenen Aufruf

```
val overScrollMode = meinView.getOverScrollMode()
```

durch

```
val overScrollMode = ViewCompat.getOverScrollMode(meinView)
```

ersetzen, was bereits auf Uraltgeräten mit Android 1.6 nutzbar ist.

Parallelimplementierungen

Zu Klassen und Interfaces, die überhaupt erst in neueren Android-Versionen eingeführt wurden, werden keine Erweiterungsklassen benötigt. Stattdessen werden sie in der Unterstützungsbibliothek unter demselben Namen und mit (weitgehend) gleicher Funktionalität eigenständig definiert.

Ein Beispiel dafür sind die in Android 3.0 (API-Level 11) eingeführten *Fragmente*. Zu allen Klassen, Interfaces und Konstanten, die für dieses Feature benötigt werden, enthält die Unterstützungsbibliothek gleich benannte Elemente mit weitgehend gleicher Funktionalität. So gibt es beispielsweise zu der Fragment-Klasse `android.app.Fragment` eine analoge Klasse `android.support.v4.app.Fragment`, die einfach im Austausch verwendet werden kann und es ermöglicht, auch auf Geräten mit Fragmenten zu arbeiten, deren Android-Version dieses Feature noch gar nicht kennt.

Neue Features

Zu guter Letzt enthält die Unterstützungsbibliothek Funktionen, die es auch in neueren freigegebenen Versionen des Android-Frameworks (noch) nicht gibt. Ein Beispiel hierfür ist das *ViewPager*-Layout, das bislang nur in der Unterstützungsbibliothek verfügbar gemacht wird.

Google Play Services

Neben der Unterstützungsbibliothek bieten die *Google Play Services* eine Möglichkeit, der Segmentierung des App-Markts durch die unterschiedlichen in Verwendung befindlichen Android-Versionen entgegenzuwirken. Dabei handelt es sich um eine eigenständige Android-Anwendung (*Google Play-Dienste*), die automatisch über den Play Store geladen wird und verschiedene Google-spezifische Dienste zur Verfügung stellt. Um auf diese Dienste zuzugreifen, binden Sie in Ihre Anwendung eine schmale Erweiterungsbibliothek ein, die entsprechende Java-Schnittstellen aufweist.

Dieses Vorgehen hat den Vorteil, dass Sie auf den Geräten, auf denen Ihre Anwendung laufen soll, immer die neueste Play-Services-Version voraussetzen können und dadurch die Abhängigkeit von alten Android-Versionen verringert wird. Gleichzeitig wird – anders als bei der oben beschriebenen Unterstützungsbibliothek – der beschränkte Anwendungsspeicher nicht durch die zusätzliche Funktionalität belastet, da diese sich ja in einer gesonderten App befindet, die sich ohnehin auf dem Gerät befindet und von mehreren Anwendungen gemeinsam genutzt wird.

Das SDK konfigurieren

Der *Android SDK Manager* dient dazu, die für die Entwicklung Ihrer App benötigten Pakete in das SDK zu laden und bei Bedarf zu aktualisieren oder auch wieder zu entfernen.

Sie erreichen den SDK Manager (neben der Anwahl aus dem Startfenster heraus) in Android Studio über das Menü *Tools → Android → SDK Manager* oder den entsprechenden Button in der

Werkzeugleiste. Darin sind die beiden Register *SDK Platforms* und *SDK Tools* von Interesse.

Plattformversionen konfigurieren

Unter *SDK Platforms* ist die Reihe der verfügbaren Plattformversionspakete mit der Versionsnummer, dem Codenamen, der API-Level- und der Revisionsnummer sowie dem Installationsstatus aufgeführt. Nach einer Neuinstallation ist typischerweise die neueste Plattformversion installiert.

Wenn Sie *Show Package Details* selektieren, klappen sich die Versionspakete auf, und Sie sehen die enthaltenen Komponenten mit ihrem jeweiligen Status. Dazu gehören:

- *Android SDK Platform* – APIs und Ressourcen, die Sie benötigen, um gegen die betreffende Version entwickeln zu können. Damit haben Sie alle Möglichkeiten zur Verfügung, die diese Android-Version bietet.
- *Sources for Android* – die Quellprogramme der Plattformversion für Debugging-Zwecke.
- *System Images* – komplette Systemabbilder für den Testbetrieb im Emulator. Es gibt Varianten für verschiedene Prozessoren (ARM EABi und Intel x86 Atom) in 32-Bit- und 64-Bit-Ausführung, mit und ohne Google Play oder Google-APIs sowie für spezielle Gerätetypen (Android Wear und Android TV).

Sie können nun, indem Sie einzelne Komponenten oder ganze Pakete an- oder abwählen und dann auf den Button *Apply* klicken, die betreffenden Elemente installieren oder von Ihrem Rechner entfernen.

Folgende Elemente sollten Sie mindestens parat haben, und zwar sowohl in der neuesten verfügbaren Plattformversion als auch in der ältesten Plattformversion, auf der Ihre App noch laufen soll (für dieses Buch sind das die Versionen 8.1 [API-Level 27] und 4.0.3 [API-Level 15]), damit Sie mit beiden testen können:

- Android SDK Platform
- Sources for Android

- Intel x86 Atom System Image (32 Bit) mit oder ohne Google-APIs, je nachdem, ob Sie diese nutzen wollen oder nicht

Die Intel-Varianten der System-Images nehmen Sie, weil der Emulator sie auf einem Intel-Rechner performanter ausführen kann als die ARM-Varianten.

Tools konfigurieren

Im Register *SDK Tools* des SDK Manager finden Sie eine Auflistung der nicht von der Plattformversion abhängigen Elemente des Android SDK, die unterschiedlichsten Zwecken dienen. Mit *Show Package Details* sehen Sie hier die verschiedenen Versionen dieser Werkzeuge. Folgende Elemente könnten Sie – in der Regel in der jeweils neuesten Version – für normale Apps benötigen:

- *Android SDK Build Tools* – die zentralen zum Bauen von Android immer benötigten Hilfsmittel.
- *Android Emulator* – zum Testen von Apps auf dem Arbeitsplatzrechner.
- *Android SDK Tools* und *Platform Tools* – sonstige Werkzeuge für die Android-Entwicklung.
- *Documentation for Android SDK* – die gesamte SDK-Dokumentation, falls Sie sie offline lesen möchten.
- *Google Play APK expansion library* – Bibliothek mit Funktionen zum Nachladen sehr umfangreicher Ressourcen über den Google Play Store.
- *Google Play Licensing Library* – Funktionen zur Lizenzierung von Apps über den Google Play Store.
- *Google Play service* – Bibliothek für die Nutzung der Google-Play-Serviceerweiterungen.
- *Google USB Driver* – Schnittstellentreiber für den Anschluss von Google-Nexus-Geräten an Windows-PCs.
- *Google Web Driver* – Selenium-Testwerkzeug für den Test von Webanwendungen.

- *Instant Apps Development SDK* – Werkzeuge für die Entwicklung von Apps, die ohne Installation auf dem mobilen Gerät ausführbar sind.
- *Intel x86 Emulator Accelerator (HAXM installer)* – Installationsprogramm für ein Programm, das die Ausführung vom x86-Images im Emulator beschleunigt.
- *Support Repository* – lokales Maven-Repository für Erweiterungsbibliotheken, die über Abhängigkeiten in Gradle-Scripts automatisch geladen und in Apps eingebunden werden.

Das SDK aktualisieren

Wenn es Neuauflagen (*Revisions*) von Paketen gibt, was durchaus auch bei älteren Plattformversionen vorkommt, können diese über den SDK Manager aktualisiert werden. So können Sie gegebenenfalls auch die SDK- und Plattformtools auf den neuesten Stand bringen. Der SDK Manager prüft beim Start automatisch, ob Ihre Versionen noch aktuell sind, und zeigt das Ergebnis rechts unter *Status* an.

Ein neues Projekt anlegen

Wenn man ein neues Android-Projekt beginnt, muss eine ganze Reihe von Dateien in einer genau festgelegten Verzeichnisstruktur angelegt werden. Das brauchen Sie allerdings nicht selbst zu tun, sondern können es Android Studio überlassen. Legen Sie über das Menü *File → New → New project…* ein neues Projekt an. Daraufhin erscheint ein Wizard, der alle benötigten Projektparameter abfragt. Diese Informationen werden teilweise im App-Manifest, teilweise in den Gradle-Scripts abgelegt.

Application name
: Ein beliebiger (aber nicht leerer) Titel für die Anwendung. Dieser Name wird im Manifest der Main-Activity zugeordnet und dient beispielsweise zur Benennung der Anwendung für Benutzer auf dem Home-Screen oder auf Google Play. Für Ihre erste Anwendung könnten Sie hier beispielsweise »Hallo« eintragen.

Company domain
Der Internet-Domainname Ihrer Firma. Er wird dazu benötigt, eine eindeutige App-ID zu generieren. Für Versuchszwecke reicht es, hier »example.com« einzutragen. Wenn Sie die App vertreiben wollen, sollte ein Domainname eingetragen sein, in dessen Besitz Sie sind.

Project location
Dateiverzeichnis, in dem das Projekt angelegt werden soll. Android Studio schlägt hier ein Verzeichnis vor, dessen Pfad aus Ihrem Home-Verzeichnis, dem Namen *AndroidStudioProjects* und dem bereinigten Anwendungsnamen besteht, in diesem Fall wäre das (unter Windows) *C:\Users\<Benutzername>\AndroidStudioProjects\Hallo*.

Package name
Name des Wurzel-Packages für die Anwendung. Dieser Name dient zugleich der eindeutigen Identifikation der Anwendung im System und in Google Play. Der Package-Name wird von Android Studio nach der in der Java-Welt üblichen Konvention der umgedrehten Domainnamen und dem Anwendungsnamen gebildet, in diesem Beispiel also `com.example.hallo`.

Include C++ support
Wird nur für Projekte benötigt, die den direkten Zugang zu Maschinencodefunktionen benötigen, und bindet dann das Android NDK (*Native Development Kit*) ein.

Include Kotlin support
Wird für Projekte benötigt, die (zumindest teilweise) in Kotlin programmiert werden. Für die Beispiele in diesem Buch ist das immer eingeschaltet.

Form factors and minimum SDK
Hier wird angegeben, für welche Gerätetypen Apps erzeugt werden sollen. Für die Zwecke dieses Buchs wird hier immer nur *Phone and Tablet* ausgewählt. Die Android-Varianten für Armbanduhren, Fernsehgeräte, Autokonsolen und *Internet of Things* werden in diesem Buch nicht behandelt.

Dazu ist die niedrigste Android-Plattformversion anzugeben, auf der die Anwendung noch installierbar sein soll. Wählen Sie diese Version so niedrig wie möglich, wenn Sie viele Nutzer erreichen wollen, aber hoch genug, dass alle benötigten Features unterstützt werden. Für die Beispiele dieses Buchs sollte hier API-Level 14 oder API-Level 15 (Android 4.0 oder 4.0.3) ausgewählt sein.

Include Android Instant App support
: Wird benötigt, wenn Ihre Anwendung auch ohne Installation ausführbar sein soll. Dies ist allerdings erst ab API-Version 23 (Android 6.0) möglich.

Zum Schluss werden Sie noch nach dem Typ der Activity gefragt, die den Haupteinstiegspunkt in die neue App bilden soll. Wählen Sie hier für Ihre ersten Versuche der Einfachheit halber am besten *Empty Activity* aus. Wenn Sie dann noch nach den Benennungen gefragt werden, belassen Sie es ruhig bei *MainActivity* für den Namen der Activity sowie *activity_main* für den Namen des zugehörigen Bildschirmlayouts und lassen die beiden Schalter *Generate Layout File* und *Backwards Compatibility (AppCompat)* aktiviert. Sie sorgen dafür, dass schon mal eine beispielhafte Bildschirmoberfläche generiert und die für den Betrieb auf älteren Geräten benötigte Erweiterungsbibliothek eingebaut wird.

Projekt- und Verzeichnisstruktur

Nach dem Klick auf *Finish* legt Android Studio das neue Projekt an. Das kann einige Zeit dauern, da – vor allem wenn es Ihr erstes Projekt ist – noch diverse Hilfsmittel nachgeladen werden müssen. Sie können die Aktivitäten anhand der vielen Gradle-Meldungen verfolgen. Am Ende öffnet sich die Arbeitsoberfläche mit zwei Fenstern für die Projektübersicht und den Editor. Bei Bedarf können sich noch viele weitere Fenster für spezielle Aufgaben in der Arbeitsoberfläche zeigen.

In Android Studio stellt sich die Struktur des Projekts in einer vereinfachten, flachen Form dar:

- *app* – Die Wurzel des App-Moduls. Bei Bedarf können noch weitere Module für spezielle Zwecke, z. B. für andere Gerätetypen, hinzukommen.
- *manifests* – In diesem Verzeichnis befindet sich die Manifest-Datei mit den für die Verteilung, die Installation und den Betrieb der App benötigten Metadaten (siehe Abschnitt »Das Manifest« unten).
- *java* – Hier befinden sich die von Ihnen zu schreibenden Java- und Kotlin-Programme. Das Wurzel-Package `com.example.hallo` taucht hier gleich mehrfach auf, da es neben dem Anwendungscode auch den Code für automatisierte Tests enthält (siehe auch den Abschnitt »Testen« auf Seite 64).
- *res* – Dies ist das Verzeichnis für die App-Ressourcen, also die unveränderlichen Daten wie lokalisierte Texte, Grafiken, Layouts, Medien usw., die von der Anwendung benötigt werden. Es enthält Unterverzeichnisse für die verschiedenen Ressourcenarten (mehr dazu in Kapitel 5, *Mit Ressourcen arbeiten*).
- *Gradle Scripts* – In diesem Verzeichnis finden Sie die Gradle-Scripts für das gesamte Projekt (*Hallo*) und jedes einzelne Modul (in diesem Fall nur *app*) sowie auch verschiedene weitere Konfigurationsdateien.

Aus der Sicht des Dateisystems sieht das Projekt etwas anders und weniger übersichtlich aus. Sie können sich das Wurzelverzeichnis ansehen, indem Sie (unter Windows) auf *app* klicken und im Kontextmenü *Show in Explorer* anwählen.

Das Manifest

Die Datei *AndroidManifest.xml* (im Android-Studio-Projekt unter *app/manifests*) enthält die Konfiguration der Anwendung. In einem frisch angelegten Projekt sieht sie beispielsweise so aus:

```
<?xml version="1.0" encoding="utf-8"?>
<manifest xmlns:android="http://schemas.android.com/apk/res/android"
    package="com.example.hallo">
```

```
    <application
        android:allowBackup="true"
        android:icon="@mipmap/ic_launcher"
        android:label="@string/app_name"
        android:roundIcon="@mipmap/ic_launcher_round"
        android:supportsRtl="true"
        android:theme="@style/AppTheme">
        <activity android:name=".MainActivity">
            <intent-filter>
                <action android:name="android.intent.action.MAIN" />
                <category android:name="android.intent.category.
                          LAUNCHER" />
            </intent-filter>
        </activity>
    </application>
</manifest>
```

Diese Manifest-Datei ist nicht ganz komplett. Beispielsweise fehlen Eintragungen zur Versionierung und zur verwendeten SDK-Version. Diese Werte sind im Gradle-Script anzugeben und werden während des Build-Prozesses automatisch hinzugefügt.

Das Wurzelelement `<manifest>` legt in einem Attribut die Package-ID (hier `com.example.hallo`) fest. Die Package-ID und der (aus dem Gradle-Script hinzugefügte) Versionscode identifizieren zusammen eindeutig die Anwendung und ihre Version.

Die Attribute von `<manifest>` und `<uses-sdk>` enthalten zunächst die Angaben, die Sie beim Anlegen des Projekts gemacht haben. Daran schließen sich Definitionen für eine simple Beispielanwendung an, die Ihnen den Start erleichtern sollen und die Sie im Laufe der Entwicklung stark verändern und ergänzen werden.

Das Unterelement `<application>` beschreibt den Inhalt der Anwendung. Das Attribut `android:allowBackup` legt fest, ob die Anwendung in der Cloud gesichert werden kann. Die Attribute `android:icon`, `android:roundIcon`, `android:label` und `android:theme` benennen das Anwendungssymbol, den Titel und das standardmäßig verwendete GUI-Thema. Das `@`-Zeichen weist jeweils darauf hin, dass es sich hier um Ressourcen handelt, und zwar beziehen sich

- `@drawable/ic_launcher` auf eine Bilddatei mit dem Namen *ic_launcher.png* in einem der Verzeichnisse *res/drawable-**, wobei der konkrete Verzeichnisname von der Bildschirmauflösung des Geräts abhängt,

- `@mipmap/ic_launcher_round` auf eine Bilddatei mit dem Namen *ic_launcher_round.png in* einem der Verzeichnisse *res/mipmap-**, wobei hier der konkrete Verzeichnisname von der aktuellen Benutzereinstellung abhängt,
- `@string/app_name` auf einen Text, der in *res/values/strings.xml* definiert ist, und
- `@style/AppTheme` auf ein Theme, das in *res/values/styles.xml* beschrieben ist.

Das Attribut `android:supportRtl` gibt schließlich an, dass die App auch mit Schriftarten umgehen kann, die von rechts nach links geschrieben werden.

Das Element `<application>` enthält zu jeder Android-Komponente der Anwendung ein Unterelement mit den entsprechenden Angaben. Eine Komponente, die hier nicht eingetragen ist, lässt sich nicht starten. Die Musteranwendung enthält nur eine Komponente, und zwar eine Activity mit dem Namen `MainActivity`, die mithilfe eines `<activity>`-Elements angemeldet wird. Der Name der Klasse steht im Attribut `android:name`, wobei ein Punkt vor dem Klassennamen darauf hinweist, dass die Klasse direkt im Wurzel-Package des Projekts liegt; der vollständige Klassenname lautet demzufolge `com.example.hallo.MainActivity`.

Über einen sogenannten *Intent-Filter* wird festgelegt, wie die Komponente vom Android-Framework behandelt werden soll. Dafür gibt es das Element `<intent-filter>` mit zwei Unterelementen: Das `<action>`-Element bestimmt, dass `MainActivity` die Haupt-Activity der Anwendung ist, also beim Hochfahren der Anwendung automatisch gestartet werden soll, und der Inhalt des `<category>`-Elements hat zur Folge, dass die Activity im Launcher aufgeführt wird.

Die Build-Scripts für Gradle

Android Studio verwendet zwei Arten von Build-Scripts, und beide heißen *build.gradle*.

Das projektbezogene Build-Script

Das Build-Script für das gesamte Projekt liegt im Wurzelverzeichnis, der relative Pfad lautet im Fall des Beispielprojekts also *Hallo/build.gradle*. Dieses Skript wird bei jedem Build-Prozess für eines der im Projekt enthaltenen Module ausgeführt; es sollte nur allgemeine, projektweite Angaben enthalten. Spezifische Angaben für die Anwendung werden eher in das modulbezogene Skript (siehe weiter unten) eingetragen. Das folgende Beispiel zeigt das generierte Build-Script für ein neu angelegtes Android-Projekt mit Kotlin-Unterstützung.

Das Skript besteht aus drei Teilen.

```
buildscript {
    ext.kotlin_version = '1.1.51'
    repositories {
        google()
        jcenter()
    }
    dependencies {
        classpath 'com.android.tools.build:gradle:3.0.0'
        classpath "org.jetbrains.kotlin:kotlin-gradle-plugin:$kotlin_
                   version"
    }
}
```

Der Abschnitt `buildscript{}` enthält Einstellungen für Gradle selbst, also die Kotlin-Version, mit der es arbeitet, die Repositories, die die benötigten Plug-ins enthalten, sowie die Paketabhängigkeiten für Android- und Kotlin-Plug-ins.

```
allprojects {
    repositories {
        google()
        jcenter()
    }
}
```

Im Abschnitt `allprojects{}` sind Einstellungen angegeben, die für alle Projekte gelten sollen. Das vorgegebene Skript enthält hier Verweise auf die Maven-Repositories von Google und JCenter, aus denen zusätzlich benötigte Bibliotheken bezogen werden können.

Wenn Sie hauseigene Repositories verwenden, können Sie hier deren Adressen eintragen.

```
task clean(type: Delete) {
    delete rootProject.buildDir
}
```

Schließlich definiert das Skript noch einen *Task*, also eine ausführbare Aktion, namens `clean`, der durch die Menüoption *Build → Clean Project* ausgelöst wird und einfach das gesamte Build-Verzeichnis löscht.

Das modulbezogene Build-Script

Daneben gibt es für jedes Modul ein eigenes Build-Script, das sich wiederum im Wurzelverzeichnis des Moduls befindet.

Viele der hier definierten Werte können Sie auch über den Einstellungsdialog setzen, den Sie in Android Studio erreichen, indem Sie in der Projektübersicht im Kontextmenü des Moduls (*app*) die Option *Open Module Settings* auswählen. Eintragungen, die Sie dort vornehmen, werden automatisch in das Gradle-Script übernommen und lösen dann gegebenenfalls eine neue Synchronisation aus.

Das Build-Script des Moduls *app* hat dementsprechend im *Hallo*-Projekt den Pfad *Hallo/app/build.gradle*. Im frisch angelegten Projekt hat es ebenfalls drei Teile:

```
apply plugin: 'com.android.application'
apply plugin: 'kotlin-android'
apply plugin: 'kotlin-android-extensions'
```

Das modulbezogene Build-Script benennt zunächst die konkret benötigten Plug-ins für den Build einer Android-App mithilfe von Kotlin.

```
android {
    compileSdkVersion 27
    defaultConfig {
        applicationId "com.example.hallo"
        minSdkVersion 14
        targetSdkVersion 27
        versionCode 1
        versionName "1.0"
```

```
        testInstrumentationRunner "android.support.test.runner.
                                  AndroidJUnitRunner"
    }
    buildTypes {
        release {
            minifyEnabled false
            proguardFiles getDefaultProguardFile('proguard-android.
                                  txt'), 'proguard-rules.pro'
        }
    }
}
```

Im Abschnitt `android{}` befinden sich Metadaten der zu erzeugenden Android-App, die nicht nur für den Build-Prozess selbst, sondern auch für die Verteilung und die Installation benötigt und zu diesem Zweck automatisch in die Manifest-Datei übertragen werden.

`compileSdkVersion`
: Das ist das API-Level, mit dem die Anwendung gebaut wird. Das entsprechende Plattformpaket muss also im SDK vorhanden sein – oder wird bei Bedarf nachgeladen. In der Regel verwendet man hier die neueste freigegebene Version.

`buildToolsVersion`
: Das ist die Versionsnummer der verwendeten Android-Build-Werkzeuge, z.B. `"27.0.1"`. Sie muss nur angegeben werden, wenn die Version von dem im Android-Plug-in vorgegebenen Wert abweicht – und fehlt daher auch im obigen Beispiel.

`defaultConfig{}`
: Dieser Unterabschnitt enthält Parameter, die in verschiedenen Produktvarianten (*Flavors*) abweichend festgelegt werden können.

`applicationId`
: Die App-ID, anhand deren die App eindeutig identifizierbar ist und die zugleich als Name des Wurzel-Packages dient.

`minSdkVersion`
: Das API-Level, das als Minimum bei der Installation auf einem Gerät vorausgesetzt wird.

`targetSdkVersion`
: Das Ziel-API-Level – es sollte in der Regel mit dem Wert von `compileSdkVersion` übereinstimmen.

`versionCode`
: Die laufende Versionsnummer der App. Muss beginnend bei 1 mit jeder Freigabe erhöht werden.

`versionName`
: Die lesbare Versionsbezeichnung, typischerweise eine durch Punkte getrennte mehrteilige Zahl.

`testInstrumentationRunner`
: Klassenname für die Ausführung von automatisierten Tests (siehe Abschnitt »Testen« auf Seite 64).

`buildTypes{}`
: Im Unterabschnitt `buildTypes{}` werden verschiedene Arten von Builds aufgeführt, die unterschiedlichen Zwecken dienen, z.B. Release oder Debugging, und deren spezifische Konfigurationsparameter in jeweils einem eigenen Unterabschnitt aufgeführt werden. Das vorgegebene Build-Script definiert hier den Build-Typ `release{}`. Build-Typen sind nicht zu verwechseln mit Flavors, die dazu dienen, Varianten für verschiedene Gerätekonfigurationen oder Kundenkreise (z.B. bezahlt oder kostenlos) zu definieren.

`minifyEnabled`
: Dieser Parameter gibt an, ob anstelle von ProGuard der Android-eigene Codeverkleinerer (*Code Shrinker*) eingesetzt werden soll. Dadurch werden die Programme nur um überflüssigen Code gekürzt, sie werden aber nicht unlesbar gemacht, sodass dieser Vorgang wesentlich schneller abläuft.

`proguardFiles`
: Bestimmt die Konfigurationsdateien für *ProGuard*. ProGuard dient dazu, unbenutzte Klassen und Funktionen aus dem Programm zu entfernen, um damit die App zu verkleinern. Außerdem kann ProGuard – entsprechend konfiguriert – den Code »vernebeln« (obufuscate), sodass unerwünschtes Dekompilieren wesentlich erschwert wird.

```
dependencies {
    implementation fileTree(dir: 'libs', include: ['*.jar'])
    implementation "org.jetbrains.kotlin:kotlin-stdlib-jre7:$kotlin_
                    version"
    implementation 'com.android.support:appcompat-v7:27.0.2'
    implementation 'com.android.support.constraint:constraint-layout:
                    1.0.2'
    testImplementation 'junit:junit:4.12'
    androidTestImplementation 'com.android.support.test:runner:1.0.1'
    androidTestImplementation 'com.android.support.test.espresso:
                                espresso-core:3.0.1'
}
```

Im Abschnitt `dependencies{}` müssen schließlich alle Abhängigkeiten von internen und externen Java-Bibliotheken und Android-Paketen im Maven-Format deklariert werden. Dabei werden mit `implementation` die Abhängigkeiten für die App an sich geregelt, während mit `testImplementation` und `androidTestImplementation` die Abhängigkeiten für die zwei Arten von Tests festgelegt werden (siehe Abschnitt »Testen« auf Seite 64). Weitere Arten von Abhängigkeiten sind in der Dokumentation des Java-Library-Plug-ins für Gradle nachzulesen (*https://docs.gradle.org/current/userguide/java_library_plugin.html*).

Im obigen Beispiel sind der Reihe nach die folgenden Abhängigkeiten eingetragen:

- Alle JAR-Dateien im Unterverzeichnis *libs*. Das heißt, wenn Sie dem Projekt eine einfache Java-Bibliothek hinzufügen möchten, legen Sie diese im Verzeichnis *Hallo/libs* ab.
- Die Kotlin-Standardbibliothek – hier für Java 7, um auch mit älteren Geräten kompatibel zu bleiben.
- Das Android-Erweiterungspaket `appcompat-v7`.
- Das Paket für das *Constraint Layout*, das im vorgegebenen Projekt für den Bildschirm verwendet wird.
- Für automatische Testläufe die *JUnit*-Bibliothek 4.12.
- Für Android-Testläufe (auf dem Gerät bzw. Emulator) das Android-Testrunner-Paket und das Espresso-Paket.

Wenn Sie weitere Android-Pakete in Ihre App einbauen möchten, müssen Sie hier die entsprechenden Eintragungen vornehmen. Wie diese auszusehen haben, können Sie in den zugehörigen Dokumentationen nachlesen.

Alternativ können Sie die Abhängigkeiten auch im Projektstrukturdialog (Menüoption *File → Project Structure…*) auf der Registerkarte *Dependencies* eintragen und anschließend das Projekt synchronisieren.

Konfigurationsdateien für Gradle

Neben den Build-Scripts sind noch weitere Konfigurationsdateien für Gradle von Bedeutung.

Die Datei *gradle.properties* enthält Angaben für Gradle als Java-Programm, z. B. die Argumente für den Start der Java-VM.

Die Datei *settings.gradle* ist selbst ein Gradle-Script und enthält die zum Projekt gehörenden Module. Da es am Anfang nur ein Modul namens *app* gibt, ist es nur diese eine Zeile:

```
include ':app'
```

Wenn Sie weitere Module anlegen, müssen Sie diese also hier hinzufügen, beispielsweise:

```
include ':app',':lib'
```

Mit den Doppelpunkten am Anfang der Verzeichnisnamen deuten Sie an, dass es sich hier um Gradle-Subprojekte handelt.

Die Datei *gradle-wrapper.properties* legt Konfigurationswerte für den Android-Gradle-Wrapper fest. Sie enthält – neben einigen Umgebungsvariablen für Gradle, die Sie in der Regel nicht ändern müssen – die aktuell zu verwendende Gradle-Version. Ändern Sie den entsprechenden Eintrag, wenn Sie auf eine andere Gradle-Version umsteigen möchten; diese wird dann automatisch heruntergeladen und ausgeführt.

Eine weitere Gradle-Konfigurationsdatei namens *local.properties* enthält Werte für die lokale Gradle-Umgebung. Sie wird automatisch generiert und sollte nicht verändert werden.

Das Projekt synchronisieren

Wenn Sie Änderungen an den Skriptdateien oder der Gradle-Konfiguration vornehmen, kann es notwendig werden, das ganze Projekt neu zu synchronisieren. Dann werden gegebenenfalls zusätzlich benötigte Pakete heruntergeladen und das Projekt bezüglich seiner Konsistenz überprüft. Achten Sie auf Fehlermeldungen, die auf Unstimmigkeiten in der Konfiguration hinweisen und oft auch gleich Lösungen vorschlagen.

Wenn eine Synchronisation notwendig ist, weist Android Studio Sie mit einer Hinweiszeile oberhalb des Editorfensters darauf hin: *Gradle files have changed…* Klicken Sie dann einfach auf den Link *Sync Now*, um den Synchronisationsprozess auszulösen.

Die Haupt-Activity

Werfen wir nun einen Blick auf die beim Anlegen des Projekts mitgelieferte Haupt-Activity in der Quelldatei *src/com/example/hallo/MainActivity.kt*, die von Android Studio bereits als Kotlin-Programm angelegt wurde (sofern das Projekt beim Anlegen als Kotlin-Projekt gekennzeichnet worden war). Mit den Besonderheiten der Programmiersprache Kotlin wollen wir uns an dieser Stelle noch nicht auseinandersetzen; mehr dazu gibt es in Kapitel 3, *Kotlin für Android*.

```
package com.example.hallo

import android.support.v7.app.AppCompatActivity
import android.os.Bundle

class MainActivity : AppCompatActivity() {

    override fun onCreate(savedInstanceState: Bundle?) {
        super.onCreate(savedInstanceState)
        contentView = R.layout.activity_main
    }
}
```

Da es sich um eine Activity handelt, muss diese Klasse die Standardbasisklasse `android.app.Activity` erweitern. Tatsächlich erweitert sie `android.support.v7.app.AppCompatActivity`, eine Klasse aus der Unterstützungsbibliothek, die verschiedene neuere Features hinzufügt, aber ihrerseits von der Standard-Activity abgeleitet ist.

Dadurch erbt unsere `MainActivity` unter anderem eine lange Reihe von Callback-Funktionen, die vom Framework in bestimmten Situationen aufgerufen werden. Sie programmieren die Activity, indem Sie die für Sie interessanten Callback-Funktionen mit eigener Funktionalität überschreiben. Daneben enthält die `MainActivity` zahlreiche weitere Funktionen, die Sie wiederum in Ihren Programmen aufrufen können.

Wenn man eine der Callback-Funktionen überschreibt, die den Lebenszyklus der App begleiten, muss man darauf achten, als Erstes dieselbe Funktion in der Parent-Klasse aufzurufen (also mit dem Präfix `super`). Im Beispiel wurde nur eine Callback-Funktion überschrieben: `onCreate()`, von der in jedem Fall eine Implementierung benötigt wird.

`onCreate()` wird als Erstes beim Starten der Activity aufgerufen und dient der Initialisierung. Typischerweise wird dabei die Oberfläche aufgebaut; das geschieht hier mit einer Zuweisung an die Property `contentView`, die auf die Ressourcendatei *res/layout/activity_main.xml* verweist. Dazu benennt sie jedoch nicht deren Dateinamen, sondern verwendet eine aus den Ressourcen generierte Klasse `R`, auf die wir in Kapitel 5, *Mit Ressourcen arbeiten*, zurückkommen.

Die App-Ressourcen

Sehen wir uns nun noch die Ressourcen an, die in der Manifest-Datei und in der Haupt-Activity referenziert wurden. Die wichtigste von ihnen ist sicher die Datei *res/layout/activity_main.xml*, in der die zur Activity gehörende Bedienoberfläche beschrieben ist.

```
<?xml version="1.0" encoding="utf-8"?>
<android.support.constraint.ConstraintLayout
    xmlns:android="http://schemas.android.com/apk/res/android"
    xmlns:app="http://schemas.android.com/apk/res-auto"
    xmlns:tools="http://schemas.android.com/tools"
    android:layout_width="match_parent"
    android:layout_height="match_parent"
    tools:context="com.example.hallo.MainActivity">
```

```
    <TextView
        android:layout_width="wrap_content"
        android:layout_height="wrap_content"
        android:text="Hello World!"
        app:layout_constraintBottom_toBottomOf="parent"
        app:layout_constraintLeft_toLeftOf="parent"
        app:layout_constraintRight_toRightOf="parent"
        app:layout_constraintTop_toTopOf="parent" />

</android.support.constraint.ConstraintLayout>
```

Das Layout enthält eine baumartige Anordnung von Bildschirmelementen, die man als *Views* bezeichnet. An der Wurzel befindet sich ein `<ConstraintLayout>`, ein Element, das selbst keinen Inhalt hat, sondern für die Anordnung seiner Kindelemente auf dem Bildschirm zuständig ist.

Das Wurzelelement enthält in diesem Fall nur ein Kindelement `<TextView>`, das zur Darstellung eines Textstücks auf dem Bildschirm dient.

Attributwerte mit einem `@`-Zeichen (z.B. `"@string/hello_world"`) weisen darauf hin, dass die eigentlichen Werte wiederum in anderen Ressourcen zu finden sind. Wie das im Einzelnen funktioniert, ist in Kapitel 6, *Activity und Layout*, beschrieben.

Programmieren

Android zu programmieren, heißt, Java- oder Kotlin-Programme zu schreiben, Ressourcen zusammenzustellen und das Manifest zu konfigurieren. Für alle diese Tätigkeiten stellt Ihnen Android Studio hilfreiche Werkzeuge zur Verfügung.

Programmcode

Das Kernstück einer Android-Anwendung bilden die Java- oder Kotlin-Programme für Komponenten und sonstige benötigte Klassen. Seit Android Studio 3.0 können Sie den gesamten Sprachumfang von Java 6 und, abhängig von der Zielplattformversion, einige Features von Java 8 anwenden. Die Möglichkeiten der Sprache Kotlin sind vollständig anwendbar. Die verfügbaren Bibliotheken umfassen das Android-Framework, einen Großteil der normalen Java-Standard-API sowie für Kotlin-Programmierer auch die Kotlin-Standard-API sowie, wenn Sie das Android-Kotlin-Plug-in einsetzen, noch einige Kotlin-spezifische Erweiterungen der Android-APIs.

Die Codeeditoren von Android Studio bieten weitreichende Unterstützung durch Syntaxhighlighting, Codevervollständigung, automatisches Refactoring, inkrementelle Kompilierung usw. Das alles unterscheidet sich wenig von der üblichen Java- oder Kotlin-Programmierung.

Zusätzliche Bibliotheken einbinden

Sie können auch zusätzliche Java- oder Kotlin-Bibliotheken (JAR-Dateien) in Ihre App einbinden, sofern diese mit den unter Android verfügbaren APIs kompatibel sind. Das heißt beispielsweise, dass sie keine Funktionen verwenden können, die erst nach Java 6 hinzugekommen sind oder die für Android keinen Sinn ergeben, wie etwa die JDBC- oder die Swing-API.

Wenn die Bibliothek in einem Maven-Repository verfügbar ist, tragen Sie den entsprechenden Descriptor (und, falls nötig, auch die Repository-URL) in das modulbezogene Gradle-Script ein.

Liegt die Bibliothek als JAR-Datei vor, legen Sie sie einfach im Unterverzeichnis *libs* ab (das Sie gegebenenfalls noch anlegen müssen). Folgende Zeile im `dependencies{}`-Abschnitt des Gradle-Script sollte dafür sorgen, dass die Datei automatisch in das Projekt aufgenommen wird.

```
compile fileTree(dir: 'libs', include: ['*.jar'])
```

Anwendungsoberflächen

Für die Gestaltung der Anwendungsoberflächen, die standardmäßig durch XML-Ressourcendateien repräsentiert werden, steht ein grafischer *Layout-Editor* zur Verfügung, mit dessen Hilfe sich die Dialogelemente visuell anordnen lassen. Sie finden auch ein *Component Tree*-Panel mit einer Baumdarstellung aller Elemente sowie ein Formular *Attributes*, mit dem die diversen Parameter für das gerade bearbeitete Element spezifiziert werden.

Der Layout-Editor ist mit den neueren Versionen der Android-Entwicklungsumgebung immer leistungsfähiger geworden. Beispielsweise ermöglicht er Ihnen, schon in der Entwurfsphase das Erscheinungsbild in verschiedenen Plattformversionen sowie mit verschiedenen Bildschirmgrößen und in wechselnden Systemzuständen (z. B. horizontale oder vertikale Lage) zu betrachten.

Wie bei allen Ressourceneditoren finden Sie am unteren Rand mehrere Register, mit denen Sie zwischen der grafischen und der XML-Ansicht umschalten können, in der Sie das Layout in der Quelldatei bearbeiten.

Manifest und XML-Ressourcen

Auch für die übrigen XML-Ressourcen sowie das ebenfalls in XML formulierte Android-Manifest stehen spezielle Editoren zur Verfügung, die das Arbeiten mit diesen Dateien erheblich erleichtern. Sie sind aber einfacher gestaltet als der Layout-Editor und beschränken sich in der Regel auf Strukturansichten und Formulare für die Erfassung der einzelnen Parameter.

Android Lint

Ein äußerst nützliches Hilfsmittel bei der Android-Entwicklung ist ein Tool namens *Android Lint*, das es gestattet, diverse Fehler und Unstimmigkeiten in einem Android-Projekt herauszufinden. Dazu führt es bereits beim Codieren eine Vielzahl von Prüfungen über den gesamten Quellcode des Projekts hinweg durch, die unter *http://tools.android.com/tips/lint-checks* einzeln beschrieben sind.

Einige dieser Prüfungen sind – gerade unter den speziellen Bedingungen der Android-Programmierung – besonders hilfreich:

- Aufruf von Android-Features, die in der konfigurierten Mindestzielplattform der App zur Verfügung stehen.
- Konsistenz zwischen Layoutdefinition und Programmcode.
- Einhaltung von Konventionen, z. B. die Auslagerung von Zeichenkettenkonstanten in String-Ressourcen.

- Beachtung der Android-eigenen Annotationen wie `@Nullable` oder `@NonNull`. Dies wird in Kotlin-Programmen allerdings bereits vom Compiler übernommen (siehe Kapitel 3, *Kotlin für Android*).

Der Build-Prozess

Der gesamte Vorgang zum Generieren einer lauffähigen Android-Anwendung wird durch Gradle (siehe den Abschnitt »Die Build-Scripts für Gradle« auf Seite 43) weitgehend automatisiert, sodass Sie sich um die Einzelheiten normalerweise nicht kümmern müssen. Es ist aber sinnvoll, den Build-Prozess im Prinzip zu verstehen, um der Ursache auf den Grund gehen zu können, wenn einmal etwas schiefläuft.

Sie starten den Build-Prozess über das Menü *Build → Make Project* oder den entsprechenden Button. Er wird aber auch automatisch ausgelöst, wenn Sie die Anwendung zum ersten Mal starten oder irgendetwas verändert worden ist. Abbildung 2-2 zeigt den Build-Prozess schematisch im Überblick.

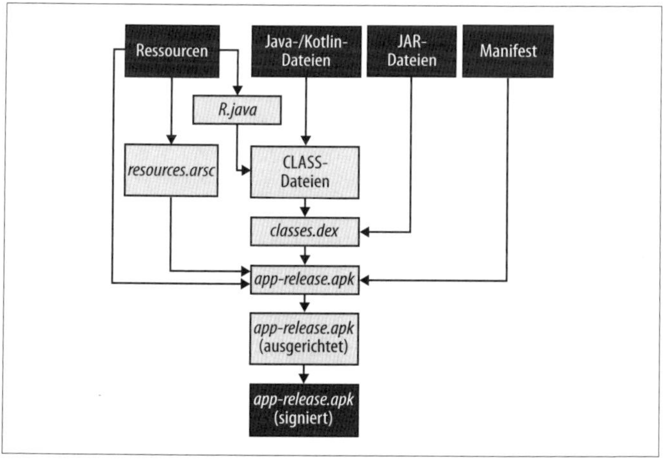

Abbildung 2-2: Der Build-Prozess

Das Ergebnis ist in jedem Fall ein *Android-Package*, d.h. ein JAR-Archiv mit der Dateiendung *.apk*, das alle Programme und Ressourcen sowie die Manifest-Datei Ihrer Anwendung enthält. Um es zu erhalten, müssen im Prinzip die folgenden Schritte ausgeführt werden.

1. Alle in den Unterverzeichnissen von *.res* liegenden Ressourcen müssen verarbeitet werden. Das Ergebnis sind die Datei *R.java*, mit der die Ressourcen für Java-Programme erschlossen werden, und eine Binärdatei namens *resources.arsc*, die die Ressourcen in komprimierter und effektiv maschinell lesbarer Form enthält.
2. Der normale Java- oder Kotlin-Compiler kompiliert alle Programmcodedateien (einschließlich *R.java*) zu standardmäßigen *.class*-Dateien.
3. Der Dalvik-Compiler übersetzt alle selbst kompilierten Klassendateien zusammen mit den Fremdbibliotheken zu einer einzigen Datei *classes.dex* mit dem ausführbaren Code für die Android-eigene virtuelle Maschine (Dalvik oder DEX).
4. Dann wird der Dalvik-Code zusammen mit den verarbeiteten Ressourcen, gegebenenfalls den Rohdateien in *assets* und dem Manifest zu einem Android-Package (*.apk*-Datei) zusammengebaut.
5. Die Dateien im Android-Package werden so ausgerichtet, dass sie an 4-Byte-Grenzen beginnen. Dadurch lassen sie sich schneller einlesen, und der Prozess benötigt weniger Speicherplatz zur Ausführung.
6. Im letzen Schritt wird das Android-Package signiert, damit die Geräte es überhaupt akzeptieren. Zum probeweisen Ausführen dient dabei ein Debug-Zertifikat, das nur mit lokal angeschlossenen Geräten oder dem Emulator nutzbar ist.

Der Build-Prozess kann komplexer werden, wenn Flavors und sonstige Varianten hinzukommen. Wundern Sie sich also nicht, wenn er – abhängig von der Leistungsfähigkeit Ihres Entwicklungsrechners – einige Zeit in Anspruch nimmt.

Starten und debuggen

Um eine Android-App testweise zu starten, benötigen Sie ein Gerät, auf dem das Android-Betriebssystem läuft und das über ein USB-Kabel mit Ihrem Rechner verbunden ist, oder den zum Android SDK gehörenden Emulator. Die letztgenannte Möglichkeit ist sehr flexibel, da Sie die Funktionsfähigkeit Ihres Programms unter unterschiedlichsten Bedingungen prüfen können. Allerdings können Sie auf dem Emulator nicht alle Features realer Geräte testen, und er verhält sich in mancherlei Hinsicht etwas abweichend.

Ein neues AVD

Wenn Sie eine Anwendung auf dem Android-Emulator starten wollen, benötigen Sie mindestens ein geeignetes *Android Virtual Device* (AVD). Um es anzulegen, nutzen Sie den *AVD Manager*, den Sie mithilfe des entsprechenden Buttons aus Android Studio heraus starten. Sie können das AVD aber auch direkt beim Start anlegen.

Wenn Sie ein neues AVD anlegen, fragt ein Assistent in mehreren Schritten die folgenden Informationen ab.

Choose a device definition

Sie erhalten mehrere vorgefertigte Gerätekonfigurationen zu typischen Android-Geräten zur Auswahl. Festgelegt sind darin jeweils ein Name und die Bildschirmeigenschaften (Maße, Auflösung, Pixeldichte). Einige sind gekennzeichnet als für den Android Play Store geeignet. Das heißt, dass auf diesen Geräten System-Images mit Play Store installiert werden können.

Sie können hier auch eigene Gerätekonfigurationen anlegen; die zahlreichen vorgegebenen Modelle sollten aber normalerweise ausreichen.

Select a system image

Wählen Sie nun ein geeignetes System-Image aus, das ist eine komplette Android-Plattform, die so angepasst ist, dass sie auf dem Emulator fast wie auf einem echten Gerät funktioniert. Es gibt sie für verschiedene Android-Versionen, verschiedene Prozessoren sowie mit und ohne Google-APIs. Wählen Sie hier zumindest eine möglichst alte und eine möglichst neue Version (also beispielsweise *Jelly Bean* und *Oreo*) aus. Die Google-APIs werden zunächst einmal nicht benötigt.

> Zu einigen neueren Android-Versionen bietet der SDK Manager Emulator-Images auf Intel-Basis an, die sich besonders gut zum Testen eignen. Sie laufen auf PCs mit einem x86-Prozessor wesentlich schneller als die ARM-basierten Images, da kein fremder Prozessor emuliert werden muss.

Wenn die betreffenden System-Images noch nicht auf Ihrem Rechner sind, können sie hier auch gleich heruntergeladen werden.

Verify configuration

Schließlich können Sie dem neuen AVD einen Namen geben, die Bildschirmorientierung (hoch oder breit) für den Start festlegen und die Art der Grafik (schnellere Grafikkarte des Rechners oder korrektere Simulation oder automatische Auswahl) festlegen. Wenn Sie *Advanced Settings* aufklappen, können Sie auch noch die Kamera- und Netzwerkeigenschaften konfigurieren.

Nachdem Sie auf *Finish* geklickt haben, wird das neue AVD angelegt, das heißt, es werden eine *.ini*-Datei und ein Unterverzeichnis erzeugt (beide mit dem oben vergebenen Namen), die sich standardmäßig im Verzeichnis *.android/avd* unterhalb Ihres Benutzerverzeichnisses befinden.

Start im Emulator

Sie starten Ihre App in Android Studio über die Menüoption *Run → Run 'app'* oder den dreieckigen grünen Button. Beim ersten Mal werden Sie gebeten, ein AVD auszuwählen, sofern es schon eines oder mehrere gibt, oder ein neues anzulegen. Dabei wird nach Eingabe der erforderlichen Parameter eine Startkonfiguration (*Run/ Debug Configuration*) mit allen für den Aufruf der Anwendung benötigten Informationen und Optionen generiert. Bei nachfolgenden Neustarts der Anwendung genügt es dann, diese Startkonfiguration erneut aufzurufen.

Üben Sie sich etwas in Geduld, denn das Starten einer Anwendung im AVD benötigt seine Zeit. Der Emulator wird zwar mit jeder Android-Version etwas besser, glänzt aber trotzdem nicht mit übermäßiger Geschwindigkeit, und beim ersten Mal muss das AVD aufwendig eingerichtet und gebootet werden. Bei jedem neuen Programmstart wird die Anwendung dann zunächst auf dem AVD installiert und initialisiert, bevor sie in Gang gesetzt werden kann.

Sie können die vorhandenen Startkonfigurationen zu jedem Modul mit der Menüanwahl *Run → Edit Configurations...* bearbeiten. Dies ist jedoch selten nötig, da alle normalerweise erforderlichen Angaben beim Start abgefragt werden.

Nachdem der Emulator gestartet ist, erscheint ein halbwegs realistisches Abbild des ausgewählten Geräts mit dem Startbildschirm, das Sie genau so bedienen können wie ein reales Gerät, nur dass Sie, wenn Sie keinen Computer mit Touchscreen haben, die Maus anstelle des Fingers zum Tippen und Wischen verwenden müssen. Melden Sie sich mit der entsprechenden Geste an, und es erscheint Ihre erste App *Hallo*. Abbildung 2-3 zeigt sie in einem *Nexus One* mit der Plattformversion 4.3.

Neben dem Emulator finden Sie eine senkrechte Leiste mit Buttons, die Ihnen ermöglichen, allerlei Aktionen auszuführen, wie beispielsweise den Lautsprecher lauter oder leiser zu stellen, das Gerät zu drehen usw. Klicken Sie auf die drei Punkte unten, öffnet sich ein großes in verschiedene Register untergliedertes Dialogfeld, mit dessen Hilfe Sie die unterschiedlichsten Ereignisse auslösen und Einstellungen vornehmen können, etwa die Ortskoordinaten setzen, Netzwerktyp und Feldstärke einstellen, die Batterie zur Neige gehen lassen, einen Telefonanruf auslösen und viele andere.

Abbildung 2-3: Der Hallo-App im Android-Emulator

Damit ist es möglich, das Verhalten Ihrer App in unterschiedlichsten Situationen zu testen, die, wie etwa die Ortslage oder den Batteriestand, leichter herzustellen sind als mit einem realen Gerät.

Beenden Sie die App, indem Sie in Android Studio die Menüoption *Run → Stop 'app'* aufrufen oder den roten quadratischen Button anklicken. Die App wird nun auf dem AVD heruntergefahren und die Verbindung zu Android Studio wird gekappt. Die App verbleibt aber im AVD und kann dort über die Oberfläche auch wieder manuell gestartet werden, ohne dass es in der Entwicklungsumgebung erkennbar wird.

Instant Run

Wenn Sie ein System-Image mit der Android-Version 5.0 (API-Level 21) oder neuer verwenden, können Sie ein neues Feature der

Android-Entwicklungsumgebung namens *Instant Run* anwenden, das unter bestimmten Umständen die vollständige Neuinstallation und den Neustart bei kleineren Änderungen an der App vermeidet.

Läuft Ihre App also bereits, klicken Sie nach einer Programmänderung die Menüoption *Run → Apply Changes* oder den Button in Form eines orangefarbenen Pfeils an. Abhängig davon, wie schwerwiegend Ihre Änderung ist, kann dann Folgendes passieren:

Hot swap
: Wenn nur die Implementierung einer vorhandenen Funktion geändert wurde, wird auch nur diese ausgetauscht und beim nächsten Mal ausgeführt. Die App und die aktuelle Activity laufen weiter.

Warm swap
: Wenn eine bestehende Ressource entfernt oder geändert wurde, läuft die App weiter, aber die aktuelle Activity wird neu gestartet.

Cold swap
: Wenn es strukturelle Codeänderungen gegeben hat, werden die veränderten Bestandteile ausgetauscht, ohne die App neu zu installieren, und die App wird neu gestartet.

Neuinstallation
: Bei schwerwiegenden Änderungen, vor allem bei jeder Modifikation des Manifests (die unter Umständen automatisch erfolgen kann), muss die App angehalten, neu installiert und wieder gestartet werden; dies geschieht dann automatisch.

Start auf einem externen Gerät

Auch wenn der Emulator mit den AVDs eine Fülle von Möglichkeiten bietet, Ihre Anwendung unter realitätsnahen Bedingungen zu testen, ist es immer sinnvoll, eine Anwendung auf einem realen Android-Gerät zu starten. Nur so können Sie beispielsweise den korrekten Ablauf der Interaktion zwischen der Anwendung und den gerätetypischen Features prüfen, die mit dem Emulator nicht nachgebildet werden können.

Sie können Ihre Anwendung auf einem Gerät nur dann ausführen, wenn es die im Manifest festgelegten Mindestanforderungen erfüllt. Insbesondere darf darauf keine Android-Version laufen, die älter als die Mindestversion der Anwendung ist.

Im Manifest der installierbaren App muss im Element `<application>` das Attribut `android:debuggable` auf `"true"` gesetzt sein. Dies erledigt Android Studio allerdings automatisch für Sie.

Auf dem Gerät muss unter *Einstellungen → Entwickleroptionen* die Option *USB Debugging* aktiviert sein. Seit Android 4.2 sind die Entwicklereinstellungen aber aus Sicherheitsgründen nur noch von Eingeweihten zu finden: Sie müssen erst *Einstellungen → Über das Telefon/Tablet* anwählen und dann sieben Mal auf *Build Nummer* tippen.

Melden Sie sich auf dem externen Gerät an und verbinden Sie es über USB mit Ihrem Entwicklungsrechner. Nun sollte auf dem Bildschirm des Geräts die Rückfrage erscheinen, ob Sie das Debuggen einer App auf dem Gerät gestatten, die Sie bestätigen.

Wenn das nicht der Fall ist und Sie unter Windows arbeiten, fehlt wahrscheinlich der passende USB-Treiber, damit die Entwicklungsumgebung die Verbindung mit dem Gerät aufnehmen kann. Die Treiber für die Android-»Entwicklergeräte« (*Nexus*) können Sie mit dem Android SDK herunterladen. Ansonsten müssen Sie sich an den Hersteller Ihres Geräts wenden. Entsprechende Hinweise, differenziert nach Windows-Versionen, finden Sie auf der Android-Developer-Seite unter *https://developer.android.com/studio/run/oem-usb.html*.

Wenn Sie unter Linux oder Mac OS X entwickeln, brauchen Sie in der Regel keine speziellen Treiber zu installieren, allerdings müssen Sie unter Umständen einige spezielle Einstellungen vornehmen (siehe dazu *http://developer.android.com/tools/device.html*).

Wählen Sie nun die Menüoption *Run → Run 'app'* oder den dreieckigen grünen Button, und in der Auswahl der Zielgeräte erscheint oberhalb der AVDs jetzt das angeschlossene Gerät. Wählen Sie es aus, wird die App auf dem Gerät installiert und gestartet. Alles Weitere handhaben Sie genau so wie bei einem AVD.

Debuggen

Die Fehlersuche im laufenden Programm funktioniert im Prinzip genauso wie bei einer konventionellen Java-Anwendung: Sie setzen im Code an der Stelle, die Sie untersuchen möchten, einen Breakpoint (Klick in die linke Seitenleiste des Editors) und starten dann die App mit der Menüanwahl *Run → Debug 'app'* oder dem Button mit der stilisierten Wanze.

Das Programm wird dann auf dem Gerät oder dem AVD erneut gestartet. Es hält aber am Breakpoint an, sodass Sie sich den Code und die aktuellen Variableninhalte ansehen können. Außerdem können Sie die üblichen Debugger-Funktionen ausführen und beispielsweise das Programm schrittweise weiterlaufen lassen.

Im unteren Teil des Arbeitsbereichs von Android Studio sollte sich dazu das *Debug-Panel* öffnen, in dem Sie den aktuellen Stacktrace und die Variablen sehen können. Sollte sich das Panel nicht von allein öffnen, klicken Sie auf *Debug* am unteren Rand oder helfen mit der Menüoption *View → Tool Windows → Debug* nach.

Der Debugger bedient sich eines ausgefeilten Werkzeugs namens *Android Debug Bridge* (ADB), mit dessen Hilfe man sich mit einem Android-Gerät verbinden und dort diverse Informationen abfragen und Aktionen ausführen kann.

Das Systemprotokoll

Eine weitere Hilfe kann das Systemprotokoll sein. Dort sehen Sie alle Logmeldungen, die die unterschiedlichen bei Start und Ausführung Ihrer App beteiligten Systemkomponenten zeigen. Die Meldungen finden Sie im *Logcat-Panel*, das Sie über das gleichnamige Register oder die Menüoption *View → Tool Windows → Logcat* erreichen.

Sie können das Systemprotokoll auch selbst nutzen, indem Sie eine der Funktionen des Android-eigenen `Log`-Objekts aufrufen. Mehr dazu finden Sie in Kapitel 4, *Apps programmieren*.

Der Gerätemonitor

Ein weiteres beim Testen und Debuggen hilfreiches Werkzeug ist der Gerätemonitor von Android Studio. Wenn ein oder mehrere

AVDs laufen oder Android-Geräte angeschlossen sind, starten Sie ihn über die Menüoption *Tools → Android → Android Device Monitor*.

Es öffnet sich dann ein eigenes Fenster, in dem Sie links alle aktiven, sichtbaren Geräte mit den auf ihnen laufenden Prozessen und rechts diverse Systeminformationen betrachten, darunter die aktuellen Threads, die Zuordnung des Arbeitsspeichers, die Netzwerkaktivitäten, Dateien usw.

Da der Gerätemonitor ebenfalls ADB verwendet, um mit dem Gerät zu kommunizieren, werden beim Start erst einmal alle aktiven Debug-Sessions beendet.

Testen

Wie jedes Programm sollte auch eine Android-Anwendung – oder eine neue Version – erst dann veröffentlicht werden, wenn sie zuvor gründlich getestet wurde. Besonders wichtig ist es, die Anwendung unter verschiedenen Gerätekonfigurationen zu testen. Dazu bietet Ihnen der Emulator mit den oben beschriebenen AVDs einige Möglichkeiten. Neben der äußeren Funktionalität sollte aber auch das Innere systematisch geprüft werden, was mithilfe von Unit-Tests automatisiert geschehen kann. Auch dafür bietet das Android SDK umfassende Möglichkeiten. Um diese zu nutzen, sollten Sie sich etwas mit dem *JUnit*-Testframework auskennen, das dabei zum Einsatz kommt.

Die Android-Entwicklungsumgebung unterstützt zwei Arten von Tests in Abhängigkeit davon, ob sie auf dem Entwicklungsrechner oder auf einem Android-Gerät bzw. dem Emulator laufen:

- *Lokale Tests* für den Test von Funktionen, die unabhängig von Android funktionieren.
- *Instrumentierte Tests* für die Prüfung von Funktionen, die auf die Laufzeitumgebung von Android angewiesen sind, weil sie beispielsweise auf die Ressourcen oder Systemfunktionen zugreifen.

Wir beschränken uns hier auf die lokalen Tests. Instrumentierte Tests erfordern die Erzeugung einer zusätzlichen Test-APK-Datei, die nach bestimmten Regeln gebaut und auf dem Gerät, auf dem sich die zu testende App befindet, installiert werden muss. Ausführliche Informationen zu diesem Vorgehen finden Sie auf den Android-Entwicklerseiten unter *https://developer.android.com/training/testing/unit-testing/instrumented-unit-tests.html*.

Wenn Sie in Ihren Programmen Funktionen haben, die nicht von der Android-Laufzeitumgebung abhängig sind (oder die Sie mithilfe von Mock-Objekten abkoppeln können), testen Sie diese am besten direkt auf dem Entwicklungsrechner und sparen sich damit die zeitraubende Installation auf dem Emulator oder einem externen Gerät.

> Wenn Sie eine App neu entwerfen, lohnt es sich, die lokale Testbarkeit von Funktionen zu berücksichtigen, indem Sie beispielsweise komplizierte Rechenoperationen oder andere fehlerträchtige Aktivitäten von den Framework-abhängigen Funktionen isolieren. Das kann viel Entwicklungs- (oder Warte-)Zeit sparen.

Die lokalen (wie auch die instrumentierten) Tests werden mithilfe des bekannten Test-Tools *JUnit* realisiert, das zu diesem Zweck in dem `dependencies{}`-Abschnitt des modulbezogenen Gradle-Script aufgeführt sein muss:

```
dependencies {
    . . .
    testImplementation 'junit:junit:4.12'
    . . .
}
```

Die Testklassen für lokale Tests liegen in einem gesonderten Verzeichnisbaum, werden in der Projektansicht von Android Studio als Extra-Packages direkt neben den Packages der App-Klassen dargestellt und dort mit `(test)` gekennzeichnet. In einem neu angelegten Projekt finden Sie bereits eine Testklasse namens `ExampleUnitTest` vor, die als Beispiel dienen kann.

Um den Test zu starten, klicken Sie in der Projektübersicht mit der rechten Maustaste auf den Testklassennamen und wählen im Kontextmenü *Run '<Klassenname>'* an. Android Studio legt dann eine *Run*-Konfiguration an, die Sie bearbeiten und direkt aus der Button-Leiste heraus aufrufen können.

Veröffentlichen

Wenn Sie Ihre Android-Anwendung nach allen Regeln der Kunst getestet haben und mit ihr zufrieden sind, wollen Sie sich vielleicht nicht nur allein an ihr erfreuen, sondern sie auch anderen Nutzern zur Verfügung stellen – und so vielleicht viel Geld verdienen.

Damit eine Android-Anwendung auf einem Gerät installiert werden kann, muss sie mit einer elektronischen Unterschrift versehen bzw. signiert worden sein. Normalerweise dienen elektronische Unterschriften als Nachweis, dass ein Objekt von einem bestimmten Urheber kommt. Bei Android-Anwendungen ist das nicht der Fall; vielmehr dient die Signatur nur dazu, Anwendungen aus verschiedenen Quellen sicher unterscheiden zu können. Daher ist es auch nicht nötig, dass das verwendete Zertifikat in einer Public-Key-Infrastruktur verifiziert werden kann. Es muss nur eindeutig sein, und das ist durch das verwendete Verfahren in jedem Fall sichergestellt.

Auch hierfür bietet die Android-Plattform alle nötigen Hilfsmittel.

Vorbereitungen für die Veröffentlichung

Damit Ihre Anwendung außerhalb der Entwicklungsumgebung auf einem Gerät installiert werden kann, müssen einige Modifikationen vorgenommen werden. Am besten legen Sie sich dafür eine Kopie des Projekts (bzw. einen *Branch*, wenn Sie mit einem Codeverwaltungssystem wie Git oder SVN arbeiten) an, damit Sie im Original (bzw. im *Master* oder *Trunk*) ungehindert weiter an der nächsten Version arbeiten können.

- Entfernen Sie alle `Log`-Aufrufe der Stufe `VERBOSE`.
- Bauen Sie eine signierte Release-Version Ihrer Anwendung, wie es im folgenden Abschnitt beschrieben ist.

- Testen Sie die Release-Version noch einmal auf möglichst vielen verschiedenen Geräten, die Ihrer Zielkonfiguration entsprechen.

Abhängig von den Eigenheiten Ihrer Anwendung können noch weitere Schritte erforderlich sein, z.B. die Vervollständigung der Ressourcen bei mehrsprachigen Anwendungen, die Beantragung eines API-Schlüssels für Google Maps, wenn Sie diesen Dienst verwenden, usw.

Aktualisierungen

Wenn Sie eine neue Version Ihrer Anwendung veröffentlichen wollen, beachten Sie zusätzlich Folgendes:

- Die App-ID (also z.B. `com.example.hallo`) und das zur Signierung der App verwendete Zertifikat dürfen nicht verändert werden.
- Die Eintragungen zu den Komponenten im Manifest, die mit dem Attribut `android:exported="true"` gekennzeichnet sind, müssen gleich bleiben, weil es bereits Referenzen darauf von anderen Apps geben kann. (Es dürfen aber neue hinzukommen.)
- Im Gradle-Script für das Modul müssen die Attribute `versionCode` und `versionName` angepasst werden.
- Wenn Sie die SQLite-Datenbank verwenden, müssen Sie unter Umständen eine Update-Funktion vorsehen (siehe den Abschnitt »SQLite-Datenbanken« auf Seite 223).

> Updates sollten mindestens genauso gründlich getestet werden wie die ursprüngliche Anwendung. Sehr leicht können sich sonst Regressionsfehler einschleichen, die für Anwender, deren Lieblings-App plötzlich nicht mehr funktioniert, besonders frustrierend sind.

Das Zertifikat erzeugen

Ihre App muss zur Veröffentlichung mit einem eigenen Zertifikat signiert werden. Wenn Sie noch kein solches Zertifikat haben, erstellen Sie jetzt eins. Dazu benötigen Sie einen Schlüsselspeicher

(*Key Store*) – eine Datei, typischerweise mit der Endung *.jks* (*Java Key Store*), in der die Schlüssel und Zertifikate für Java-Anwendungen gespeichert werden.

Wählen Sie dazu in Android Studio die Menüoption *Build → Generate Signed APK…* an. Es erscheint ein Dialog, der Sie zunächst nach dem Dateipfad Ihres Schlüsselspeichers fragt. Wenn Sie noch keinen Schlüsselspeicher haben, können Sie mit *Create New…* gleich einen anlegen.

In diesem Fall erscheint ein weiterer Dialog, in dem Sie den Verzeichnispfad des neuen Schlüsselspeichers und ein zugehöriges Passwort sowie auch gleich die Daten eines zu generierenden Schlüssel/Zertifikat-Paars eintragen. Denken Sie daran, sich die Passwörter für den Schlüssel und den Schlüsselspeicher gleich zu merken.

Eine Release-Version erstellen

Um aus Ihrem Android-Projekt ein veröffentlichungsfähiges Anwendungspaket zu machen, sind drei Schritte nötig:

- Eine neue Version der APK-Archivdatei erzeugen, die nicht (wie bei der Entwicklung) mit einem Debug-Schlüssel signiert ist.
- Die im APK archivierten Dateien auf 4-Byte-Grenzen ausrichten, damit die Anwendung mit geringerem Speicherverbrauch ausgeführt werden kann.
- Das APK mit dem eigenen Schlüssel-APK signieren.

Die Android-Entwicklungsumgebung erledigt das alles für Sie. Geben Sie im Dialog *Generate Signed APK* den Dateipfad Ihres Schlüsselspeichers, den Schlüssel-Alias und die Passwörter für Schlüsselspeicher und Schlüssel an.

Im nächsten Schritt müssen Sie die verwendete(n) Signaturversion(en) auswählen. Die Version V2 ist neuer und sicherer, wird aber nur von Geräten mit Android 7 und höher erkannt. Wählen Sie hier am besten beide Versionen aus, um die zusätzliche Sicherheit der V2 zu nutzen und gleichzeitig auch eine Signatur für ältere Geräte zu haben.

Wenn Sie den Ausgabeverzeichnispfad für die Ausgabe nicht verändert haben, finden Sie dann im Unterverzeichnis *Hallo/app/release* eine Datei namens *app-release.apk*, die Sie nun am besten umbenennen und dann nach Belieben per E-Mail versenden oder auf Webseiten verfügbar machen können.

Die App veröffentlichen

Die Anwendung über Ihre eigene Website zu verbreiten, ist ganz einfach: Es genügt, sie auf einem Webserver zu speichern und auf einer passenden Seite einen Download-Link zu der Datei anzubringen. Der dazugehörige Mime-Typ für APK-Dateien lautet `application/vnd.android.package-archive`.

Wenn jemand mit seinem Android-Gerät auf den Link stößt, erkennt der Browser, dass es sich um eine App handelt, und versucht, sie – nach einer entsprechenden Rückfrage – herunterzuladen und zu installieren. Allerdings funktioniert das natürlich nur, wenn das betreffende Gerät den im Manifest der Anwendung festgelegten technischen Anforderungen hinsichtlich Android-Version und Gerätefeatures genügt.

Um eine auf diesem Weg verbreitete App installieren zu können, muss auf dem Gerät in *Einstellungen → Sicherheit* die Option *Unbekannte Herkunft* eingeschaltet sein. Andernfalls können nur Apps aus dem Android Play Store installiert werden.

Wenn Sie Ihre Anwendung einer möglichst großen Zahl von Anwendern zugänglich machen möchten oder wenn Ihre App Google-Dienste wie beispielsweise Google Maps oder den Bezahldienst nutzt, müssen Sie sie über den *Google Play Store* verfügbar machen. Dieser App-Markt erlaubt es, Apps nach unterschiedlichen Kriterien zu suchen, zu denen auch die im Manifest formulierten Versions- und Geräteanforderungen gehören. Wenn man mit seinem Android-Telefon oder -Tablet im Markt herumstöbert, bekommt man von vornherein nur diejenigen Anwendungen zu sehen, die man auch installieren kann.

Dazu melden Sie sich mit Ihrem Google-Konto bei der *Google Play Console* (*https://play.google.com/apps/publish*) an, wo Sie Ihre App einstellen und alle möglichen in Zusammenhang mit dem Vertrieb einer App erforderlichen Aufgaben erledigen können.

Kotlin für Android

Wie im Vorwort bereits ausgeführt, ist es viel effizienter, Android-Programme mit der neuen Programmiersprache Kotlin zu schreiben als mit Java, daher verwenden wir in diesem Buch Programmbeispiele in dieser Sprache. Weil wir nicht davon ausgehen können, dass alle Leser bereits mit Kotlin vertraut sind, wollen wir hier die wichtigsten Unterschiede zur Java-Programmierung zusammenfassen, soweit sie zum Verständnis der Beispiele notwendig sind. Wenn Sie selbst in Kotlin programmieren wollen, ist es sicher sinnvoll, sich detaillierter mit der Sprache auseinanderzusetzen. Im Vorwort sind einige Hinweise zu weitergehenden Informationsmöglichkeiten aufgeführt.

Man kann mit Kotlin sowohl Bytecode für die Java-VM als auch JavaScript und zukünftig sogar nativen Maschinencode erzeugen, wobei es geringfügige Unterschiede in der Syntax und in den Standardbibliotheken gibt. Im Zusammenhang mit Android können wir uns jedoch auf die Java-VM-Variante beschränken.

Kotlin im Android-Projekt

Android Studio 3.0 unterstützt die App-Entwicklung mit Kotlin anstelle von Java im vollen Umfang. Sie können also in Kotlin programmieren und dabei die Möglichkeiten einer fortschrittlichen, extrem leistungsfähigen Entwicklungsumgebung nutzen, mit Kotlin debuggen usw.

Wenn Sie ein neues Android-Projekt anlegen, brauchen Sie nur im Dialog *Create Android Project* die Option *Include Kotlin Support* anzuwählen. Der Rest kommt von selbst.

Haben Sie bereits ein Java-basiertes Projekt, an dem Sie mit Kotlin weiterarbeiten möchten, müssen Sie im Gradle-Projekt für das Modul die beiden Kotlin-Plug-ins und die Abhängigkeit von der Kotlin-Standardbibliothek nachtragen:

```
apply plugin: 'kotlin-android'
apply plugin: 'kotlin-android-extensions'
dependencies {
    . . .
    implementation "org.jetbrains.kotlin:kotlin-stdlib-jre7:$kotlin_
                        version"
    . . .
}
```

Möchten Sie eine neue Programmkomponente mithilfe einer Vorlage anlegen, z.B. eine neue Activity mit der Menüoption *File → New → Activity → Empty Activity*, finden Sie im Dialog *Configure Activity* ein Auswahlfeld, in dem Sie die zu verwendende Programmiersprache festlegen.

Sie können auch jedes bereits vorhandene Java-Quellprogramm in ein Kotlin-Programm umwandeln, indem Sie das Menü *Code → Convert Java File to Kotlin File* aufrufen. Das Ergebnis erfordert möglicherweise noch einige Nacharbeiten, vor allem wenn die fortgeschrittenen Möglichkeiten der Sprache Kotlin genutzt werden sollen, spart aber in jedem Fall viel Mühe, die eine manuelle Umformatierung kosten würde.

Kotlin-Erweiterungen für Android

Android Studio unterstützt ab Version 3.0 die Programmierung mit Kotlin in vollem Umfang. Das heißt, das Kotlin-Plug-in ist schon bei der Installation von Android Studio enthalten. Die Kotlin-Unterstützung bezieht sich dabei auf die Ebene der Programmiersprache, also auf die Einbindung des Compilers und der Kotlin-Standardbibliothek sowie auf den sprachsensiblen Editor, das Refactoring, die Konsistenzprüfung mit Android Lint usw.

Kotlin-Android-Erweiterungen

Ebenfalls mit ausgeliefert und durch ein Gradle-Plugin aktiviert ist ein Erweiterungspaket namens *Kotlin Android Extensions*. Mit seiner Hilfe können Sie die View-Elemente Ihres GUI-Layouts, die Sie sonst im Programm mühsam mittels einer speziellen Funktion anhand der Ressourcen-ID ermitteln müssen, auf einen Schlag durch eine einzige Importanweisung in Ihr Quellprogramm importieren. Im Abschnitt »Layoutdefinition« auf Seite 141 gehen wir näher auf diese Möglichkeit ein.

Die Anko-Bibliothek

Eine viel weiter gehende Unterstützung für die Android-Programmierung mit Kotlin bietet die Anko-Bibliothek von JetBrains, dem Hersteller sowohl von IntelliJ IDEA, der Basis von Android Studio, also auch von Kotlin selbst.

Anko besteht aus vier Teilen, die alle einzeln in ein Projekt eingebunden werden können.

- *Anko Commons* bietet diverse kleine Helfer zu Intents, Dialogen, Logging und Ressourcen.
- *Anko Layouts* enthält eine domainspezifische Sprache für den programmierten Aufbau von Layouts.
- *Anko SQLite* bietet Unterstützung für die Arbeit mit dem eingebauten SQLite-Datenbanksystem.
- *Anko Coroutines* bringt Hilfsmittel für die asynchrone Verarbeitung auf Basis der neuen Kotlin-Koroutinen.

Um die Teile der Anko-Bibliothek einzubinden, muss man folgende Abhängigkeiten in das modulspezifische Gradle-Script eintragen:

```
dependencies {
    // Anko Commons
    implementation "org.jetbrains.anko:anko-commons:$anko_version"

    // Anko Layouts (für verschiedene SDK-Versionen verfügbar)
    implementation "org.jetbrains.anko:anko-sdk25:$anko_version"
    implementation "org.jetbrains.anko:anko-appcompat-v7:$anko_
                        version"
```

```
    // Coroutine listeners for Anko Layouts
    implementation "org.jetbrains.anko:anko-sdk25-coroutines:$anko_
                   version"
    implementation "org.jetbrains.anko:anko-appcompat-v7-
                   coroutines:$anko_version"

    // Anko SQLite
    implementation "org.jetbrains.anko:anko-sqlite:$anko_version"
}
```

Alternativ kann man auch mit einem einzigen Eintrag alle Teile zusammen einbinden:

```
dependencies {
    . . .
    implementation "org.jetbrains.anko:anko:$anko_version"
    . . .
}
```

In den Beispielen dieses Buchs sind die Kotlin-Erweiterungen teilweise als Alternativen berücksichtigt. Weitere Informationen sind auf den Webseiten des Anko-Projekts auf GitHub zu finden: *https://github.com/Kotlin/anko*.

Elementare Unterschiede

Zum Einstieg betrachten wir als simples Beispiel den bereits aus Kapitel 2, *Entwicklungsumgebung und Entwicklungsprozess*, bekannten Programmcode, wie er von Android Studio beim Anlegen einer neuen einfachen Activity erzeugt wird.

```
package com.example.hallo

import android.support.v7.app.AppCompatActivity
import android.os.Bundle

class MainActivity : AppCompatActivity() {

    override fun onCreate(savedInstanceState: Bundle?) {
        super.onCreate(savedInstanceState)
        contentView = R.layout.activity_main
    }
}
```

Hier lassen sich schon einige der grundsätzlichen syntaktischen Unterschiede zwischen Java und Kotlin feststellen.

- Anweisungen müssen nicht (können aber) mit einem Semikolon abgeschlossen werden. Das Semikolon wird nur benötigt, um mehrere Anweisungen voneinander zu trennen, die in derselben Programmzeile stehen.
- Vor der Klassendefinition steht kein Modifizierer für die Sichtbarkeit, denn standardmäßig ist alles öffentlich.
- Bei abgeleiteten Klassen ersetzt der Doppelpunkt die Schlüsselwörter `extends` und `implements`.
- Funktionsdefinitionen werden nicht mit einem Typnamen, sondern mit dem Schlüsselwort `fun` eingeleitet. Analog gibt es die Schlüsselwörter `var` und `val` für veränderliche und unveränderliche Variablen.
- Dafür stehen die Typangaben, durch einen Doppelpunkt getrennt, hinter dem betreffenden Variablen- oder Parameternamen bzw. hinter der Parameterliste der Funktion.
- Überschriebene Funktionen werden nicht optional durch eine Annotation, sondern zwingend durch das Schlüsselwort `override` gekennzeichnet.
- Ein Fragezeichen hinter einer Typangabe (wie hier bei `Bundle?`) zeigt an, dass der betreffende Wert (hier der Parameter `savedInstanceState`) auch `null` sein kann.

Im Folgenden wollen wir auf die wichtigsten Unterschiede im Einzelnen eingehen.

Verzeichnisstruktur und Dateinamen

Wie bei Java sind die Programme auch bei Kotlin in Packages organisiert. Jedoch muss die Package-Struktur nicht mit der Verzeichnisstruktur übereinstimmen.

Trotzdem ist es ratsam, hier die gleiche Logik wie bei Java anzuwenden, d.h., eine Klasse namens `com.example.hallo.MainActivity` in eine Datei zu schreiben, die in einem Unterverzeichnis *com/hallo/*

myapp liegt. Dies wird auch durch die Entwicklungsumgebung am besten unterstützt.

Anders als bei Java müssen in Kotlin-Programmen die Namen von öffentlichen Klassen und ihren Quelldateien nicht übereinstimmen, und es können sogar mehrere öffentliche Klassen oder Interfaces in eine einzige Quelldatei geschrieben werden. Trotzdem ist es in der Regel sinnvoll, bei der Java-Konvention zu bleiben und für jede Klasse (z.B. `MainActivity`) eine korrespondierende Datei (in diesem Fall *MainActivity.kt*) anzulegen, um die Orientierung im Code nicht zu erschweren.

Packages importieren

Die `import`-Anweisungen befinden sich hinter der `package`-Anweisung und vor der ersten Klassen-, Interface-, Funktions- oder Property-Definition und haben im Prinzip die gleiche Syntax wie bei Java.

Mit dem Stern-Platzhalter (*) lassen sich alle Top-Level-Elemente eines Packages oder alle statisch eingebetteten Typen eines anderen Typs importieren. Das Schlüsselwort `static` für statische Importe wird dabei nicht benötigt.

```
import java.sql.*
```

Eine ganze Reihe von Packages wird in jeder Quelldatei automatisch importiert, daher stehen die darin enthaltenen Typen sowie Funktionen und Properties auf Package-Ebene jedem Programm unmittelbar zur Verfügung.

```
kotlin.*
kotlin.annotation.*
kotlin.collections.*
kotlin.comparisons.*
kotlin.io.*
kotlin.ranges.*
kotlin.sequences.*
kotlin.text.*
kotlin.jvm.*
java.lang.*
```

Typbezeichnung und Definitionsschlüsselwörter

Der Typ einer Variablen, eines Funktionsparameters oder einer Funktion wird in Kotlin immer durch einen Doppelpunkt getrennt hinter dem betreffenden Namen bzw. bei Funktionen hinter der schließenden Klammer eingetragen. Da die Typbezeichnung dann nicht mehr eine Definition kennzeichnet, müssen dafür spezielle Schlüsselwörter (`fun`, `val`, `var`) verwendet werden.

```
var s:String = "Hallo Welt"               // veränderbare Variable
val n:Int = 100                           // unveränderbare Variable
fun f(x:Int,y:Double):String { . . . } // Funktion
```

In diesem Beispiel definiert die erste Zeile eine Variable `s` vom Typ `String`, die zweite eine Variable `n` vom Typ `Int`. Die dritte Zeile enthält die Definition einer Funktion `f`, die einen `Int`- und einen `Double`-Parameter hat und ein Ergebnis vom Typ `String` zurückgibt.

Typinferenz

Bei Variablen kann die Typangabe häufig weggelassen werden, da Kotlin immer versucht, den Typ aus dem Kontext zu ermitteln. Im obigen Beispiel ergibt sich aus der Zuweisung an die Variable `s`, dass es sich um eine String-Variable handeln muss. Daher genügt folgende Schreibweise:

```
var s = "Hallo Welt"   // erzeugt eine String-Variable
val n = 100            // erzeugt eine Int-Variable
```

Der Typ der Variablen wird vom Kotlin-Compiler selbsttätig bestimmt. Bei Variablen, die mit `null` initialisiert werden, ist immer eine Typdeklaration erforderlich.

```
var s:String? = null
```

Die Typinferenz gilt auch bei generischen Typen, dabei kann die Typangabe bisweilen in unterschiedlicher Weise erfolgen. Alle drei folgenden Zeilen sind korrekt:

```
val liste1:List<Int> = listOf()
val liste2 = listOf<Int>()
val liste3 = listeOf(1,2,3)
```

Um die Zusammenhänge besser verdeutlichen zu können, geben wir in den Programmbeispielen dieses Buchs oft Typdeklarationen an, obwohl sie an den betreffenden Stellen eigentlich nicht nötig sind.

Sichtbarkeiten

Kotlin kennt für die Sichtbarkeit von Klassen, Interfaces, Funktionen usw. die Modifizierer `public`, `protected`, `private` mit derselben Bedeutung wie in Java.

Standardmäßig sind alle Elemente in Kotlin öffentlich sichtbar. Der Modifizierer `public` kann also in der Regel weggelassen werden.

Zusätzlich gibt es den Modifizierer `internal`. Er bestimmt, dass das betreffende Element nur innerhalb desselben Moduls öffentlich sichtbar ist. Im Kontext der Android-Programmierung ist »Modul« gleichbedeutend mit dem Modul in einem Android-Projekt.

Klassen instanziieren ohne new

Um eine neue Instanz einer Klasse zu erzeugen, wird nur der Klassenname mit der Argumentliste für den Konstruktor angegeben. Das Schlüsselwort `new` gibt es in Kotlin nicht:

```
val builder = StringBuilder()
```

Gleichheit, Identität und Vergleiche

Der Gleichheitsoperator `==` prüft bei Objekten nicht die Identität der Objekte, sondern deren Gleichwertigkeit anhand der Instanzfunktion `equals()`. In diesem Sinne sind zwei Objekte gleich, wenn sie beide `null` sind oder wenn die `equals()`-Funktion des ersten Vergleichsobjekts `true` ergibt. Für `!=` gilt das Gleiche umgekehrt. Man kann also beispielsweise gefahrlos zwei String-Inhalte mit `==` oder `!=` vergleichen.

```
if (einString=="") println("Der String ist leer.")
```

Um die Identität zweier Objekte zu prüfen, verwendet man den Operator `===` (drei Gleichheitszeichen), der dem `==` (zwei Gleichheitszeichen) von Java entspricht.

Ähnlich ist es mit den Vergleichsoperatoren `<`, `>`, `<=` und `>=`. Diese werden vom Kotlin-Compiler bei allen Typen, die das Interface `Comparable` implementieren, in sinngemäße Aufrufe der `compareTo()`-Funktion übersetzt. Folgende Vergleichsausdrücke sind daher in Kotlin zulässig:

```
val datum:java.util.Date = . . .
if (datum > Date()) println("Das Datum liegt in der Zukunft")
```

String-Interpolation

Zeichenkettenliterale können Platzhalter enthalten, an deren Stelle jeweils der aktuelle Wert eines Ausdrucks zur Laufzeit eingefügt wird. Wenn der einzufügende Ausdruck aus einem einfachen Variablennamen besteht, muss diesem nur ein Dollarzeichen vorangestellt werden.

```
val antwort = "Ja".
println("Die Antwort ist $antwort.")
```

Das Ergebnis ist in diesem Fall »Die Antwort ist Ja«. Wenn der Ausdruck Satzzeichen enthält oder unmittelbar an Ziffern oder Buchstaben angrenzt, muss er zusätzlich in geschweifte Klammern gesetzt werden.

```
println("Die Antwort ist ${antwort.toUpperCase().}")
println("Er gab ihr das ${antwort}wort.")
```

Wenn Sie ein Dollarzeichen im String benötigen, müssen Sie ihm einen Backslash voranstellen.

```
println("Das kostet \$$preis.")
```

Keine geprüften Exceptions

Kotlin kennt keine geprüften (*checked*) Exceptions, und Funktionen müssen demzufolge auch keine Exceptions deklarieren. Das Schlüsselwort `throws` gibt es in Kotlin nicht. Ansonsten ist der Umgang mit Exceptions gegenüber Java unverändert.

Kotlin-Klassen und Java-Klassen

Manche Funktionen des Android-Frameworks erfordern die Übergabe eines Typliterals wie `String.class` in Java. In Kotlin lautet der analoge Ausdruck:

```
val stringClass:Class = String::class.java
```

Mit dem Operator `::` erhalten Sie zunächst ein Kotlin-eigenes Klassenobjekt vom Typ `kotlin.reflect.KClass`, das mit der von der Android-Funktion erwarteten Java-Klasse nicht kompatibel ist. Sie müssen daher mithilfe der Property `java` erst noch die zugehörige Java-Klasse ermitteln.

Die Java-Klasse eines beliebigen konkreten Objekts bekommen Sie dagegen direkt durch den Aufruf der Property `javaClass` heraus.

```
val stringClass:Class = "abc".javaClass
```

Das Typensystem

Das Typensystem von Kotlin ist zwar im Prinzip dasselbe wie das von Java, allerdings gibt es einige gravierende Abweichungen.

Alle Werte sind Objekte

In Kotlin ist grundsätzlich jeder Wert ein Objekt, kann also Funktionen und Properties haben. Die gilt sogar für `null`; beispielsweise lässt sich der Ausdruck `null.toString()` kompilieren.

Es gibt keine »primitiven« Typen wie in Java (`int`, `float`, `boolean` usw.), die keine Funktionen besitzen und nur durch Operatoren verarbeitet werden können. Kotlin verwendet diese aus Performancegründen zwar intern auch, aus Sicht der Programmiersprache verhalten sich die entsprechenden Typen (`Int`, `Float`, `Boolean` usw.) aber wie normale Klassen und können (als `Int?`, `Float?`, `Boolean?` usw.) auch `null` sein.

Arrays spielen syntaktisch keine Sonderrolle wie in Java, sondern werden wie andere typisierte Container gehandhabt.

```
var stringArray : Array<String> = arrayOf<String>( . . . )
```

Für Arrays von primitiven Java-Typen gibt es spezielle Array-Typen: ByteArray, CharArray, IntArray usw.

Nullbare Typen

Variablen, Parameter oder Funktionsergebnisse können nur dann den Wert null annehmen, wenn die Typangabe durch ein Fragezeichen als »nullbar« gekennzeichnet ist.

```
//var a:String = null    // unzulässig, Compilerfehler
var a:String = "Hallo"   // zulässig
var b:String? = null     // zulässig
```

Ein nullbarer Wert ist Supertyp seines nicht-nullbaren Gegenstücks. Das heißt, man kann einen nicht-nullbaren Wert einer nullbaren Variablen zuweisen, aber nicht umgekehrt.

```
//a = b                  // unzulässig, Compilerfehler
b = a                    // zulässig
```

An einem nullbaren Wert können nur einige wenige Funktionen aufgerufen werden, die für null zulässig sind, z.B. toString().

```
// var c = b.toUpperCase()  // unzulässig an nullbarem Wert
var c = b.toString()        // zulässig auch für null
```

Nullbarkeit und Java

Da Java die Unterscheidung zwischen nullbaren und nicht-nullbaren Typen nicht kennt, geht der Kotlin-Compiler beim Aufruf einer Java-Funktion folgendermaßen vor:

- Parameter können mit nullbaren und nicht-nullbaren Argumenten aufgerufen werden.
- Rückgabewerte werden als unbekannt angesehen und können nullbaren oder auch (auf eigene Gefahr) nicht-nullbaren Variablen zugewiesen werden.

Kotlin unterstützt aber die beiden Annotationen @NonNull und @Nullable, die im Android-Framework häufig benutzt werden und die Android Lint für Konsistenzprüfungen verwendet. Primitive Java-Typen (int, float, char usw.) sind immer nicht-nullbar.

Klassenhierarchie und Vererbung

Wie in Java gibt es elementare Typen (die durch Literale instanziiert werden), Klassen und Interfaces. Jede Klasse ist von einer anderen Klasse abgeleitet und kann beliebig viele Interfaces implementieren.

Die Wurzel der Klassenhierarchie heißt `Any` und hat ungefähr die gleiche Bedeutung wie die Klasse `Object` in Java. `Any` ist Supertyp aller nicht-nullbaren Typen. Der Supertyp aller nullbaren Typen ist dementsprechend `Any?`.

Spezielle Typen

Es gibt einige Typen mit besonderer Bedeutung:

- `Any` ist die Wurzel, von der alle Klassen (direkt oder indirekt) abgeleitet sind. Es ist die einzige Klasse, die selbst nicht von einer anderen Klasse abgeleitet ist.
- `Unit` ist der explizit deklarierte Rückgabetyp für Funktionen, die keinen Wert (auch nicht `null`) zurückgeben und daher nur als Prozeduren aufgerufen werden dürfen. Entspricht in etwa dem Typ `Void` in Java.
- `null` ist wie in Java der leere Typ, der die Abwesenheit eines Objekts symbolisiert. Er darf nur Variablen zugewiesen, an Parameter übergeben oder aus Funktionen zurückgegeben werden, die als *nullbar* (siehe unten) deklariert sind. Im Unterschied zu Java kann `null` aber wie ein Objekt behandelt werden, so ist beispielsweise `null.toString()` ein gültiger Ausdruck.
- `Nothing` ist ein Typ, der keine Instanzen hat und nicht instanziiert werden kann. Als Rückgabetyp einer Funktion signalisiert er, dass ein Aufruf dieser Funktion niemals zurückkehrt (z.B. weil sie immer eine Exception auslöst).

Typumwandlung (Casting) und Typprüfung

Wie in Java ist Upcasting (also die Umwandlung eines Werts in einen eigenen Supertyp) immer ohne Weiteres möglich, Downcasting (also die Umwandlung eines Werts in einen eigenen Subtyp) erfordert jedoch eine explizite Typumwandlung. Diese erfolgt bei Kotlin mit dem Schlüsselwort `as`.

```
var a:CharSequence = "Hallo"    // Upcasting
var b:String = a as String      // Downcasting mit as
```

Downcasting kann zu einem Laufzeitfehler führen, wenn der Typ nicht zutrifft.

```
var c:StringBuilder = a as StringBuilder // Laufzeitfehler
```

Dies kann man durch eine Abfrage des Typs vermeiden:

```
var c:Stringbuilder? = if (a is StringBuilder) a else null
```

Downcasting ist hier aufgrund des »intelligenten Castings« von Kotlin nicht mehr nötig. Der Compiler weiß ja, dass der Typ gerade geprüft worden ist. Mithilfe der »sicheren Typabfrage« kann man das noch weiter verkürzen:

```
var c:Stringbuilder? = a as? StringBuilder
```

Bei beiden letzten Varianten ist das Ergebnis des Ausdrucks `null`, wenn `a` kein `StringBuilder` ist; daher muss der Typ von `c` nullbar sein.

Keine numerische Typerweiterung

Eine automatische Typerweiterung von numerischen Werten wie in Java gibt es in Kotlin nicht. Sie können beispielsweise einen `Int`-Wert nicht einer `Long`- oder `Double`-Variablen zuweisen. Auch die Typumwandlung mit `as` ist hier nicht anwendbar. Die Zahlentypen haben aber Funktionen, die eine explizite Umwandlung ermöglichen:

```
var m:Int = 123
var n:Long = m.toLong()    // Umwandlung nur explizit
```

Vorsicht: Auch bei diesen Umwandlungsfunktionen findet wie in Java keine Prüfung auf Überlauf statt.

Generische Typen

Die generischen Typen funktionieren in Kotlin ähnlich wie in Java. Die Unterschiede betreffen hauptsächlich den Umgang mit Ko- und Kontravarianz, worauf wir hier nicht näher eingehen wollen.

Anders als Java kennt Kotlin keine »Rohtypen«. Wenn Sie den Typparameter eines generischen Typs nicht kennen, können Sie nicht die gesamte Typangabe weglassen. In solchen Fällen kann aber anstelle der Typangabe die Sternprojektion verwendet werden, die hier anstelle des Fragezeichens in Java verwendet wird.

```
var liste:List<*>? = null
```

Typbegrenzungen werden in Kotlin mit einem Doppelpunkt anstelle des Schlüsselworts extends in Java gekennzeichnet:

```
fun <T:Number> summiere(vararg n:T):T { . . . }
var liste2 = mutableListOf<*:Number>()
```

Unter bestimmten Bedingungen kann man in Kotlin auch Funktionen mit reifizierten generischen Typen schreiben. Dadurch ist es möglich, die Typen von Parameterobjekten zur Laufzeit innerhalb der Funktion zu ermitteln.

Null-sichere Operatoren

Der wichtigste Schutz gegen Nullpointer-Exceptions ist die oben erwähnte Unterscheidung zwischen »nullbaren« (z.B. `Int?`) und »nicht-nullbaren« (z.B. `Int`) Typen, die es generell verhindert, dass Sie eine typspezifische Funktion an einem Wert aufrufen, der möglicherweise `null` ist. Daneben dienen einige Operatoren dazu, den Umgang mit nullbaren Werten zu erleichtern.

Sicherer Funktionsaufruf mit ?.

Mit dem Operator `?.` stellen Sie sicher, dass eine Funktion an einem Wert nur aufgerufen wird, wenn dieser nicht `null` ist.

```
var b:String? = null
var c:String? = b?.toUpperCase()
```

Der Ausdruck `b?.toUpperCase()` liefert `null`, wenn `b` `null` ist, daher muss in diesem Fall die Empfängervariable `c` als nullbar deklariert sein.

Achten Sie darauf, dass bei der Verkettung von Funktionen auch die Folgeaufrufe abgesichert sein müssen:

```
var c:String? = b?.toUpperCase()?.trim()
```

Der Elvis-Operator ?:

Mit dem Operator `?:` legen Sie einen Ersatzwert für den Fall fest, ein Wert `null` sein kann:

```
var d:String = b ?: "leer"
```

Wenn `b` den Wert `null` hat, liefert der Ausdruck einen Ersatzwert desselben Typs. Da das Ergebnis dieses Ausdrucks immer vom Typ `String` sein muss, braucht die Variable `d` hier nicht nullbar zu sein.

Der unsichere Nicht-Null-Operator !!

Wenn Sie ganz sicher sind, dass ein im Prinzip nullbarer Wert in einer bestimmten Situation nicht `null` sein kann, können Sie ihn mit zwei Ausrufezeichen (`!!`) in einen nicht-nullbaren Wert umwandeln.

```
val x:String? = . . .
val z:String = x!!.toUpperCase() // Kann NPE auslösen!
```

Ablaufsteuerung

Die `while`- und `do-while`-Schleifen, das `if`-Konstrukt sowie auch die Exception-Behandlung mit `try-catch-finally` unterscheiden sich prinzipiell nicht von den entsprechenden Konstruktionen in Java.

for-Schleifen

Die `for`-Schleife gibt es nur in der Variante der `for-each`-Schleife. Allerdings tritt an die Stelle des Doppelpunkts das Schlüsselwort `in`. Die Schleifenvariable muss nicht typisiert werden.

```
val strings = arrayOf("alpha","beta","gamma")
for (string in strings) {
    println(string)
}
```

Das »klassische«, von Java bekannte `for`-Schleifenkonstrukt gibt es in Kotlin nicht, es kann aber mithilfe von Wertebereichen (siehe Abschnitt »Kollektionen, Maps und Wertebereiche« auf Seite 99) leicht simuliert werden.

```
// Java-Form der Zählschleife:
for (int i=0; i<10; i++) { . . . }
// Ersatz in Kotlin:
for (i in 0..9) { . . . }
```

when statt Switch

An die Stelle des Switch-Case-Konstrukts tritt eine `when`-Anweisung mit ähnlicher Bedeutung, die aber wesentlich flexibler und syntaktisch klarer aufgebaut ist. Dabei gibt es folgende Besonderheiten:

- Der zu prüfende Wert kann einen beliebigen Typ haben.
- Die Alternativen können beliebige Ausdrücke sein, sie müssen nur typkompatibel zu dem Typ des Prüfwerts sein.
- Jeder Alternative folgt eine einzelne Anweisung oder ein in geschweifte Klammern eingeschlossener Block. Die `break`-Anweisung entfällt.
- Das Schlüsselwort `else` fängt alle nicht explizit aufgeführten Alternativen ein und muss, wenn es angegeben ist, die letzte Alternative sein.
- Bei Typen mit definierter Anzahl von Werten (z.B. `enum`-Klassen) müssen alle Werte aufgeführt sein, oder es muss `else` als Alternative vorkommen.
- Mit dem Schlüsselwort `in` kann man prüfen, ob der Wert in einer Kollektion oder einem Array enthalten ist.
- Mit dem Schlüsselwort `is` kann man prüfen, ob der Typ des Werts ein Subtyp des angegebenen Typs ist.

```
when (x) {
    0 -> println("x ist 0")
    1 -> println("x ist 1")
    2,3 -> println("x ist 2 oder 3")
    in 4..10 -> {
        println("x ist im Bereich")
        println(" 4 bis 10")
    }
    null -> println("x ist null")
    true -> println("x ist wahr")
    Date() -> println("x ist die aktuelle Zeit")
    is String -> println("x ist ein String")
    else -> println("x ist irgendetwas")
}
```

Die when-Anweisung kann auch ohne Prüfwert verwendet werden. In diesem Fall werden als Alternativen beliebige logische Ausdrücke angegeben.

```
when {
    x==0 -> println("x ist 0")
    x<0  -> println("x ist kleiner als 0")
}
```

Anweisungen funktional anwenden

Die Verzweigungen mit if und when sowie das try-catch-finally-Konstrukt können wie Funktionen mit Ergebnissen verwendet werden. Der Ergebnistyp entspricht dem Typ der Ergebnisse der jeweiligen Zweige. Wenn die Typen der Zweige verschieden sind, sucht der Compiler einen gemeinsamen Supertyp als Ergebnistyp.

Die if-Anweisung muss bei funktionaler Verwendung einen else-Zweig haben.

```
val maximum = if (a>b) a else b
fun imBereich(a:Int,x:Int,y:Int):Boolean =
    when {
        a<x -> false
        a>y -> false
        else -> true
    }
```

Da die if-Anweisung funktional verwendet werden kann, benötigt Kotlin den »ternären Operator« in Java (a>b ? a : b) nicht – und kennt ihn daher auch nicht.

Funktionen

Man spricht in Kotlin von »Funktionen« und nicht von »Methoden« wie in Java, da der Funktionsbegriff viel weiter gefasst ist und auch anonyme Funktionen und Funktionen außerhalb von Klassen umschließt. Methoden bezeichnen dagegen nur Funktionen als Klassen-Member.

Eine benannte Funktion wird mithilfe des Schlüsselworts fun definiert. Der Ergebnistyp steht, durch einen Doppelpunkt getrennt, hinter der Parameterliste.

```
fun addiere(a:Int,b:Int):Int {
    val ergebnis = a + b
    return ergebnis
}
```

Der Ergebnistyp `Unit` zeigt an, dass die Funktion nichts zurückgibt, das Ergebnis also keiner Variablen zugewiesen werden kann (entspricht void in Java).

```
fun meldeFehler(text:String):Unit {
    System.err.println(text)
}
```

Wenn kein Ergebnistyp angegeben ist, wird `Unit` angenommen.

Der Ergebnistyp `Nothing` zeigt an, dass die Funktion überhaupt nicht zurückkehrt. Auf den Aufruf einer solchen Funktion dürfen keine weiteren ausführbaren Anweisungen folgen.

```
fun beendeProgamm(fehlercode:Int):Nothing {
    throw Error("Programmabbruch. Fehler $fehlercode")
}
```

Wenn der Funktionsrumpf auf einen einzigen Ausdruck reduzierbar ist, kann man die geschweiften Klammern weglassen und durch ein Gleichheitszeichen vor dem Ergebnisausdruck ersetzen. Der Ergebnistyp ergibt sich aus dem Typ des Ergebnisausdrucks und braucht daher nicht angegeben zu werden.

```
fun addiere(a:Int,b:Int) = a + b
```

Parameterlisten mit variabler Länge werden in Kotlin mit dem Schlüsselwort `vararg` gekennzeichnet und müssen immer an der letzten Stelle der Parameterliste stehen.

```
fun printAll(vararg werte:Any?) {
    for (wert in Werte) println(wert)
}
```

Die variable Parameterliste (hier `werte`) ist innerhalb des Funktionsrumpfs als Array des betreffenden Typs (hier also `Array<Any?>`) verfügbar.

Wenn Sie ein Array oder eine Liste von Objekten haben, die Sie alle einer Funktion mit `vararg`-Parameter übergeben möchten, expandieren Sie das Argument, indem Sie einen Stern davorsetzen:

```
val argumente = arrayOf(1,2,3)
printAll(*argumente)
```

Vorgabewerte und benannte Parameter

Die Parameter einer Funktion können mit Vorgabewerten versehen werden. Diese Parameter können dann bei einem Funktionsaufruf weggelassen werden und nehmen den Vorgabewert an.

```
fun save(name:String, punkte:Int=0, kommentar:String?=null)
      { . . . }
. . .
save ("Klaus",42)  // kommentar ist null
```

Parameter ohne Vorgabewerte müssen in der Funktionsdefinition immer vor denen mit Vorgabewerten angegeben sein und müssen beim Aufruf als Argumente in derselben Reihenfolge angegeben werden.

Parameter mit Vorgabewerten können Sie beim Aufruf auch in abweichender Reihenfolge angeben. Dann müssen sie in der Argumentliste aber benannt werden:

```
save("Klaus",kommentar="ausgefallen")
```

Funktionen auf Package-Ebene

Eine benannte Funktion kann nicht nur wie eine Java-Methode innerhalb einer Klasse, sondern auch unabhängig von einer Klasse auf der Ebene eines Packages definiert sein. Eine Funktion mit dem Namen `meineFunktion` im Package `com.example.myfunctions` wird dann beispielsweise so aufgerufen:

```
com.example.myfunctions.meineFunktion()
```

Ebenso wie eine Klasse kann sie auch importiert und danach ohne Package-Angabe verwendet werden:

```
import com.example.myfunctions.meineFunktion
. . .
meineFunktion()
```

Funktionen, die im selben Package liegen wie das aktuelle Programm, müssen nicht importiert werden.

Funktionen auf Package-Ebene werden häufig anstelle der statischen Methoden in Java verwendet, die es in dieser Form in Kotlin nicht gibt.

Anonyme Funktionen (Lambda-Ausdrücke)

Funktionen können ohne Namen definiert und Variablen zugewiesen, als Funktionsargumente übergeben oder als Funktionsergebnisse zurückgegeben werden.

```
val myFunc = { a:Int, b:Int ->
   val result = a + b
   result
}
```

Die Definition einer anonymen Funktion besteht aus einer öffnenden geschweiften Klammer, der Parameterliste, einem Pfeilsymbol `->`, dem Funktionsrumpf und einer schließenden geschweiften Klammer.

Der Funktionsrumpf enthält keine `return`-Anweisung, vielmehr wird immer das Ergebnis der zuletzt ausgeführten Anweisung zurückgegeben.

Wenn die anonyme Funktion nur einen Parameter hat, dessen Typ sich aus dem Kontext ergibt, kann die Parameterliste einschließlich Pfeilsymbol weggelassen werden. Der Parameter hat dann den Namen `it`. Im folgenden Beispiel erwartet der Typ `OnClickListener` eine Funktion mit einem Argument vom Typ `View`, das innerhalb der Funktion dann als `it` angesprochen werden kann.

```
val listener:OnClickListener = { Log.e("Button geklickt: "+it.name) }
```

Wenn eine anonyme Funktion als Argument übergeben wird, kann sie hinter die schließende Klammer der Argumentliste gesetzt werden. Ist die Argumentliste leer, können auch die runden Klammern entfallen:

```
meineListe.forEach { println(it) }
```

Anonyme Funktionen haben – anderes als die Lambda-Ausdrücke in Java – einen eigenen Typ, der z.B. als Parameter einer Funktion deklariert werden kann. Beispielsweise könnte man (anstelle der

Kotlin-Standardfunktion forEach()) eine Funktion definieren, die eine Aktion für alle Elemente eines Iterable-Objekts ausführt:

```
fun <T> fuerAlle(container:Iterable<T>, func:(T)->Unit) {
    for (element in container) func.invoke(element)
}
```

Erweiterungsfunktionen

Beliebige Typen können mithilfe von Erweiterungsfunktionen mit zusätzlichen Fähigkeiten versehen werden, ohne dass eine neue Klasse abgeleitet werden muss. Dazu muss der zu erweiternde Typ, durch einen Punkt getrennt, dem Funktionsnamen vorangestellt werden.

Das erweiterte Objekt kann innerhalb der Funktion mit this angesprochen werden.

So könnte man die obige fuerAlle()-Funktion auch als Erweiterungsfunktion definieren – und so ungefähr macht es ebenfalls die Kotlin-Standardbibliothek mit forEach():

```
fun <T> Iterable<T>.fuerAlle(func:(T)->Unit) {
    for (element in this) func.invoke(element)
}
. . .
val liste = listOf( . . . )
liste.fuerAlle { println(it) }
```

Die auf diese Weise zu erweiternden Typen müssen nicht Klassen. Auch für Interfaces und generische Typen können Sie Erweiterungsfunktionen definieren. Folgendes Codestück erweitert das generische Interface List um eine Funktion entferneAlle(), die alle Elemente aus der Liste entfernt, die gleich dem angegebenen Wert sind.

```
fun <T> List<T>.entferneAlle(element:T):List<T> {
    return this.filter{ it!=element }
}

val liste1 = listOf("a","","b","","c")
val liste2 = liste1.entferneAlle("") // ergibt "a","b","c"
```

Erweiterungsfunktionen werden meistens auf Package-Ebene definiert und dienen in Utility-Bibliotheken dazu, vorhandene Typen aufzuwerten. Man muss also nur das betreffende Package importieren, um die Funktionen im Programm zur Verfügung zu haben. Auf diese Weise definiert auch die Anko-Bibliothek zahlreiche Funktionen zur Erweiterung von Typen des Android-Frameworks.

Variablen, Felder und Properties

Kotlin unterscheidet zwischen veränderlichen (*mutable*) und unveränderlichen (*immutable*) Variablen. Veränderliche Variablen werden mit dem Schlüsselwort `var`, unveränderliche mit dem Schlüsselwort `val` definiert.

```
var x:String? = null
val z = "abc"
```

Die Typangabe kann entfallen, wenn sie sich aus dem Wert ergibt, der bei der Initialisierung zugewiesen wird.

Jede Variable, egal ob veränderlich oder nicht, muss initialisiert werden, das heißt, vor dem ersten lesenden Zugriff muss ihr ein Wert zugewiesen worden sein. Diese Initialisierung kann bei der Variablendefinition geschehen oder in einer der folgenden Anweisungen, bei Instanzvariablen von Klassen auch im Konstruktor. Einer unveränderlichen Variablen darf nach der Initialisierung nicht noch einmal ein Wert zugewiesen werden.

Properties

Alle Variablen, die keine lokalen Variablen oder Parameter in Funktionen sind, werden zu Properties kompiliert, das heißt, der Compiler fügt bei `var`-Variablen Getter und Setter, bei `val`-Variablen nur Getter hinzu. Diese Akzessor-Funktionen sind im Quellprogramm nicht sichtbar, da sie auch bei den Aufrufen aus Kotlin-Programmen hinzugeneriert werden.

Property-Getter und -Setter können aber bei der Definition überschrieben werden. Im Folgenden werden Setter und Getter einer Property `z` so überschrieben, dass sie einfach nur den Wert schreiben oder auslesen – also genau das tun, was auch die generierten Akzessor-Funktionen machen.

```
var z:String = ""
    set(value) { field = value }
    get() { return field }
```

Auf das hinter einer Property liegende Feld, in dem der eigentliche Wert gespeichert ist, lässt sich nur aus den Getter- und Setter-Funktionen zugreifen. Dort (und nur dort) ist es unter dem Namen `field` verfügbar.

Virtuelle Properties

Wenn Getter und Setter einer Property gar nicht auf ihr `field` zugreifen, wird es auch vom Compiler nicht angelegt. So könnten Sie beispielsweise eine virtuelle unveränderliche Property anlegen, die die obige String-Property `z` in Großbuchstaben ausgibt.

```
val upperZ:String get() { return z.upperCase() }
```

Property-Zugriff auf Java-Getter und -Setter

In Java programmierte standardkonforme Getter und Setter können Sie (aber müssen nicht) wie Kotlin-Properties aufrufen. So kann man etwa den Text eines Buttons durch Funktionsaufrufe setzen und abfragen:

```
button.setText("OK")
val text = button.getText()
```

Sie bewirken dasselbe wie die folgenden beiden Property-Aufrufe:

```
button.text = "OK"
val text = button.text
```

Eine in Kotlin programmierten Property können Sie allerdings ausschließlich über den Property-Zugriff ansprechen, ein expliziter Aufruf der generierten Akzessoren aus einem Kotlin-Programm ist nicht möglich.

Erweiterungs-Properties

Analog zu Erweiterungsfunktionen können auch bestehende Typen durch Erweiterungs-Properties aufgebessert werden.

Folgende Nur-Lese-Property gibt das erste Zeichen eines Strings zurück oder `null`, wenn der String leer ist.

```
val String.zeichen1:Char?
    get() = if (this=="") null else this[0]
. . .
val z = "abc".zeichen1 // ergibt 'a'
```

Konstante Werte

Für benannte konstante Werte, die man in Java mit `final static` definiert, gibt es in Kotlin ein eigenes Schlüsselwort `const`.

```
const val DEFAULT_SIZE = 1
```

Konstanten können nur für elementare Typen und Strings auf Package-Ebene oder in Singleton-Objekten (siehe weiter unten) definiert werden.

Klassen und Interfaces

Die Definition von Klassen und Interfaces entspricht weitgehend dem, was Sie von Java kennen. Die größten Unterschiede gibt es bei Konstruktoren und statischen Member-Elementen.

Statische Member in Klassen – und damit auch das Schlüsselwort `static` – sind in Kotlin unbekannt. Deren Rolle wird einerseits durch Funktionen und Properties auf Package-Ebene (siehe oben), andererseits durch Singleton-Objekte (siehe weiter unten) übernommen.

Konstruktoren

In Kotlin kann eine Klasse einen primären Konstruktor und einen oder mehrere sekundäre Konstruktoren haben. Der primäre Konstruktor muss, wenn es ihn gibt, beim Instanziieren einer Klasse immer durchlaufen werden.

Der Primärkonstruktor

Die Parameterliste des primären Konstruktors befindet sich eingeklammert direkt hinter dem Klassennamen. Die Parameter sind nur während der Konstruktionsphase des Objekts verfügbar und können beispielsweise zur Initialisierung von Member-Properties verwendet werden.

```
class Mitglied(nameArg:String, eintrittArg:Date?=null) {
    var name:String = nameArg
    var eintritt:Date = eintrittArg ?: Date()
}
```

Um die Getter und Setter für die beiden änderbaren Properties brauchen wir uns nicht zu kümmern, denn sie werden vom Android-Compiler hinzugefügt.

Wenn bei der Konstruktion der Instanz noch mehr geschehen soll als nur die Initialisierung von Member-Properties, verwenden Sie einen `init`-Block. Er ähnelt in seiner Bedeutung dem Initialisierer einer Java-Klasse. Sie können obige Klasse also auch – etwas umständlicher – so definieren:

```
class Mitglied(nameArg:String, eintrittArg:Date?=null) {
    var name:String
    var eintritt:Date
    init {
        name = nameArg
        eintritt = eintrittArg ?: Date()
    }
}
```

Kotlin bietet aber auch die Möglichkeit, Properties gleich in der Parameterliste des Primärkonstruktors zu definieren. Damit schmilzt diese Klassendefinition auf eine Zeile zusammen.

```
class Mitglied(var name:String, var eintritt:Date=Date()) { }
```

Da der Rumpf in dieser Version leer bleibt, können Sie sogar das Paar geschweifter Klammern weglassen.

Sekundärkonstruktoren

Sie können einen oder mehrere weitere Konstruktoren definieren. Wenn es einen Primärkonstruktor gibt, muss dessen Aufruf, durch Doppelpunkt getrennt, hinter der Parameterliste angegeben werden. Alternativ kann dort auch ein anderer Konstruktoraufruf stehen, der seinerseits den Primärkonstruktor aufruft. Der Name eines Konstruktors ist immer `constructor`, nicht wie in Java der Klassenname.

```
class Mitglied(var name:String, var eintritt:Date=Date()) {
   constructor (name:String, punkte:Int, eintritt:String) :
      this(name,stringToDate(eintritt)) { }
. . .
}
```

Auch hier können Sie das leere Klammerpaar { } weglassen.

Vererbung

Standardmäßig sind Klassen in Kotlin *final*, und Vererbung ist nicht möglich. Damit von einer Klasse abgeleitet werden kann, muss sie entweder als open gekennzeichnet oder abstrakt sein.

```
open class Mitglied (. . .) {. . .}
```

Die erbende Klasse gibt den Konstruktoraufruf der Superklasse, durch Doppelpunkt getrennt, hinter der eigenen Parameterliste an.

```
class Spieler (name:String, eintritt:Datum?, punkteArg:Int) :
     Mitglied(name, eintritt) {
   var punkte:Int = punkteArg
}
```

Wenn eine Klasse ein oder mehrere Interfaces implementiert, werden diese ebenfalls hinter dem Doppelpunkt aufgeführt. Gibt es eine Superklasse, wird diese aber immer als Erstes aufgeführt.

```
class Spieler (. . .) : Mitglied( . . . ), Punktehalter {
   . . .
}
```

Funktionen und Properties überschreiben

Eine Klasse kann die geerbten Member-Funktionen einer offenen Superklasse überschreiben oder die Funktionen eines Interface implementieren.

Eine zu überschreibende Funktion in der Superklasse muss mit dem Modifizierer open gekennzeichnet oder abstrakt sein, denn standardmäßig sind alle Member-Funktionen final.

```
open class Vogel {
   open fun fliege() { println("Auf und davon!") }
}
```

In der erbenden Subklasse muss die überschriebene Funktion mit dem Modifizierer override gekennzeichnet sein.

```
class Pinguin : Vogel() {
    override fun fliege() { println("Kann nicht fliegen.") }
}
```

Dies entspricht der @Override-Annotation in Java, ist aber, anders als jene, verpflichtend.

Auch Properties können überschrieben werden. Sie müssen dazu ebenfalls in der Superklasse als abstract (siehe weiter unten) oder open gekennzeichnet sein.

Interfaces und abstrakte Klassen

Die Definition von Interfaces und abstrakten Klassen entspricht den entsprechenden Typen in Java. Ein Interface wird mit interface, eine abstrakte Klasse mit abstract class definiert.

Abstrakte Properties

Abstrakte Klassen können neben abstrakten Funktionen auch abstrakte Properties enthalten; Properties in Interfaces sind immer abstrakt.

Eine abstrakte Property besteht im Prinzip aus dem generierten Getter und (wenn sie veränderbar ist) dem Setter. Sowohl Getter als auch Setter sind dabei abstrakt. Es gibt kein dahinterliegendes Feld, das den konkreten Wert enthält, und daher kann eine abstrakte Property auch nicht mit einem Wert initialisiert werden.

Default-Funktionen in Interfaces

Interfaces können implementierte Funktionen enthalten, wie es sie in Java ab Version 8 gibt.

Enum-Klassen

Enum-Klassen werden ähnlich wie in Java definiert, dabei wird der Modifizierer enum dem Schlüsselwort class vorangestellt. Erweiterte Enum-Klassen mit Properties lassen sich mithilfe des Primärkonstruktors sehr kompakt definieren:

```
enum class Wochentag(val text:String) {
    MO("Montag"),DI("Dienstag"),MI("Mittwoch"),
    DO("Donnerstag"),FR("Freitag"),SA("Samstag"),SO("Sonntag")
}
```

Datenklassen

Für die Programmierung einfacher Klassen, die nur Werte und keine wesentliche Funktionalität enthalten, bietet Kotlin eine Erleichterung durch die Datenklassen. Wenn Sie dem Schlüsselwort `class` den Modifizierer `data` voranstellen, generiert der Compiler neben den Akzessoren zu den Properties noch einige Funktionen hinzu, darunter `equals()`, `hashCode()` und `toString()`.

```
data class Spieler ( var name:String,
                     var eintritt:Datum?,
                     var punkteArg:Int)
```

Voraussetzung dafür ist, dass der Primärkonstruktor mindestens einen Parameter hat, alle Parameter `val`- oder `var`-Parameter sind und die Klasse weder abstrakt noch offen und auch keine innere Klasse ist.

Singleton-Objekte

Klassen, von denen es nur eine einzige, global verfügbare Instanz gibt, sind in Kotlin fester Bestandteil der Sprache. Ihre Member-Elemente übernehmen die Rolle der statischen Member in Java-Klassen.

Ein Singleton-Objekt wird genau so definiert wie eine Klasse, allerdings mit dem Schlüsselwort `object` statt `class`. Es gibt keine Konstruktoren mit Parametern, `init`-Blöcke sind jedoch erlaubt. Ein Singleton-Objekt kann aber auch von einer Klasse abgeleitet sein und Interfaces implementieren.

```
object MeinPapagei : Vogel() {
    override fun fliege() {
        println("Wenn's sein muss...")
    }
    fun sprich(text:String) {
        for (i in 1..3) println(text)
    }
}
```

Abgeleitete Singleton-Objekte können auch einer Variablen zugewiesen oder einer Funktion übergeben werden:

```
var v:Vogel = MeinPapagei
```

Auf die Member eines Singleton-Objekts greift man über seinen Namen zu.

```
MeinPapagei.sprich("Guten Tag.")
```

Companion-Objekte

Wenn eine Klasse und ein Singleton-Objekt in einer engen Beziehung zueinander stehen, definiert man das Singleton-Objekt als *Companion-Objekt* der betreffenden Klasse. Die Member des Singleton-Objekts haben dann eine ähnliche Bedeutung wie die statischen Member einer Java-Klasse.

```
open class Vogel {
    companion object {
        const val FLUG_TEXT = "Auf und davon"
    }
    open fun fliege() { println(FLUG_TEXT) }
}
```

Außerhalb der Klasse werden die Member des Companion-Objekts wie statische Member der Klasse angesprochen.

```
val flugText = Vogel.FLUG_TEXT
```

Innerhalb der Klasse kann der Klassenname, wie oben zu sehen, weggelassen werden.

Kollektionen, Maps und Wertebereiche

Kotlin fügt vielen aus Java bekannten Standardtypen umfangreiche Erweiterungen hinzu. Besonders wichtig sind dabei die Erweiterungen für die in den meisten Programmen häufig verwendeten Kollektionstypen wie Arrays, Listen, Sets, Maps usw. Die Kollektionstypen haben in der Kotlin-Programmierumgebung eigene Namen, sind aber voll kompatibel zu den entsprechenden Typen der Java-Standardbibliothek.

Veränderliche und unveränderliche Kollektionen

Alle in der Kotlin-Standardbibliothek definierten Kollektionstypen gibt es in einer unveränderlichen (*immutable*) Variante, z.B. `List`, und einer veränderlichen (*mutable*) Variante, z.B. `MutableList`. Die unveränderliche Variante stellt nur lesende Funktionen zur Verfügung, durch die die Kollektion nicht verändert werden kann.

Die veränderliche Variante stellt stets eine Erweiterung der unveränderlichen Variante dar, fügt also die zur Veränderung der Kollektion erforderlichen Funktionen hinzu. Ein Wert des Typs `MutableList<String>` kann also einer Variablen des Typs `List<String>` zugewiesen werden, aber nicht umgekehrt.

Konstruktionsfunktionen

Für die drei durch die Kotlin-Standardbibliothek unterstützten Paare von Kollektionstypen stehen Konstruktionsfunktionen zur Verfügung, die es ermöglichen, mit Werten gefüllte Instanzen jeweils durch einen einzigen Funktionsaufruf zu erzeugen, dem beliebig viele Werte des Elementtyps übergeben werden können.

```
var v1:List<Int> = listOf(1,2,3)
var v2:MutableList<Int> = mutableListOf(1,2,3)
var v3:Set<Int> = setOf(1,2,3)
var v4:MutableSet<Int> = mutableSetOf(1,2,3)
var v5:Map<String,Int> =
        mapOf("a" to 1, "b" to 2, "c" to 3)
var v6:MutableMap<String,Int> =
        mutableMapOf("a" to 1, " b" to 2, "c" to 3)
```

Die beiden Konstruktionsfunktionen für Maps nehmen Argumente des Typs `Pair` an, und der Ausdruck `"a" to 1` erzeugt dementsprechend ein Objekt des Typs `Pair<String,Int>`.

Hinter den durch die Konstruktionsfunktionen erzeugten Kollektionstypen (auch den unveränderlichen) stehen derzeit die Java-Standardklassen `ArrayList`, `HashSet` und `LinkedHashMap`. Wenn Sie einen anderen Kollektionstyp benötigen, können Sie ihn einfach mit seinem normalen Konstruktor erzeugen.

```
var liste:List<Int> = LinkedList<Int>()
```

Array-Zugriff für Kollektionen

Auf Listen und Maps können Sie wie auf Arrays zugreifen, das heißt, Sie geben sowohl beim Hineinspeichern als auch beim Auslesen eines Werts den Index oder den Schlüssel in eckigen Klammern an.

```
// Beispiel Liste
val meineListe = mutableListOf(1,2,3)
val i0 = meineListe[0]
meineListe[0] = -1
// Beispiel Map
val meineMap = mutableMapOf<String,Int>()
val meineMap["a"] = 1
val i1 = meineMap["a"]
```

Auf diese Weise können Sie auch die selbstveränderlichen Operationen für Listenelemente nutzen:

```
meineMap["a"] += 1
meineMap["a"] --
```

Der in-Operator

Mithilfe des Operators `in` stellen Sie in gut lesbarer Weise fest, ob ein Wert in einer Liste oder einem Set enthalten oder ob in einer Map ein Wert mit diesem Schlüssel gespeichert ist.

```
if (3 in meineListe)
    println("meineListe enthält den Wert 3")
if ("a" in meineMap)
    println("meineMap enthält den Schlüssel a")
```

Funktionale Erweiterungen

Die Kotlin-Standardbibliothek enthält zahlreiche Erweiterungsfunktionen für Kollektionstypen. Dazu gehören auch drei typische Vertreter aus dem Arsenal der funktionalen Programmierung: die Funktionen `forEach()`, `map()` und `filter()`. Jede dieser Funktionen nimmt als Argument wiederum eine Funktion an, die als Parameter einen Wert vom Elementtyp der Kollektion annimmt, und führt diese für jedes Element der Kollektion einmal aus.

Die Funktion forEach() führt nur eine Aktion aus, liefert aber selbst kein Ergebnis.

```
meineListe.forEach { println(it) }
```

Die Funktion map() erzeugt eine neue Kollektion-Liste aus den Ergebnissen der Aufrufe der übergebenen Funktion.

```
val neueListe:List<String> = meineListe.map{ it.toString() }
```

Die Funktion filter() erzeugt eine Kollektion, die alle Elemente der ursprünglichen Kollektion enthält, für die der Aufruf der übergebenen Funktion das Ergebnis true hat.

```
val neueListe:List<Int> = meineListe.filter{ it > 0 }
```

Wertebereiche (Ranges)

Kotlin kennt eine weitere Art von Kollektion, die nur auf vergleichbare Werte anwendbar ist und durch eine Ober- und eine Untergrenze definiert ist. Sie wird als geschlossenes Intervall zweier Werte mithilfe des Range-Operators (..) erzeugt.

```
val r:ClosedRange<Double> = -1.0..+1.0
```

Mit den Operatoren in und !in prüfen Sie, ob ein Wert innerhalb der Grenzen liegt:

```
if (0.0 in r) println "0.0 liegt im Bereich r"
if (0.0 !in r) println "0.0 liegt nicht im Bereich r"
```

Ganzzahlige Wertebereiche implementieren Iterable und können daher auch für Schleifenkonstrukte verwendet werden.

```
// in einer for-Schleife
for (i in 1..10) println(i)
(1..10).forEach { println(it) }
```

Arrays

Kollektionen vom Typ Array spielen in Kotlin eine gewisse Sonderrolle und werden in erster Linie für die Kommunikation mit Java-Programmen benötigt. Unter Kotlin werden sie im Wesentlichen wie Listen verwendet, haben aber eine feste Länge und sind immer veränderbar.

Ein gefülltes Array kann mit der Standardfunktion `arrayOf()` erzeugt werden.

```
val stringArray:Array<String> = arrayOf("alpha","beta","gamma")
```

Wenn Sie ein Array benötigen, das nur aus Nullwerten besteht, können Sie stattdessen auch die Funktion `arrayOfNulls()` verwenden, der nur die Länge des gewünschten Arrays mitgeteilt werden muss:

```
val nullArray = arrayOfNulls<String>(100)
```

Für elementare Datentypen, die in Java als »primitive« Typen dargestellt werden, gibt es spezialisierte Array-Typen wie `ByteArray`, `CharArray`, `IntArray` usw. mit analogen Erzeugerfunktionen wie `byteArrayOf()`, `charArrayOf()`, `intArrayOf()` usw.

TEIL II

Apps implementieren

KAPITEL 4

Apps programmieren

Sofern Sie dieses Buch sequenziell lesen (was nicht unbedingt erforderlich ist), sind Sie aus den vorangegangenen Kapiteln so weit mit den internen Zusammenhängen von Android und der Android-Programmierung vertraut, dass Sie jetzt eigentlich loslegen können. Bevor wir aber so richtig anfangen, wollen wir auf eine Reihe grundlegender Details der Programmierpraxis eingehen.

App-Komponenten

Die wichtigsten Bestandteile jeder Android-Anwendung sind Java- oder Kotlin-Klassen, die man als *App-Komponenten* bezeichnet und die gewissermaßen die Grundbausteine der Anwendung bilden. Im Folgenden wollen wir uns zu jedem dieser Komponententypen ansehen, wie er innerhalb einer Anwendung zu verwenden ist.

App-Komponenten sind bestimmte Arten von Java-Klassen, die als Grundbausteine die wesentliche Funktionalität jeder Anwendung definieren und die Schnittstelle zum System darstellen. Die Kommunikation mit ihnen muss in einer bestimmten Art über Framework-Funktionen erfolgen. Auf diese Weise werden die Hauptbestandteile einer Anwendung nur lose aneinandergebunden und können leicht mit App-Komponenten anderer Anwendungen kommunizieren oder sogar durch sie ersetzt werden; außerdem behält das Android-Framework jederzeit die volle Kontrolle über das Geschehen.

Es gibt folgende Arten von Komponenten:

- Eine *Activity* stellt die visuelle Programmoberfläche auf dem Bildschirm dar und reagiert auf die Eingaben der Anwender. Activities repräsentieren den sichtbaren Teil der Anwendung.

- Ein *Service* hat keine eigene Oberfläche, sondern stellt entweder Funktionalität für andere Komponenten zur Verfügung oder läuft parallel im Hintergrund.
- Ein *Broadcast-Receiver* reagiert auf Ereignisse, die vom System oder anderen Komponenten ausgelöst werden.
- Ein *Content-Provider* bietet über eine standardisierte Schnittstelle anderen Komponenten die Möglichkeit zum Lesen und Schreiben von Informationen.
- Die *Application* ist eine Komponente, die den Gesamtzustand der Anwendung repräsentiert.

Die Komponenten sind im Manifest zu deklarieren und werden (mit Ausnahme der Broadcast-Receiver) nur von den zur Plattform gehörenden spezifischen Manager-Klassen instanziiert, nicht von der Anwendung selbst. Die drei Komponententypen Activity, Service und Broadcast-Receiver werden über sogenannte *Intents* aktiviert. Ein Intent ist eine Instanz der Klasse `android.content.Intent` und kann als eine Art Mitteilung angesehen werden, die eine bestimmte zu startende Komponente, die Art einer auszuführenden Funktionalität oder ein aufgetretenes Ereignis benennt und dazu begleitende Informationen enthält. Das Betriebssystem stellt fest, welche Komponente am ehesten als Empfänger infrage kommt, startet sie und gibt bei Bedarf nach ihrer Beendigung einen Rückgabewert an den Aufrufer zurück. Wenn ein Intent von einer Android-Anwendung zu einer anderen – und damit zwischen zwei virtuellen Maschinen – übertragen werden muss, sorgt das Framework automatisch für die erforderliche Serialisierung und Deserialisierung der von einem Prozess zum anderen zu übertragenden Daten.

Komponenten des Typs Content-Provider werden nicht über einen Intent aktiviert, sondern automatisch, sobald eine andere Komponente über einen *Content-Resolver* auf die von ihm angebotenen Informationen zugreifen will.

Wenn eine Komponente ausgeführt werden soll, stellt das Android-Framework zuerst fest, ob die zugehörige Anwendung bereits läuft. Ist das nicht der Fall, erzeugt es aus einem vorbereiteten Template (»Zygote«) einen neuen Prozess mit einer bereits geladenen virtuellen Maschine und lädt darin die Anwendung. Dann instanziiert es die Komponente und ruft verschiedene ihrer Funktionen auf, die ihren Lebenszyklus markieren und es den Programmierern erlauben, durch Überschreiben ihre eigene Funktionalität zur Anwendung zu bringen.

Eigene Komponenten implementieren

Es gibt einige Aspekte, die unabhängig vom Komponententyp beim Bau eigener Komponenten zu beachten sind.

Ereignisfunktionen und Lebenszyklus

Alle Komponenten-Basisklassen sind nach dem gleichen Muster entworfen: Sie bieten eine Reihe von Funktionen, deren Namen in der Regel mit `on` beginnen und die dazu dienen, von der konkreten Implementierung überschrieben zu werden. Mit diesen Funktionen werden immer bestimmte Ereignisse gemeldet, auf die eine Komponente irgendwie reagieren kann. Ein Teil dieser Ereignisfunktionen bezieht sich auf die verschiedenen Phasen im Lebenszyklus, z.B. ihre Erzeugung (`onCreate()`) oder ihre Beendigung (`onDestroy()`).

Die Lebenszyklusfunktionen sollten, wie in diesem Beispiel, in der Regel als Erstes ihre Parent-Implementierung aufrufen:

```
override fun onCreate(savedInstanceState:Bundle?) {
  super.onCreate(savedInstanceState)
  . . .
}
```

Neben den Ereignisfunktionen stellen sie den implementierenden Klassen diverse Funktionen zur Verfügung, mit deren Hilfe sie systembezogene Aktionen auslösen können, wie etwa auf Dateien zugreifen oder andere Komponenten starten. Bei Activities und Services sowie dem `Application`-Objekt sind viele von ihnen von der Parent-Klasse `Context` geerbt.

Komponenten und Manifest

Jede Komponente muss beim Android-System angemeldet sein, damit sie funktionieren kann. Sie instanziieren nicht selbst Komponenten und greifen nicht von außen auf sie zu, daher wird das Framework benötigt, um Komponenten bei Bedarf hochzufahren und Zugriffe auf sie zu vermitteln, und daher muss jede Komponente dem System im Manifest bekannt gemacht werden (die einzige Ausnahme ist der Komponententyp Broadcast-Receiver, der aus dem Programm heraus angemeldet werden kann und auf den man direkt zugreifen kann, wenn er im selben Prozess läuft).

Tags für Komponenten

Die Anmeldung einer Komponente im Manifest erfolgt mit einem der Tags `<activity>`, `<service>`, `<receiver>` oder `<provider>` innerhalb des Tags `<application>`, z.B. so:

```
<application . . .>
   <activity
     android:name=".MeineKomponente"
     android:enabled="true"
     android:exported="true"
     android:icon="@drawable/meine_komponente_icon"
     android:label="@string/meine_komponente_label"
     android:name="@string/meine_komponente"
     android:permission="com.example.hallo.MEINE_ERLAUBNIS"
     android:process="com.example.hallo.MEIN_PROZESS" >
     ...
   </activity>
</application>
```

Gemeinsame Attribute

Die vier Komponententags haben jeweils eigene Attribute; viele gelten jedoch für alle in gleicher Weise. Die wichtigsten von ihnen wollen wir in Tabelle 4-1 kurz benennen, um sie nicht bei jedem Komponententyp wiederholen zu müssen (allen Attributnamen muss das Präfix `android:` vorangestellt werden).

Tabelle 4-1: Standardattribute für die Anmeldung von Komponenten

Attributname	Bedeutung	Standardwert
name	Voll qualifizierter Name der implementierenden Klasse; wenn am Anfang ein Punkt steht, wird das Wurzel-Package der Anwendung vorangestellt. Muss explizit angegeben werden.	Kein Standardwert; der Name der Klasse muss immer angegeben werden.

Tabelle 4-1: Standardattribute für die Anmeldung von Komponenten (Forts.)

Attributname	Bedeutung	Standardwert
`exported`	Wenn `"true"`, darf die Komponente außerhalb der eigenen Anwendung genutzt werden.	`"true"`, wenn ein Intent-Filter angegeben ist, sonst `"false"`.
`enabled`	Wenn `"false"`, ist die Komponente gesperrt und kann nicht vom System instanziiert werden.	`"true"`, d. h., die Komponente ist nicht gesperrt.
`icon`	Symbolbild für die Komponente als Verweis auf eine Bildressource (`"@drawable/…"`).	Symbol der Anwendung.
`label`	Titel der Komponente als Verweis auf eine Textressource (`"@text/…"`).	Titel der Anwendung.
`permission`	Name eines Zugriffsrechts, über das aufrufende Komponenten verfügen müssen, wenn sie diese Komponente nutzen wollen.	Zugriffsrechte der Anwendung.

Untergeordnete Tags

Das untergeordnete Tag `<Intentfilter>` beschreibt bei Komponenten der Typen Activity, Service und Broadcast-Receiver die Eigenschaften, die ein Intent haben muss, damit er die jeweilige Komponente aufrufen kann (siehe den Abschnitt »Intent-Filter« auf Seite 117). Wenn kein Intent-Filter angegeben ist, kann die Komponente nur über ihre Klasse aufgerufen werden.

Ein weiteres untergeordnetes Tag namens `<meta-data>` dient der Angabe beliebiger Name/Wert-Paare, die von der Klasse in Form eines `Bundle` in `this.applicationInfo.metaData` in Empfang genommen werden können. Als Wert kann ein String oder eine Ressource angegeben werden, wobei im zweiten Fall nicht der Inhalt, sondern die ID-Nummer der Ressource übergeben wird:

```
<meta-data android:name="city"
           android:value="Berlin" />
<meta-data android:name="city"
           android:resource="@string/city_b" />
```

Der Kontext

Der *Kontext* ist ein Objekt, mit dessen Hilfe man den allgemeinen Zustand der Anwendung und des unterliegenden Systems abfragen und verschiedene Systemaktionen auslösen kann. Es implementiert die abstrakte Klasse `android.content.Context`.

`Context` enthält eine Fülle von Funktionen, die unter anderem folgenden Zwecken dienen:

- Kommunikation mit anderen Komponenten in derselben und anderen Anwendungen
- Prüfung von Zugriffsrechten
- Zugriff auf die interne Datenbank
- Zugriff auf das interne und externe Dateisystem
- Zugriff auf Metadaten der Anwendung
- Zugriff auf Ressourcen
- Zugriff auf Benutzerpräferenzen
- Zugriff auf Themes
- Zugriff auf aktive Hintergründe (Wallpaper)

Auf viele dieser Funktionen werden wir in den weiteren Kapiteln dieses Buchs eingehen.

Die Komponententypen `Activity`, `Service` und `Application` sind von der Klasse `Context` abgeleitet und bieten daher die Möglichkeit, deren Funktionen direkt aufzurufen. Dabei ist allerdings zu beachten, dass es sich um unterschiedliche Instanzen handelt, deren Lebenszeit jeweils an die der Komponente gekoppelt ist. Zwar ist es bei vielen Aktionen egal, von welcher Instanz sie aufgerufen werden, sobald Sie aber irgendwelche Systemressourcen an einen Kontext binden, müssen Sie berücksichtigen, dass eine Activity bzw. ein Service eine begrenzte Laufzeit hat, während das `Application`-Objekt vorhanden ist, solange die Anwendung als Ganzes aktiv ist. Andernfalls kann es zum einen passieren, dass eine benötigte Ressource nicht mehr vorhanden ist, sobald die entsprechende Komponente vom Garbage Collector abgeräumt worden ist, und zum anderen kann es leicht zu einem Speicherleck kommen.

Den dauerhaften Kontext des `Application`-Objekts, auch *Anwendungskontext* genannt, erhalten Sie in jedem spezifischen Kontext – also auch in jeder Activity und jedem Service – durch die Property `applicationContext`.

Es ist möglich, ein eigenes Anwendungsobjekt in Form einer von `android.app.Application` abgeleiteten Klasse zu definieren und im Manifest anzumelden (Attribut `android:name` im `<application>`-Tag). Damit soll eine Möglichkeit geboten werden, anwendungsweite Zustandswerte zu speichern. Davon wird jedoch selten Gebrauch gemacht, da man für den gleichen Zweck auch eine beliebige mit dem Anwendungskontext initialisierte Singleton-Klasse verwenden kann.

Intents und Parcels

Die Komponenten einer Android-Anwendung laufen weitgehend unabhängig voneinander, dürfen gegenseitig keine Referenzen haben und nicht gegenseitig auf Funktionen oder Felder zugreifen. Trotzdem können sie miteinander kommunizieren, und das auch dann, wenn sie in unterschiedlichen Anwendungen – und damit unterschiedlichen Prozessen – laufen. Für drei der vier Komponententypen (und zwar Activities, Services und Broadcast-Receiver) geschieht dies mithilfe von Intents; für die vierte Art (Content-Provider) gibt es einen anderen Mechanismus.

Die Rolle der Intents

Ein *Intent* ist eine passive Instanz der Klasse `android.content.Intent`, die gewissermaßen einen Auftrag oder eine Meldung an eine andere Komponente in derselben oder einer anderen Anwendung verkörpert. Dabei gibt es zwei Varianten:

- Ein *konkreter Intent* benennt genau die Java-Klasse, die den Auftrag ausführen oder die Meldung erhalten soll.
- Ein *abstrakter Intent* benennt nur die Art der Aufgabe, die es auszuführen gilt, beispielsweise eine Webseite anzuzeigen oder eine Telefonnummer zu wählen; oder die Art der Meldung, die

verarbeitet werden soll, z.B. dass die Batterie schwach ist. Die Auswahl der konkreten Implementierung bleibt aber dem Framework überlassen.

Neben den Angaben zur Adressierung der richtigen Komponente zur Ausführung enthält der Intent noch weitere Informationen, also beispielsweise die Adresse der anzuzeigenden Webseite oder die zu wählende Telefonnummer. Das Framework sucht dann anhand der jeweiligen Manifest-Informationen nach bestimmten Regeln die Komponente heraus, die die im Intent formulierte Aufgabe am besten erledigen kann. Bei einem konkreten Intent ist das die Klasse mit dem angegebenen Namen, bei einem abstrakten Intent ist es diejenige Komponente, die mit einem zum Intent passenden Intent-Filter angemeldet ist und die höchste Priorität hat.

Ist die passende Komponente gefunden, wird sie gegebenenfalls erst einmal gestartet; wenn die Anwendung, zu der sie gehört, noch nicht läuft, muss diese zuvor auch noch hochgefahren werden. Nachdem das geschehen ist, wird der Intent der Komponente in einem Funktionsaufruf zur Weiterverarbeitung übergeben.

Serialisierung mit Parcels

Da die Absenderkomponente und die Empfängerkomponente zu verschiedenen Anwendungen gehören können, die in verschiedenen virtuellen Maschinen laufen, muss der Intent mitsamt Inhalt zur Übertragung erst serialisiert und dann wieder deserialisiert werden können. Dafür steht in Android ein spezieller Mechanismus namens *Parcels* zur Verfügung.

Ein Parcel (`android.os.Parcel`) ist im Prinzip nichts weiter als ein interner binärer Speicher mit einer Unzahl von Funktionen, mit denen Werte unterschiedlichster Art in diesen Speicher geschrieben bzw. aus ihm ausgelesen werden können. Allerdings können in einem Parcel nur Werte verpackt werden, die *parcelable* sind, von denen also bekannt ist, wie sie in eine Bytefolge verwandelt werden können. Im Wesentlichen sind das diese hier:

- Elementare Typen: `Boolean`, `Byte`, `Int`, `Long`, `Double`, `Float`, `Char` und `String`.

- Objekte von Typen, die das Interface `android.os.Parcelable` implementieren und einige weitere Regeln einhalten, sodass sie in Parcels geschrieben und aus ihnen ausgelesen werden können. Dazu gehört auch die Klasse `android.os.Bundle`.
- Arrays, Listen und Maps, die ihrerseits nur Parcelable-Objekte enthalten.

Wie man eigene Parcelable-Klassen baut, ist im Detail beschrieben in der Dokumentation zur Parcel-Klasse unter *https://developer.android.com/reference/android/os/Parcel.html*.

Inhalt eines Intents

Im Einzelnen kann ein Intent die folgenden Informationen aufnehmen.

Expliziter Intent: die Zielkomponente

Die Bezeichnung der Komponente, die die gewünschte Aktion ausführen soll, wird nur bei expliziten Intents benötigt und ist dann alleiniges Kriterium für deren Adressierung.

Wenn die Zielkomponente zur selben Anwendung gehört, gibt man sie durch den aktuellen Kontext und eine Referenz auf das Klassenobjekt an:

```
val intent = Intent(this, AndereActivity::class.java)
```

Komponenten in fremden Anwendungen kann man auf diese Weise nicht ansprechen, da man dann in der Regel keinen Zugriff auf die entsprechenden Klassen hat. In solchen Fällen kann man die Zielkomponente mit einer Setter-Funktion setzen, die Zeichenketten für die App-ID und den Activity-Namen anstelle des Kontexts und der direkten Klassenreferenz akzeptiert:

```
val intent = Intent()
intent.setClassName("com.example.andereapp",
    "com.example.andereapp.AndereActivity")
```

Impliziter Intent: Aktion und Daten

Für einen abstrakten Intent muss man zumindest die Aktion benennen, die es auszuführen gilt, und meist auch einen Hinweis auf die Daten, auf die sich die Aktion bezieht.

Die auszuführende Aktion wird in Form eines Strings benannt. Einem selbst definierten Aktionsnamen sollte immer die Package-ID vorangestellt werden, z. B. so:

```
val intent = Intent("com.example.hallo.MEINE_AKTION")
```

Häufig kann man sich aber einer der zahlreichen Aktionsbezeichnungen bedienen, die in der Intent-Klasse vordefiniert sind, z. B.

- `Intent.ACTION_VIEW` – Daten anzeigen,
- `Intent.ACTION_EDIT` – Daten bearbeiten,
- `Intent.ACTION_DIAL` – Telefonnummer wählen oder
- `Intent.ACTION_SEND` – Daten versenden.

Inhalt und Bedeutung der zugehörigen Daten sind weitgehend von der definierten Aktion abhängig. Meistens werden sie als URI angegeben:

```
val intent = Intent(Intent.ACTION_VIEW,
    Uri.parse("http://www.oreilly.de"))
```

In diesem Fall der URI-Typ bekannt: Offenbar soll eine Webseite angezeigt werden. Es gibt aber für Android verschiedene spezielle URI-Typen, die meist auch einen engen Bezug zur ebenfalls angegebenen Aktion haben. Eine Liste von URI-Typen, die in Android verwendet werden, ist unter *http://www.openintents.org/intentsregistry* zu finden.

Anstelle der Daten oder zusätzlich zu den Daten muss in manchen Fällen auch ein MIME-Typ als String angegeben werden. Dafür gibt es die Intent-Funktionen `setType()` und `setDataAndType()`.

Extra-Daten

Neben dem Datenfeld und dem MIME-Typ bieten Intents noch die Möglichkeit, beliebige zusätzliche Informationen in Form von Schlüssel/Wert-Paaren zu speichern. Die Art dieser Informationen wird allein durch die Zielkomponente bestimmt.

Auch für die Schlüssel der Extra-Daten gibt es diverse vordefinierte Konstanten in der Klasse `Intent`.

Folgendes Beispiel zeigt, wie einem Mail-Intent Adressaten hinzugefügt werden:

```
intent.putExtra(Intent.EXTRA_EMAIL,
    arrayOf("meier@beispiel.com","schulz@beispiel.com"))
```

Da ein Intent zusammen mit allen seinen Inhalten serialisierbar sein muss, sind als Werte für die Schlüssel/Wert-Paare im Prinzip nur Datentypen erlaubt, die *parcelable* sind (siehe oben) oder `Serializable` implementieren.

Kategorien und Flags

Weiterhin kann man dem Intent noch eine oder mehrere Kategorien zuweisen. Das sind Strings, mit denen der Intent in irgendeiner Weise klassifiziert wird. Das Framework benutzt einige Kategorien, um Intents in besonderer Weise zu behandeln. So weist etwa die Kategorie `Intent.CATEGORY_HOME` darauf hin, dass die durch den Intent zu startende Activity als Startbildschirm des Geräts dient.

```
intent.addCategory(Intent.CATEGORY_HOME)
```

Schließlich gibt es noch die Möglichkeit, in einem Intent durch `setFlags()` verschiedene Flags zu setzen, um eine besondere Behandlung der Zielkomponente zu bewirken. Sie wird aber in der Regel nur Framework-intern genutzt.

Intent-Filter

Wie findet das Android-Framework nun heraus, welche Komponente aufgrund eines Intents aufgerufen werden soll, in dem nicht die Komponente selbst, sondern nur die auszuführende Aktion nebst begleitenden Informationen genannt ist? Android löst dieses Problem mithilfe des *Intent-Filters*, eines XML-Tags innerhalb der Definition einer Komponente im Manifest. Hier das Beispiel einer Haupt-Activity, wie wir sie schon oben gesehen haben:

```
<activity android:name=".MainActivity" . . . >
  <intent-filter>
    <action android:name="android.intent.action.MAIN" />
    <category android:name="android.intent.category.LAUNCHER"
/>
  </intent-filter>
</activity>
```

Diese Activity müsste demnach durch einen Intent mit der Aktion `"android.intent.action.MAIN"` und der Kategorie `"android.intent.category.LAUNCHER"` gestartet werden. (Tatsächlich ist die Logik allerdings etwas anders: Der Launcher fragt einfach ab, welche Activities in einer Anwendung einen Filter wie oben definieren, und ruft diese dann über ihre App-ID und den Klassennamen auf.)

Grundsätzlich gibt es in einem Intent-Filter folgende als *Test* bezeichnete Filtermöglichkeiten, die in beliebiger Kombination – auch mehrfach – verwendet werden können.

Nach der Aktion:

```
<action android:name="android.intent.action.SEND" />
```

Nach der Kategorie:

```
<category android:name="android.intent.category.DEFAULT" />
```

Nach der Art der referenzierten Daten:

```
<data android:mimeType="video/mpeg" />
<data android:scheme="http" />
<data android:host="com.example.hallo.Beispiel" />
<data android:port="8080" />
<data android:path="/daten" />
```

Im `<data>`-Tag können die Attribute, die jeweils einen URI-Teil spezifizieren, auch kombiniert werden.

Ein Intent wird vom Intent-Filter akzeptiert, wenn *alle* folgenden Bedingungen zutreffen:

- Wenn im Intent eine Aktion angegeben ist, muss sie auch im Filter vorkommen – der Filter kann aber darüber hinaus auch noch weitere Aktionen bezeichnen.
- Alle im Intent genannten Kategorien müssen auch im Filter aufgeführt sein – im Filter können aber darüber hinaus auch noch weitere Kategorien genannt sein.
- Wenn im Intent-Filter `<data>`-Angaben enthalten sind, muss im Intent das Datenfeld gesetzt sein und einer dieser Angaben entsprechen.

Pending-Intents

Ein *Pending-Intent* (`android.app.PendingIntent`) ist ein Objekt, das einen kompletten Komponentenaufruf (z. B. den Start einer Activity) repräsentiert, der erst später ausgeführt werden soll. Dieses Objekt kann man einer anderen Anwendung übergeben, sodass diese den Komponentenaufruf zu einem späteren Zeitpunkt ausführt. Der Aufruf erfolgt dann im Namen des Absenders, es werden also die Rechte derjenigen Anwendung zugrunde gelegt, in der der Pending-Intent ursprünglich erzeugt worden ist.

Typische Anwendungsfälle sind die Übergabe eines Komponentenaufrufs an die Notifications (wird ausgeführt, wenn der Benutzer auf eine Meldung tippt) oder an den Alarm-Manager (wird zu einem festgelegten Zeitpunkt ausgeführt).

Eine Instanz der Klasse `PendingIntent` erhält man durch den Aufruf einer ihrer statischen Funktionen, die sich jeweils auf den aufzurufenden Komponententyp beziehen. So erzeugt folgende Zeile einen Pending-Intent zum Aufruf einer Activity aus der aktuellen Anwendung:

```
val intent = Intent(this,MeineActivity::class.java)
val pendingIntent =
    PendingIntent.getActivity(this,0,intent,0)
```

Als erster Parameter wird der Kontext der aufrufenden Komponente und als dritter der Intent für die zu startende Komponente angegeben. Der zweite und der vierte Parameter sind hier ohne Belang.

Den Pending-Intent können Sie, da er *parcelable* ist, beispielsweise in den Extra-Daten eines weiteren Intents an eine andere Anwendung übergeben. Diese ruft ihn dann irgendwann auf:

```
pendingIntent.send()
```

Damit wird der enthaltene Intent genau so und mit denselben Rechten ausgeführt, als würde er von der Komponente, die ihn ursprünglich angelegt hat, selbst mit `startActivity()` aufgerufen.

Berechtigungen deklarieren und prüfen

Zugriffe auf Funktionen und Daten des Android-Systems sind in vielen Fällen an Berechtigungen (*Permissions*) geknüpft, die eine App deklariert haben muss, um sie ausführen zu können. Liegen die Berechtigungen nicht vor, führen die Zugriffe zu keinem Ergebnis oder sogar zu einem Programmabsturz.

Im Folgenden behandeln wir den Umgang mit den von Android vordefinierten Systemberechtigungen. Eine App kann aber auch eigene Berechtigungen definieren.

Berechtigungen deklarieren

Wenn Ihre App eine bestimmte Berechtigung benötigt, beispielsweise um auf das Internet zuzugreifen, muss diese im Manifest deklariert sein. Das geschieht in einem `<uses-permission>`-Element unterhalb des Wurzelelements.

```
<manifest
    xmlns:android="http://schemas.android.com/apk/res/android"
    package="com.example.hallo">
    <uses-permission
        android:name="android.permission.INTERNET "/>
    . . .
</manifest>
```

Es gibt Varianten des Elements und Attribute, mit denen Sie die Berechtigung auf bestimmte Android-Versionen einschränken können, da die Berechtigungen nicht in allen Android-Versionen gleich behandelt werden.

Die Entwicklungsumgebung weist Sie bereits beim Programmieren darauf hin, wenn Sie eine Android-Funktion aufrufen, ohne die dafür notwendige Berechtigung deklariert zu haben.

Alle in Android definierten Systemberechtigungen sind in der Dokumentation zum Manifest unter *https://developer.android.com/reference/android/Manifest.permission.html* aufgelistet.

Beachten Sie, dass Sie mit der Deklaration einer Berechtigung möglicherweise implizit angeben, dass Ihre App ein bestimmtes Gerätefeature voraussetzt. Dies gilt derzeit für Bluetooth, Kamera, Ortsbestimmung, Mikrofon, Telefonie und WLAN. Wenn Sie also beispielsweise die Berechtigung für den Zugriff auf das Mikrofon deklarieren, lässt sich Ihre App nicht auf Geräten installieren, die kein Mikrofon besitzen.

Normale und gefährliche Berechtigungen

Android unterscheidet zwischen »normalen« und »gefährlichen« Berechtigungen. Die normalen Berechtigungen werden beim Start automatisch ohne Rückfrage zugeordnet. Wenn Sie sie im Manifest korrekt deklariert haben, brauchen Sie sich im Programm nicht weiter darum zu kümmern.

Bei gefährlichen Berechtigungen ist die Zustimmung des Benutzers erforderlich, die seit Android 6.0 (API-Level 23) bei der Verwendung der betreffenden Funktion einzeln abgefragt werden muss. Bei älteren Android-Versionen muss der Benutzer bei der Installation pauschal zustimmen.

Die Berechtigungen sind in Gruppen aufgeteilt, und die Benutzerzustimmung gilt immer für eine ganze Berechtigungsgruppe. Trotzdem müssen Sie die Berechtigungen einzeln abfragen, da sich die Gruppenzuordnung der Berechtigungen in Zukunft ändern kann.

Alle gefährlichen Berechtigungen sind mit ihren Gruppen im Referenzteil unter »Manifest« aufgelistet.

Berechtigung abfragen

Damit die Berechtigungsabfrage so realisiert werden kann, muss die Activity, in der sie stattfindet, das Interface `ActivityCompat.OnRequestPermissionsResultCallback` ableiten.

```
class MainActivity : AppCompatActivity,
        ActivityCompat.OnRequestPermissionsResultCallback {
    . . .
}
```

Sie stellen fest, ob eine bestimmte Berechtigung für die App bereits gegeben ist, indem Sie die statische Funktion `checkSelfPermission` der Klasse ActivityCompat aus der Unterstützungsbibliothek V4 aufrufen (this ist hier die aktuelle Activity).

```
val erlaubnis = ActivityCompat.checkSelfPermission(this,
                Manifest.permission.INTERNET)
```

Wenn die Berechtigung bereits vorliegt, ist das Ergebnis die in PackageManager definierte Int-Konstante PERMISSION_GRANTED, und Sie können mit dem Programm fortfahren. Bei älteren Android-Versionen ist dies immer der Fall, da die Berechtigung dort schon bei der Installation abgefragt wird.

Ist das Ergebnis nicht PERMISSION_GRANTED, können Sie jetzt den Benutzer um Erlaubnis fragen. Dazu rufen Sie die Funktion requestPermission() auf und übergeben ihr neben einer Referenz auf die Activity ein Array aus den Namen der gewünschten Berechtigungen sowie eine selbst definierte Int-Konstante (hier INTERNET_ERLAUBNIS), die zur Identifikation Ihrer Anfrage dient.

```
ActivityCompat.requestPermissions(this,
    arrayOf(Manifest.permission.INTERNET),
    INTERNET_ERLAUBNIS)
```

Die Funktion öffnet einen kleinen Dialog, in dem der Benutzer der ganzen Berechtigungsgruppe zustimmen kann oder nicht. Das Ergebnis erhalten Sie in einer Callback-Funktion namens onRequestPermissionsResult(), die Ihre Activity implementieren muss. Diese bekommt die selbst definierte Konstante, das Array mit den Berechtigungsnamen sowie ein Array mit den resultierenden Berechtigungen übergeben. Wenn Letzteres an der Array-Position der abgefragten Berechtigung den Wert PackageManager.PERMISSION_GRANTED enthält, wurde der Berechtigung zugstimmt, und Sie können die gewünschte Funktion ausführen.

```
override fun onRequestPermissionsResult(
    code:Int,
    permissions:Array<String>,
    results:IntArray) {
  if (code == INTERNET_ERLAUBNIS &&
      results.size==1 &&
      results[0]==PackageManager.PERMISSION_GRANTED) {
    // Erlaubnis erteilt, Funktion ausführen
      } else {
```

```
        // Funktion nicht ausführen
    }
}
```

Berechtigung erläutern

Vor dem Einholen der Berechtigung sollten Sie gegebenenfalls dem Benutzer erklären können, wozu Sie sie benötigen.

Ob das gewünscht ist, erfahren Sie durch die Funktion `shouldShowRequestPermissionRationale()`. Wenn sie `true` zurückgibt, zeigen Sie einen Dialog an, der den Sinn der Berechtigung erläutert.

```
if (ActivityCompat.shouldShowRequestPermissionRationale(this,
                Manifest.permission.CAMERA)) {
    // Erläuterung asynchron anzeigen
}
```

Der schematische Ablauf der Berechtigungsabfrage sieht dann also etwa so aus:

```
val erlaubnis = checkSelfPermission(...)
if (erlaubnis != PERMISSION_GRANTED) {
    if (ActivityCompat.shouldShowRequestPermissionRationale(...) {
        // Erlaubnis erläutern, neu starten
    } else {
        // um Erlaubnis bitten
        ActivityCompat.requestPermissions(...)
        // Ergebnis in onRequestPermissionsResult()
    }
}
```

Multithreading

Beim Entwickeln von interaktiven Android-Programmen müssen grundsätzlich bestimmte Zusammenhänge beachtet werden, die den Umgang mit Parallelverarbeitung betreffen.

Android handelt die gesamte Benutzerinteraktion in einem einzigen Thread ab, dem sogenannten *UI-Thread*. Dieser darf niemals blockiert werden, damit das Gerät nicht träge erscheint oder – noch schlimmer – Timeout-Meldungen angezeigt werden. Wenn also die Abarbeitung einer Benutzeraktivität längere Zeit in Anspruch nimmt, weil sie beispielsweise eine Internetkommunikation erfordert, sollte sie in einen gesonderten Thread ausgelagert werden.

Bei Netzwerkaktionen ist es sogar Pflicht, sie außerhalb des UI-Threads zu behandeln, andernfalls gibt es bereits beim Kompilieren einen Fehler.

Folgendes Beispiel zeigt eine Funktion, die eine durch einen Button-Klick ausgelöste Aktion in einen gesonderten Thread verlagert:

```
import kotlin.concurrent.*
. . .
fun onClick(v:View) {
  thread {
      // hier die längere Aktion ausführen
  }
}
```

Dieses Vorgehen reicht aus, wenn Sie damit eine Aktion starten, die keine Rückmeldung auf der Oberfläche erfordert, z.B. das Abspielen von Hintergrundmusik oder das Hochladen einer Datei.

Wenn Sie jedoch am Ende der Aktion ein Ergebnis anzeigen wollen, müssen Sie berücksichtigen, dass die Klassen der Android-Anwendungsoberfläche nicht threadsicher sind. Daher dürfen Sie niemals aus einem anderen als dem UI-Thread auf sie zugreifen. Das wiederum bedeutet, dass Sie in der obigen `run()`-Funktion beispielsweise nicht einfach ein Oberflächenelement holen und dort etwas hinschreiben dürfen.

Als Lösung für dieses Problem bietet Android verschiedene Möglichkeiten an. Einerseits gibt es einige Funktionen, mit denen man aus einem Extra-Thread heraus `Runnable`-Objekte in den GUI-Thread einspeisen kann, zum Beispiel die Funktion `runOnUiThread()` der `Activity`-Klasse.

Daneben gibt es eine Klasse `android.os.AsyncTask`, mit deren Hilfe Aktionen in den Hintergrund verlegt werden können, ohne dass man sich selbst um das Thread-Handling kümmern muss. Diese ist aber umständlich anzuwenden und gilt unter bestimmten Bedingungen als problematisch. Generell ist es sinnvoller, die Klassen des

Packages `java.util.concurrent` zu nutzen oder auf ein externes Concurrency-Framework zurückzugreifen

Multithreading mit Anko

Eine elegante Möglichkeit bietet das Coroutines-Paket der Anko-Bibliothek, das auf ein neues, noch experimentelles Feature von Kotlin zurückgreift.

Sie müssen dieses Paket in das modulspezifische Gradle-Script einbinden, wenn Sie nicht die Abhängigkeit von der gesamten Anko-Bibliothek bereits definiert haben.

```
dependencies {
    implementation
        "org.jetbrains.anko:anko-coroutines:$anko_version"
}
```

Um eine Aktion im Hintergrund auszuführen, deren Ergebnis dann auf dem Bildschirm dargestellt wird, verwenden Sie die Anko-Funktion `async()`.

```
import kotlinx.coroutines.experimental.*
import kotlinx.coroutines.experimental.android.*
import org.jetbrains.anko.coroutines.experimental.bg
. . .
button.setOnClickListener {
  async(UI) {
    val dd: Deferred<Daten> = bg {
      holeDaten()
    }
    zeigeDaten(dd.await())
  }
}
```

`Daten` ist hier ein beliebiger Wert-Datentyp. Die Funktion `holeDaten()` läuft im Hintergrund und besorgt diese Daten beispielsweise aus dem Internet. Die Funktion `bg()` liefert sie in Form eines `Deferred`-Objekts. Die Funktion `zeigeDaten()` wird wiederum im UI-Thread aufgerufen und zeigt die Daten auf dem Bildschirm an, sobald sie angekommen sind und dem `Deferred` entnommen werden können.

Das obige Beispiel soll die Zusammenhänge in vereinfachter Form erklären. Die Anko-Bibliothek stellt im Layouts-Paket darüber hinaus Erweiterungsfunktionen zur Verfügung, mit denen eine derartige Hintergrundverarbeitung direkt der Ereignisquelle (hier `button`) zugewiesen werden kann.

Logging

Insbesondere beim Debuggen von Anwendungen, die sich in der Entwicklung befinden, ist es sinnvoll, an kritischen Stellen des Programms eine Meldung auszugeben, damit man verfolgen kann, was die Anwendung gerade tut und in welcher Reihenfolge bestimmte Aktionen ausgeführt werden. Die `println()`-Funktion ist dafür aber ebenso wenig geeignet wie bekannte Java-Logger wie *Log4J*.

Stattdessen bietet das Android SDK ein eigenes Logging-Objekt namens `android.util.Log`. Man benutzt es, indem man eine seiner statischen Funktionen aufruft. Wir erläutern das am Beispiel der Funktion `Log.d()` für Debug-Meldungen.

`fun d (tag:String, msg:String, thr:Throwable?=null):Int` meldet einen Fehler mit dem Kennzeichen `tag` und der Meldung `msg`. Zusätzlich kann noch eine Exception angegeben werden, die durch den Fehler ausgelöst worden ist.

Die Kennung `tag` dient dazu, den Ort zu identifizieren, an dem die Meldung abgegeben wird, typischerweise also die Klasse und/oder die Funktion. Ein typisches Muster für das Logging sieht so aus:

```
class MainActivity : Activity() {
  companion object {
     const val TAG = "MainActivity"
  }
  . . .
  override fun onCreate(savedInstanceState:Bundle?) {
    super.onCreate(savedInstanceState)
    Log.d(TAG,"Activity wird erzeugt")
    . . .
  }
}
```

Die folgenden sechs Logfunktionen sind definiert, hier mit steigender Priorität aufgelistet:

- `Log.v()` (*verbose*) für besonders gesprächige Meldungen.
- `Log.d()` (*debug*) für Meldungen zum Debuggen.
- `Log.i()` (*information*) für normale Hinweise zum Ablauf.
- `Log.w()` (*warning*) für Hinweise auf verdächtige Situationen.
- `Log.e()` (*error*) für Fehlermeldungen.
- `Log.wtf()` (*what a terrible failure*) für fatale Fehler, die zu einem Abbruch der Anwendung führen.

Jede dieser Funktionen ist mit mindestens einer Variante überladen, in der die Nachricht oder die Exception weggelassen werden kann.

Die Logmeldungen können mit *Logcat* sichtbar gemacht werden, wobei man die anzuzeigenden Meldungen nach Priorität und Kennung filtern kann.

`Log.v()`-Aufrufe sollten vor der Veröffentlichung einer App entfernt werden. `Log.d()`-Aufrufe werden nur im Debug-Modus ausgeführt.

Logging mit Anko

Die Anko-Bibliothek unterstützt das Logging mit einigen Funktionen. Wenn Sie sie verwenden möchten, müssen Sie das betreffende Anko-Paket folgendermaßen im Gradle-Script anmelden:

```
dependencies {
    implementation
        "org.jetbrains.anko:anko-commons:$anko_version"
}
```

Am einfachsten nutzen Sie diese Erweiterung, indem Sie das Interface `AnkoLogger` verwenden, z.B. so:

```
import org.jetbrains.anko.*
. . .
class SomeActivity : Activity(), AnkoLogger { . . . }
```

Innerhalb der Klasse (es muss keine Activity sein) stehen dann Funktionen wie `verbose()`, `debug()`, `info()` usw. zur Verfügung. Die

Kennung wird bei diesen Funktionen nicht angegeben; sie ist standardmäßig gleich dem aktuellen Klassennamen, kann aber mit der Property `loggerTag` überschrieben werden.

```
info("Nachricht")
error("Fehler in...",exception)
```

Wenn Sie einen Text loggen wollen, dessen Zusammenstellung aufwendig ist, können Sie auch die *lazy* Form verwenden, bei der Sie die Nachricht als Lambda-Ausdruck angeben, der nur bei Bedarf ausgewertet wird.

```
debug { "Objekt ${meinObjekt.toString()} geladen." }
```

KAPITEL 5

Mit Ressourcen arbeiten

Ressourcen sind konstante Daten, die zwar zusammen mit der Anwendung ausgeliefert werden, aber nicht im Java-Code programmiert sind. Dazu gehören Texte, Zahlen, Farbwerte, Mediendateien, Bildschirmlayouts usw. Android enthält ein umfassendes Framework, das Programmierern den Zugriff auf solche Daten unter Berücksichtigung unterschiedlicher Gerätekonfigurationen und Lokalisierungen sehr erleichtert.

Innerhalb der Ressourcen wird unterschieden zwischen einzelnen Daten wie Texten, Zahlen, Farbcodes usw., die in XML-Dateien gespeichert werden, und Mediendaten wie Bildern, Musik und Filmen, die jeweils in den entsprechenden Dateiformaten abgelegt sind.

Neben den von Android verwalteten Ressourcen – die auf bestimmte bekannte Typen und Formate beschränkt sind – können auch beliebige andere statische Dateien in einem Anwendungspaket enthalten sein. Auf solche Ressourcen muss aus dem Programm direkt ohne Framework-Unterstützung zugegriffen werden.

Eine über Google Play vertriebene App darf derzeit nicht größer als 50 MB sein. Wenn Sie für Ihre Anwendung sehr umfangreiche Ressourcen benötigen, bieten sich *APK Expansion Files* an. Damit können Sie bis zu 4 GB Daten bei Google Play »parken«, die beim Installieren einer Anwendung automatisch mit heruntergeladen und auf dem Erweiterungsspeicher des Geräts (z. B. der SD-Karte) abgelegt werden. Wie bei allen Google Play Services ist jedoch auch hier Voraussetzung, dass auf dem Gerät Google Play installiert ist und dass Sie Ihre Anwendung auch bei Google Play angemeldet haben. Näheres dazu erfahren Sie unter *http://developer.android.com/google/play/expansion-files.html*.

Struktur und Form

Damit der Zugriff auf die Ressourcen von Android sinnvoll verwaltet werden kann, müssen sie nach bestimmten Regeln im Projekt abgelegt werden. Alle verwalteten Ressourcen befinden sich im Ordner *res*, wo es weitere Unterordner für die verschiedenen Ressourcentypen gibt.

Ressourcenverzeichnisse

Tabelle 5-1 listet die Unterverzeichnisse auf, die für die verschiedenen Ressourcentypen verwendet werden können.

Tabelle 5-1: Ressourcentypen

Verzeichnis	Inhalt	Format	Typ
res/animator	Definition von Property-Animationen	XML-Dateien	`animator`
res/anim	Definition von Tween-Animationen	XML-Dateien	`anim`
res/color	Farbstatuslisten	XML-Dateien	`color`
res/drawable	Bitmap-Bilddateien und ergänzende Daten	Rohdateien (*.png*, *.9.png*, *.jpg*, *.gif*) und XML-Dateien	`drawable`
res/mipmap	Skalierbare Bitmap-Bilddateien	Rohdateien (*.png*, *.9.png*, *.jpg*, *.gif*) und XML-Dateien	`mipmap`
res/layout	Bildschirmlayouts	XML-Dateien	`layout`
res/menu	Menüdefinitionen	XML-Dateien	`menu`
res/raw	beliebige Dateien im Rohformat	beliebig	`raw`

res/values	einfache Werte wie Zahlen, Texte und Farben	XML-Dateien	`array`
			`bool`
			`color`
			`dimen`
			`id`
			`integer`
			`string`
			`plurals`
			`style`

res/xml	beliebig strukturierte XML-Dateien	XML-Dateien	`xml`

Bei den angegebenen Verzeichnisnamen handelt es sich um die Standardverzeichnisse der jeweiligen Ressourcentypen. Zu allen Ressourcentypen kann es jedoch zusätzlich Verzeichnisse für Varianten geben, die in Abhängigkeit von der Gerätekonfiguration und der Lokalisation benutzt werden.

Verzeichnisvarianten

Es ist beispielsweise üblich, bei mehrsprachigen Anwendungen das Standardverzeichnis *values* für englischsprachige Texte zu verwenden und daneben weitere Verzeichnisse für bestimmte Sprachen und Länder anzulegen, z.B. *values-de* für deutschsprachige und *values-frrCA* für kanadisch-französische Texte. Analog werden häufig modifizierte Bilddateien für bestimmte Bildschirmgrößen verwendet, für die es dann ein zusätzliches Verzeichnis wie *drawable-sw600dp* gibt (Bildschirmgröße mindestens 600 dp hoch oder breit).

Wenn Sie nun eine Ressource aus dem Programm aufrufen, geben Sie nur die Art der Ressource an. Android prüft dann, ob die gewünschte Ressource in einem zur aktuellen Konfiguration passenden Verzeichnis zu finden ist; ist das nicht der Fall, wird das Standardverzeichnis verwendet.

> Jede im Programm verwendete oder in anderen Ressourcen referenzierte Ressource muss auch im Standardverzeichnis (also ohne Namensanhang) zu finden sein, andernfalls kann es zu Programmabstürzen kommen.

Die wichtigsten Konfigurationsvarianten sind im Referenzteil unter »Ressourcenkennzeichen« aufgeführt.

Sie können in einem Dateinamen, durch Bindestriche getrennt, auch mehrere Konfigurationsoptionen angeben, z.B. *drawable-small-port-ldpi*. Allerdings müssen die einzelnen Bestandteile dann in der Reihenfolge angefügt werden, die der Liste im Referenzteil entspricht.

> Beachten Sie, dass sich ein Teil der Ressourcenkonfigurationen zur Laufzeit unvermittelt ändern kann. Das wichtigste Beispiel dafür ist die Veränderung der Bildschirmorientierung (Hochformat/Querformat), die bei den meisten Mobilgeräten beim Drehen des

Geräts ausgelöst wird. Interaktive Programme müssen berücksichtigen, dass eine solche Veränderung jederzeit stattfinden kann. Beachten Sie hierzu die Hinweise zum Zwischenspeichern des aktuellen Zustands in Kapitel 6, *Activity und Layout*.

XML-Ressourcendateien

Alle Ressourcen in Form von XML-Dateien müssen in UTF-8 codiert und, mit Ausnahme der einfachen Ressourcen, folgendermaßen aufgebaut sein:

- Das Schema hat immer die URL *http://schemas.android.com/apk/res/android*.
- Die Attributnamen (nicht aber die Elementnamen) haben das Präfix `android:`, beispielsweise heißt das Name-Attribut `android:name`.

Bei einfachen Ressourcen im Verzeichnis *values* braucht das Schema nicht angegeben zu werden, und die Attribute haben kein Präfix. Das Encoding ist aber ebenfalls UTF-8.

Tatsächlich gibt es keine definierten XML-Schemata für Android-Ressourcen. Die angegebene Schema-URL wird aber vom Framework teilweise bei der Decodierung geprüft und sollte immer angegeben werden.

Folgende XML-Datei zeigt als Beispiel den Rahmen einer Menüdefinition:

```
<?xml version="1.0" encoding="utf-8"?>
<menu xmlns:android="http://schemas.android.com/apk/res/android">
. . .
</menu>
```

Auf Ressourcen zugreifen

Die verwalteten Ressourcen können sowohl aus Java-Programmen als auch aus anderen Ressourcen heraus referenziert werden.

Zur Kennzeichnung einer Ressource werden in jedem Fall der Ressourcentyp und der Ressourcenname benötigt.

Bei elementaren Ressourcen (im Verzeichnis *values*) ist der Ressourcentyp der Name des entsprechenden XML-Elements (z. B. `<string>`) und der Ressourcenname der Wert des Attributs `name`.

Bei allen anderen Ressourcen ist der Ressourcentyp gleich dem Namen des Verzeichnisses und der Ressourcenname gleich dem jeweiligen Dateinamen ohne Endung. Die Ressource mit dem Dateinamen *layout/activity_main.xml* ist also vom Typ `layout` und hat den Namen `activity_main`.

> Achten Sie bei eigenen Ressourcen immer darauf, dass deren Namen auch gültige Java-Namen sein müssen. Beispielsweise führen Namen mit einem Bindestrich unweigerlich zu einem Java-Kompilierfehler.

Ressourcen, die Sie in Ihren Programmen verwenden, müssen nicht unbedingt in der eigenen Anwendung definiert sein. Das Android-Framework definiert beispielsweise GUI-Themen, die Sie in Ihrer Anwendung nutzen können. Außerdem können Sie die Ressourcen von Bibliotheksprojekten (siehe den Abschnitt »Ein neues Projekt anlegen« auf Seite 38) verwenden, die Sie in die eigene Anwendung einbinden. Android-Ressourcen werden durch den Zusatz `android` gekennzeichnet, Ressourcen aus Android-Bibliotheken durch die Package-ID der Anwendung, z. B. `com.example.library`.

Referenzierung aus dem Programm – das R-Objekt

Die Android-Entwicklungsumgebung generiert beim Build-Vorgang automatisch ein Objekt namens `R` im Wurzel-Package des Projekts, über das Sie im Programm alle Ressourcen referenzieren können.

Das Objekt `R` enthält für jeden Ressourcentyp ein statisches inneres Objekt mit dem Namen des Ressourcentyps, der allerdings entgegen den üblichen Java-Namenskonventionen kleingeschrieben ist, also `R.string`, `R.color`, `R.layout` usw. Jede dieser Klassen enthält wiederum nichts weiter als eine Anzahl von Integer-Konstanten mit dem Namen der jeweiligen Ressource und einem negativen Wert. Hier sehen Sie einen Auszug aus einem `R`-Objekt, wie es beim Anlegen eines neuen Projekts erzeugt wird, übersetzt in Kotlin-Syntax:

```
package com.example.hallo

object R {
    object id {
        const val menu_settings = 0x7f080000
    }
    object layout {
        const val activity_main = 0x7f030000
    }
    object menu {
        const val activity_main = 0x7f070000
    }
    object string {
        const val app_name = 0x7f050000
        const val hello_world = 0x7f050001
        const val menu_settings = 0x7f050002
        const val title_activity_main = 0x7f050003
    }
}
```

Eine einzelne Ressourcen-ID können Sie also über das entsprechende Feld referenzieren, im Beispiel des Menüs etwa mit `R.menu.activity_main`.

Fremde Ressourcen referenzieren Sie mit der `R`-Klasse im entsprechenden Package-Pfad. Die Android-Systemressourcen befinden sich in `android.R`, die Ressourcen eines eingebundenen Library-Projekts in dessen Wurzel-Package, also beispielsweise in `com.example.library.R`.

Achten Sie darauf, dass Sie nicht versehentlich die fremde `R`-Klasse in das Quellprogramm Ihrer Activity importieren. Sie verdecken dadurch die eigene `R`-Klasse, die in der Regel im selben Package liegt wie die Activity, und daher ohne Package-Pfad referenziert werden kann.

Normalerweise akzeptieren Framework-Funktionen, die als Argument eine Ressource benötigen, alternativ auch eine Ressourcen-ID. So gibt es von der `Activity`-Funktion `setContentView()`entsprechend zwei Varianten:

```
// Setzen einer eigenen View
val layout = LinearLayout(this)
. . .
this.contentView = layout

// Setzen einer View-Ressource (res/layout/activity_main.xml)
contentView = R.layout.activity_main
```

Wenn Sie nicht an der Ressourcen-ID, sondern an der entsprechenden Ressource selbst interessiert sind, nutzen Sie die zur Anwendung gehörende Resource-Factory (`android.content.res.Resources`). Sie hat für jeden Ressourcentyp eine get-Funktion, die Ihnen die zu einer Ressourcen-ID gehörende Ressource als Java-Objekt liefert. An die Resource-Factory kommen Sie mithilfe der `Context`-Funktion `getResources()`.

```
val res = this.resources
val appName = res.getString(R.string.app_name)
```

Für manche Ressourcen gibt es Abkürzungen, beispielsweise im `Context` die Funktion `getString()`, die Ihnen den Text direkt holt:

```
val appName = this.getString(R.string.app_name)
```

Referenzierung aus anderen XML-Ressourcen

Es kommt vor, dass Sie aus einer Ressource auf eine andere Ressource verweisen müssen. Am häufigsten dürfte das bei beschrifteten Oberflächenelementen der Fall sein, die lokalisierte Texte anzeigen sollen. Ein solches Element ist beispielsweise das `<TextView>`-Element in einer Layoutdefinition:

```
<TextView android:text="Beispielanwendung" />
```

Um nicht für jede Sprache und Region ein eigenes Layout definieren zu müssen, setzen Sie anstelle des Textliterals eine Ressourcen-ID-Referenz auf eine lokalisierte Textressource ein:

```
<TextView android:text="@string/app_name" />
```

Ein Verweis auf eine Ressourcen-ID beginnt immer mit einem `@`Zeichen, gefolgt vom Ressourcentyp, einem Schrägstrich und dem Ressourcennamen.

Wenn Sie Systemressourcen oder Ressourcen aus einem eingebundenen Library-Projekt referenzieren wollen, setzen Sie vor den Ressourcentyp, durch einen Doppelpunkt getrennt, die Package-ID:

```
<TextView android:text="@android:string/yes" />
<TextView android:text="@com.example.library:string/beispiel" />
```

Einfache Ressourcentypen

An dieser Stelle sollen die einfachen Ressourcentypen etwas eingehender vorgestellt werden, da sie übergreifende Bedeutung haben und an verschiedensten Stellen im Programm Verwendung finden können.

Struktur der einfachen Ressourcen

Das Verzeichnis *res/values* enthält verschiedene elementare Ressourcentypen und wird etwas anders verwendet als die übrigen Ressourcenverzeichnisse.

Die einfachen Ressourcen können in beliebiger Kombination in einer oder mehreren Dateien untergebracht werden, die Benennung der Dateien ist gleichgültig. Konventionsgemäß werden die verschiedenen Ressourcentypen in getrennten Dateien gesammelt (z.B. alle Texte in einer Datei `strings.xml`); das ist aber nicht unbedingt erforderlich.

Das Wurzelelement einer solchen Ressourcendatei ist immer `<resources>`. Darin befinden sich Unterelemente entsprechend dem jeweiligen Ressourcentyp.

```
<?xml version="1.0" encoding="utf-8"?>
<resources>
  <bool name="advanced_mode">true</bool>
  <string name="app_name">Hallo Welt</string>
  <integer name="code">42</integer>
</resources>
```

Die meisten einfachen Ressourcen werden in dieser Form dargestellt: Das XML-Element hat den Namen des Ressourcentyps, im Attribut `name` ist der Ressourcenname eingetragen und im Rumpf des Elements der Wert der Ressource:

```
<typ name="name">wert</typ>
```

Einfache Ressourcen im Detail

Tabelle 5-2 zeigt eine Übersicht der einfachen Ressourcentypen. Zu jedem Ressourcentyp sehen Sie ein einfaches Beispiel für den XML-Code innerhalb des <resources>-Tags sowie die Java- und die XML-Referenzierung.

Tabelle 5-2: Eine Übersicht der einfachen Ressourcentypen

Typ	Beispiel Deklaration/Referenzierung
`string`	Einfache Zeichenketten, die mit Platzhaltern zum Einfügen von formatierten Werten und mit HTML-Stilangaben versehen werden können (siehe unten). <string name="hello1">Hallo Welt!</string> <string name="hello2">Hallo %1$s %2$s</string> <string name="hello3">Hallo <b>Welt!</b></string> Kotlin: val s:String = res.getString(R.string.hello1) val s:String = res.getString(R.string.hello2, firstName, lastName) val cs:CharSequence = res.getText(R.string.hello3) XML: "@string/hello1"
`string-array`	Listen von Strings, die beispielsweise für die Auswahl eines Werts aus einem Wertevorrat verwendet werden. <string-array name="numbers"> <item>null</item> <item>eins</item> <item>zwei</item> </string-array> Kotlin: val array:Array<String> = res.getStringArray(R.array.numbers); XML: ---
`plurals`	<plurals name="hit_count"> <item quantity="zero">Keine Treffer</item> <item quantity="one">Ein Treffer</item> <item quantity="other">%d Treffer</item> </plurals> Kotlin: val s:String = res.getQuantityString(R.plurals.hit_count, n) XML: ---

Tabelle 5-2: Eine Übersicht der einfachen Ressourcentypen (Fortsetzung)

Typ	Beispiel Deklaration/Referenzierung
style	<style name="big_text" parent="@style/Text"> <item name="android:textSize">20sp</item> <item name="android:textColor"> @android:color/primary_text_dark </item> </style> Kotlin: --- XML: "@style/big_text"
bool	<bool name="privileged">true</bool> Kotlin: val b:Boolean = res.getBoolean(R.bool.privileged) XML: "@bool/privileged"
color	<color name="c1">#f00</color> <color name="c2">#80ff0000</color> Kotlin: val color1:Int = res.getColor(R.color.c1) XML: "@color/c1"
dimension	<dimen name="big_height">25dp</dimen> Kotlin: val bigtextHeight:Int = res.getDimension(R.dimen.big_height) XML: "@dimen/big_height"
id	<item type="id" name="new_button" /> Kotlin: val b:Button = findViewById(R.id.new_button) as Button XML: "@id/new_button"
integer	<integer name="min_level">1</integer> Kotlin: val minLevel:Int = res.getInteger(R.integer.min_level) XML: "@integer/min_level"
integer-array	<integer-array name="tramlines"> <item>2</item> <item>13</item> <item>64</item> </integer-array> Kotlin: val tramlines:Array<Int> = getIntArray(R.array.tramlines) XML: "@array/tramlines"

Tabelle 5-2: Eine Übersicht der einfachen Ressourcentypen (Fortsetzung)

Typ	Beispiel Deklaration/Referenzierung
typed-array	<array name="salut"> <item>@string/salut_female</item> <item>@string/salut_male</item> </array> Kotlin: val salutMale:String = res.obtainTypedArray(R.array.salut). getString(1); XML: "@array/salut"

Bei einigen einfachen Ressourcentypen sind Besonderheiten zu beachten, auf die wir im Folgenden eingehen werden.

Der Ressourcentyp string

Wenn der Text einen Apostroph oder ein Anführungszeichen enthält, muss diesem ein Backslash vorangestellt oder der Text muss in Anführungszeichen (der jeweils anderen Art) gesetzt werden:

```
<string name="how_are_you">Wie geht\'s?</string>
<string name="how_are_you">"Wie geht's?"</string>
```

Texte können mit Platzhaltern versehen sein, die zur Laufzeit im Programm mit Werten gefüllt werden. Platzhalter sind mit `%` beginnende Zeichenketten, wie sie der Java-Formatierer (`java.util.Formatter`) verwendet, z.B. `%3$2s` für das dritte Argument mit einer Länge von zwei Zeichen.

Zum Einfüllen der Werte zur Laufzeit verwenden Sie eine überladene `getString()`-Variante, die als zusätzliche Argumente eine beliebige Anzahl von Werten akzeptiert.

Texte können auch Stilinformationen in HTML-Form enthalten. Diese werden allerdings von der `getString()`-Funktion entfernt. Wenn die Stilangaben erhalten bleiben sollen, müssen Sie stattdessen die Funktion `getText()` verwenden. Diese liefert keinen String, sondern eine `CharSequence`, in der die Stilinformationen erhalten bleiben.

Der Ressourcentyp plurals

Mit plurals können Textvarianten für verschiedene Mengen- oder Größenangaben definiert werden. Das Attribut quantity kann dabei folgende Werte annehmen:

- "zero" – kein Element
- "one" – ein Element
- "two" – zwei Elemente
- "few" – wenige Elemente
- "many" – viele Elemente
- "other" – alle übrigen Werte

Welche dieser Varianten man verwendet, ist von der Grammatik der jeweiligen Sprache abhängig.

Roh-Ressourcen

Ressourcen vom Typ raw können beliebige Dateien sein, zum Beispiel Mediendateien, die keinen besonderen Anforderungen entsprechen müssen, außer dass ihre Dateinamen vor der Endung nur Kleinbuchstaben, Ziffern und Unterstriche enthalten dürfen. Um sie zu öffnen, verwenden Sie die normalen Java-Dateifunktionen, allerdings können Sie die Datei nicht direkt aus dem Verzeichnis heraus öffnen. Der Ressource-Manager stellt jedoch einige Funktionen zur Verfügung, mit deren Hilfe Sie diese Dateien nutzen können.

Holen Sie sich zunächst anhand des Dateinamens (relativ zum Verzeichnis *res/raw*) eine Ressourcennummer, die dazu dient, Roh-Ressourcen eindeutig zu identifizieren.

```
val resid:Int = resources.getIdentifier("mein_film.avi","raw",
packageName)
```

Mit dieser Nummer können Sie dann beispielsweise die Datei als InputStream öffnen:

```
val z:InputStream = resources.openRawResource(resid)
```

Alles Weitere sind dann standardmäßige Java-Stream-Operationen. Vergessen Sie nicht, dafür zu sorgen, dass der Stream am Ende sicher wieder geschlossen wird.

KAPITEL 6

Activity und Layout

Mithilfe von Activities wird die gesamte Benutzerinteraktion einer Anwendung gestaltet. Nur sie haben eine Anwendungsoberfläche; alle anderen Komponenten einer Android-Anwendung laufen im Hintergrund und sind für den Benutzer nicht direkt sichtbar.

Funktionsweise der Activity

Als *Activity* bezeichnet man in der Android-Welt eine einzelne Tätigkeit, die ein Benutzer mit seinem Gerät ausübt. Häufig sind Activities jeweils mit einer den kompletten Bildschirm ausfüllenden Oberfläche verbunden, sie können sich aber auch als Bildschirmteile, Dialoge usw. darstellen. In dem verbreiteten Entwurfsmuster *Model-View-Controller* bildet eine Activity typischerweise die Controller-Komponente, während die View durch eine als XML-Datei definierte Oberflächendefinition und das Model durch ein Datenobjekt repräsentiert wird.

Zu einer Anwendung gehören meistens mehrere Activities. Eine von ihnen wird als Haupt-Activity gekennzeichnet, die beim erstmaligen Hochfahren der Anwendung automatisch gestartet wird, wenn nicht explizit eine bestimmte Activity gefordert ist.

Lebenszyklus einer Activity

Wie alle Android-Komponentenklassen programmiert man auch eine Activity, indem man ihre zahlreichen Ereignisfunktionen implementiert. Eine grundlegende Bedeutung haben dabei die Lebenszyklusfunktionen, die den Übergang zwischen zwei verschiedenen

Zuständen markieren. Um sie zu verstehen, muss man sich klarmachen, welche Zustände und welche Zustandsübergänge bei einer Activity vorkommen können.

Eine Activity (also die Instanz einer von `android.app.Activity` abgeleiteten Klasse) befindet sich, wenn sie nicht gerade eine ihrer – jeweils einen Statusübergang markierenden – Lebenszyklusfunktionen abarbeitet, immer in genau einem der folgend definierten Zustände:

- *Entladen* – Die Instanz der Komponentenklasse existiert nicht. Von hier aus kann sie nur gestartet werden.
- *Aktiv* oder *Running* – Die Oberfläche der Aktivität liegt im Bildschirmvordergrund und kann vom Benutzer bedient werden; die dadurch erzeugten Ereignisse werden an die Activity durch Ereignisfunktionen gemeldet.
- *Pausiert* – Die Oberfläche ist von einer anderen Activity überdeckt und nicht mehr vollständig sichtbar; gerade ist also eine andere Activity aktiv.
- *Angehalten* – Die Oberfläche der Activity ist vollständig von einer oder mehreren anderen Aktivitäten überdeckt und nicht mehr sichtbar.

Abbildung 6-1 zeigt, welche Übergänge zwischen diesen Zuständen möglich sind und welche Lebenszyklusfunktionen jeweils aufgerufen werden.

Im Normalfall durchläuft eine Activity also immer die Folge der Ereignisfunktionsaufrufe `onCreate()` – `onStart()` – `onResume()` – `onPause()` – `onStop()` – `onDestroy()`, wobei Schleifen auftreten und zwischendurch auch noch `onRestart()` hinzukommen können.

Das gilt auch, wenn die Activity im Zustand *Aktiv* normal beendet wird, weil der Benutzer auf die *Zurück*-Taste oder den *Zurück*-Button drückt oder die Anwendung sich selbst mit `finish()` beendet. In diesem Fall werden die Zustände *Pausiert* und *Angehalten* übersprungen, die zugehörigen Funktionen `onPause()` und `onStop()` aber aufgerufen.

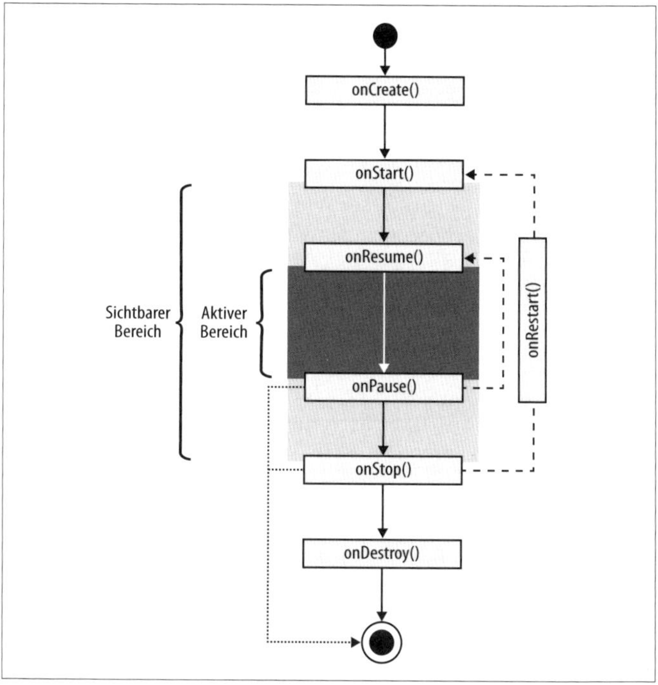

Abbildung 6-1: Statusübergänge der Activity

Bei akutem Speichermangel kann es passieren, dass eine Activity im Zustand *Pausiert* oder *Angehalten* unvermittelt abgeräumt wird, ohne dass es noch zum Aufruf der zugehörigen Ereignisfunktionen `onStop()` und `onDestroy()` kommt. Im Zustand *Aktiv* kann das nicht passieren, daher ist `onPause()` die letzte sichere Möglichkeit zum Speichern des aktuellen Zustands.

Backstack und Tasks

Android verwaltet alle Activities in einer Art Stapel, der als *Backstack* bezeichnet wird. Die zuoberst auf dem Stapel liegende Activity ist *aktiv*, die zu ihr gehörende Oberfläche erscheint also im

Vordergrund des Bildschirms, und die Activity reagiert auf Benutzeraktionen. Wenn eine Activity A eine andere Activity B startet, wird B aktiv, während A in eine Art Ruhemodus versetzt wird.

Die Activities auf dem Backstack können zu verschiedenen *Tasks* gehören. Ein neuer Task beginnt immer dann, wenn man aus dem Home-Screen oder dem Launcher heraus eine neue Activity startet. Weitere Activities, die aus dieser Wurzel-Activity oder den anderen bereits zum Task gehörenden Activities heraus gestartet werden, werden alle demselben Task zugeordnet. Sie müssen dabei nicht zur selben Anwendung – und damit auch nicht zum selben Prozess – gehören.

Wenn die oberste (aktive) Activity beendet wird – z. B. durch Betätigung der *Zurück*-Taste oder des *Zurück*-Buttons auf dem Gerät –, wird sie aus dem Arbeitsspeicher entfernt, und die darunterliegende zum selben Task gehörende Activity kommt wieder zum Vorschein – wird also aktiv. Wenn die letzte Activity eines Tasks abgeräumt worden ist, erscheint erneut der Launcher, auch wenn es noch weitere angehaltene Activities in anderen Tasks gibt.

Beim Betätigen des Home-Buttons erscheint der Launcher, ohne dass zuvor die gerade aktive Activity beendet wird. Dadurch können viele Activities im Zustand *Angehalten* im Speicher liegen. Wenn der Speicher durch den Start neuer Activities knapp wird, fängt das Framework an, angehaltene und pausierte Activities abzuräumen, belässt sie aber (quasi als leere Hüllen) im Backstack. Soll eine solche zwischenzeitlich abgeräumte Activity wieder zum Vorschein kommen, muss sie – beginnend mit `onCreate()` – vollständig neu ins Leben gerufen werden.

Das hier geschilderte Verhalten bezüglich der Zuordnung von Activities zu Tasks kann sowohl durch verschiedene Attribute des `<Activity>`-Tags im Manifest als auch durch Intent-Flags modifiziert werden. Dabei gilt allerdings der Grundsatz, dass die Reihenfolge der Activities im Backstack niemals verändert werden kann. (Weitere Einzelheiten hierzu finden Sie auf der Android-Website unter *http://developer.android.com/guide/components/tasks-and-back-stack.html*.)

Anmeldung im Manifest

Wie jede Komponente muss auch eine Activity im Manifest aufgeführt und damit dem Framework bekannt gemacht werden. Das geschieht mithilfe des Tags `<activity>` innerhalb von `<application>`:

```
<activity
  android:name=".MainActivity" . . .>
  . . .
</activity>
```

Es gibt zahlreiche Attribute; auf einige von ihnen werden wir im entsprechenden Zusammenhang zurückkommen. Eine vollständige Übersicht finden Sie in der Android-Dokumentation unter *http://developer.android.com/guide/topics/manifest/activity-element.html*.

Implementierung

Eine Activity ist immer (meistens indirekt) von der Basisklasse `android.app.Activity` abgeleitet und überschreibt nach Bedarf deren zahlreiche Aktionsfunktionen.

Die Klasse sollte sich in dem Package befinden, das durch die Package-ID der Anwendung definiert wird. Es kann auch ein hierarchisch untergeordnetes Package (wie etwa `com.example.hallo.activities`) sein; das ist aber nur bei sehr umfangreichen Anwendungen zu empfehlen, weil es die Programmierung etwas umständlicher macht.

Lebenszyklusfunktionen

Zu den wichtigsten Aktionsfunktionen der Activity, die bei Bedarf überschrieben werden, gehören die Lebenszyklusfunktionen, mit denen das System den Übergang von einem Zustand der Activity in einen anderen signalisiert (siehe dazu den Abschnitt »Funktionsweise der Activity« auf Seite 141). Sehen wir uns die am meisten gebrauchten Funktionen näher an.

onCreate

Die Funktion onCreate() muss von der Activity in jedem Fall implementiert werden. Sie wird im Lebenszyklus nur einmal aufgerufen, und zwar unmittelbar nachdem die Activity instanziiert worden ist. Sie erhält als Argument ein Bundle mit Zustandsdaten, sofern sie zwischenzeitlich komplett abgeräumt wurde und nun wieder rekonstruiert werden muss.

Hier wird für gewöhnlich die zur Activity gehörende Benutzeroberfläche aufgebaut (siehe den Abschnitt »Layoutdefinition« auf Seite 150). Außerdem werden hier alle statischen Initialisierungen durchgeführt, die einen funktionierenden Kontext benötigen, der im Konstruktor noch nicht zur Verfügung steht.

```
override fun onCreate(savedInstanceState:Bundle?) {
  super.onCreate(savedInstanceState)
  // Baue die Oberfläche auf.
  setContentView(R.layout.activity_main)
  // Weitere statische Initialisierungen.
  . . .
}
```

onResume

Die Funktion onResume() wird aufgerufen, wenn die Activity neu gestartet wurde oder aus dem angehaltenen Zustand reaktiviert wird. Sie kann auch aufgerufen werden, wenn die Activity aus dem pausierten Zustand zurück in den aktiven übergeht. In jedem Fall ist sie danach im Zustand *Aktiv*.

Starten Sie hier Services, Hintergrund-Threads und sonstige den Prozessor belastende Dinge, die laufen sollen, während die Activity im Vordergrund ist, z.B. Animationen sowie Audio- und Videowiedergaben.

```
private var player:MediaPlayer? = null
. . .
override fun onResume() {
  super.onResume()
  // Starte Hintergrundmusik.
  try {
    val resid = resources.getIdentifier("meinFilm.avi","raw",
packageName)
```

```
    player = MediaPlayer.create(. . .)
    player?.start()
  } catch (e:Exception) { . . . }
}
```

onPause

`onPause()` wird aufgerufen, wenn die Activity den aktiven Zustand verlässt, weil sie angehalten oder von einer anderen Activity verdeckt wird.

Dies ist die einzige Funktion, die beim Beenden einer Activity mit Sicherheit aufgerufen wird, daher müssen spätestens jetzt alle persistenten Daten gespeichert werden. Außerdem sollten hier alle in `onResume()` gestarteten Hintergrundaktionen angehalten werden, da sie sonst möglicherweise nicht ordnungsgemäß beendet werden können.

```
@Override
protected void onPause() {
  super.onPause();
  // Musik anhalten und Player freigeben,
  // sofern er spielt.
  player?.stop()
  player?.release()
}
```

Zwischenspeichern des aktuellen Zustands

Es kann vorkommen, dass eine Activity mitten im Betrieb – also im oben beschriebenen Zustand *Aktiv* – vollständig abgeräumt und bei Bedarf wieder neu aufgebaut wird, das heißt, es werden alle Ereignisfunktionen von `onPause()` bis `onDestroy()` und von `onCreate()` bis `onResume()` durchlaufen. Das geschieht bei Speicherknappheit oder bei Drehbewegungen am Gerät, wenn der Bildschirm von vertikaler auf horizontale Darstellung oder umgekehrt umschaltet und die Activity die Möglichkeit erhalten soll, die Bildschirmdarstellung in anderer Weise neu aufzubauen.

Für diesen Fall gibt es eine Ereignisfunktion `onSaveInstanceState()`, die Ihnen ein `Bundle` übergibt, in das Sie alle Daten hineinschreiben, die Sie zum Rekonstruieren Ihrer Activity benötigen.

```
var meinStatus = 0

override fun onSaveInstanceState(status:Bundle) {
  // Immer zuerst die Super-Funktion aufrufen.
  super.onSaveInstanceState(status)
  // Dann die eigenen Statuswerte hineinschreiben.
  status.putInt("com.example.hallo.MEIN_STATUS",meinStatus);
}
```

Das auf diese Weise gefüllte `Bundle` bekommen Sie beim Neustart der Activity in der Funktion `onCreate()` wieder ausgehändigt, sodass Sie Ihre Statuswerte entnehmen können.

```
override fun onCreate(status:Bundle?) {
  // Auch hier zuerst die Super-Funktion aufrufen.
  super.onCreate(status)
  // Dann die eigenen Statuswerte entnehmen.
  if (status!=null) meinStatus =
status.getInt("com.example.hallo.MEIN_STATUS")
}
```

`onSaveInstanceState()` wird nur aufgerufen, wenn die Activity temporär abgeräumt wird und zu erwarten ist, dass sie später rekonstruiert werden soll. Sie wird nicht aufgerufen, wenn die Activity (z. B. mit der *Zurück*-Taste oder dem *Zurück*-Button) normal beendet wird.

Um die aktuellen Inhalte Ihrer Oberflächenelemente brauchen Sie sich nicht zu kümmern, denn für deren Rekonstruktion sorgt das Android-Framework (unter anderem zu diesem Zweck müssen Sie immer die Super-Funktionen aufrufen).

Start und Ende

Eine Activity lässt sich aus einer anderen Komponente heraus starten, kann sich aber nur selbst beenden.

Eine Activity starten

Zum Starten einer Activity stehen zwei Funktionen zur Verfügung. Die eine, `startActivity()`, ist in `Context` definiert und steht daher allen Activities und Services zur Verfügung. Sie übergibt einfach nur einen expliziten oder impliziten Intent an das Framework:

```
// Expliziter Start einer Activity in derselben Anwendung.
startActivity(Intent(this, Anmeldung::class.java))
// Impliziter Start eines Webbrowsers.
startActivity(Intent(Intent.ACTION_VIEW,
    Uri.parse("http://www.oreilly.de")))
```

Eine zweite Startfunktion ist in der Klasse `Activity` definiert und kann daher auch nur innerhalb einer Activity genutzt werden: `startActivityForResult()` stößt ebenfalls eine Activity an, erwartet aber, dass diese nach ihrer Beendigung asynchron ein Ergebnis liefert.

```
startActivityForResult(Intent(this, Anmeldung::class.java,
ANMELDUNG)
```

Um den Rückgabewert zu erhalten, muss die aufrufende Activity die Ereignisfunktion `onActivityResult()` implementieren. Anhand des zusätzlichen `Int`-Parameters (hier die Konstante `ANMELDUNG`, die eine beliebige Zahl enthält) kann diese den Rückgabewert richtig zuordnen, falls es mehrere Activity-Aufrufe gibt. Der ebenfalls übergebene Intent enthält den Rückgabewert in seinen Extra-Daten (es können auch mehrere Werte sein). Zuvor muss man allerdings anhand des `resultCode`-Arguments prüfen, ob das Ergebnis überhaupt gültig ist.

```
override fun onActivityResult(requestCode:Int,
             resultCode:Int, data:Intent) {
  // Zunächst die Super-Funktion aufrufen.
  super.onActivityResult(requestCode, resultCode, data)
  // Prüfen, ob das Ergebnis gültig ist und es sich
  // um den richtigen Request-Code handelt.
  if (resultCode==Activity.RESULT_OK
          && requestCode==ANMELDUNG){
    // Das Ergebnis aus dem Intent lesen.
    val text = data.getStringExtra("ergebnis")
    . . .
  }
}
```

Damit der Ergebniswert zurückgegeben werden kann, schreibt die aufgerufene Activity ihn einfach in ihren eigenen Intent und übergibt ihn zusammen mit `RESULT_OK` an die Funktion `setResult()`.

```
// Das Ergebnis als Extra-Daten in den Intent schreiben.
intent.putExtra("ergebnis", ergebnistext)
// Gültigkeitsflag und Intent als Ergebnis setzen.
setResult(RESULT_OK, intent)
```

Eine Activity beenden

Eine Activity kann sich selbst jederzeit durch den Aufruf der Funktion `finish()` beenden. Von dieser Möglichkeit wird allerdings nur selten Gebrauch gemacht, denn normalerweise wird die Beendigung einer Activity dem Benutzer überlassen, der das mit der *Zurück*-Taste oder dem entsprechenden Button erledigt.

Vorgefertigte Activities

Mit dem Android-Framework werden einige vorgefertigte Activity-Klassen für spezielle Zwecke geliefert. Diese implementieren bereits die benötigten Ereignisfunktionen und stellen wiederum ihrer jeweiligen Aufgabe entsprechend eigene Funktionen zur Verfügung, die von abgeleiteten Klassen überschrieben werden können. Es folgen einige Beispiele.

`android.app.ListActivity` und `android.app.ExpandableListActivity` dienen der Darstellung von Listen, die über Adapter an verschiedene Datenquellen angebunden werden können.

`android.preference.PreferenceActivity` ist eine Activity, mit deren Hilfe Benutzerpräferenzen zu einer Anwendung dargestellt und bearbeitet werden (siehe den Abschnitt »Präferenzdaten« auf Seite 217).

`android.app.NativeActivity` bietet die Möglichkeit, Maschinencodeprogramme in eine Android-Anwendung einzubinden.

Layoutdefinition

Die Gestaltung der grafischen Bedienoberfläche (*Graphical User Interface*, GUI) ist bei mobilen Anwendungen besonders wichtig:

Die verhältnismäßig kleine Displaygröße von Smartphones, die je nach Modell unterschiedlich ausfällt, sorgt dafür, dass Sie sich im Hinblick auf die Bedienelemente beschränken müssen. Die Tatsache, dass Sie es mit stark divergierenden Hardwareeigenschaften zu tun haben, stellt eine zusätzliche Herausforderung dar. Android bietet dafür eine Fülle von Möglichkeiten, die es erlauben, mit einfachen Mitteln eine überzeugende *User Experience* herzustellen.

In der Android-Terminologie besteht die grafische Benutzeroberfläche aus einer baumartig angeordneten Struktur von Layoutelementen, die als *Views* bezeichnet werden. Dabei nimmt jedes Kindelement einen Teil oder den ganzen Raum seines Elternelements ein (siehe Abbildung 6-2).

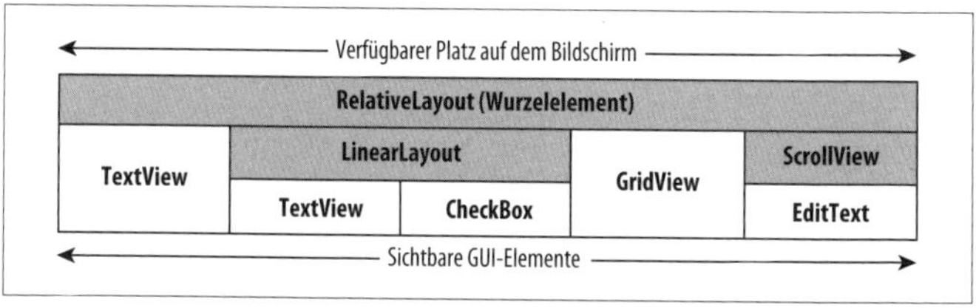

Abbildung 6-2: Beispiel für eine Layoutstruktur

Die verschiedenen Arten von Views lassen sich in zwei Gruppen einteilen.

- *Elementare Views* dienen (in der Regel) dazu, ein einzelnes Informationselement (ein Text, ein Bild usw.) auf dem Bildschirm darzustellen und gegebenenfalls für Benutzeraktionen wie Antippen oder Wischen verfügbar zu machen. Alle Blätter einer Layoutstruktur sind elementare Views.
- *View-Gruppen* enthalten dagegen (in der Regel) keine eigenen Informationen, sondern dienen als Behälter für andere Views, die sie nach bestimmten Regeln auf dem Bildschirm darstellen, anordnen und/oder dekorieren. Dabei können enthaltene Elemente auch wieder View-Gruppen sein.

> Layouts können im Prinzip beliebig tief geschachtelt sein. Aus Performancegründen sollten Sie aber darauf achten, nicht allzu große View-Hierarchien aufzubauen und unnötige Verschachtelungen zu vermeiden. Anstelle komplexer, geschachtelter, aus vielen View-Gruppen zusammengesetzter Layouts ist es sinnvoller, das neue *Constraint-Layout* einzusetzen, das als gesonderte Bibliothek verfügbar ist.

Alle Views werden durch Java-Klassen repräsentiert, die direkt oder indirekt von `android.view.View` abgeleitet sind. Die View-Gruppen sind von `android.view.ViewGroup` abgeleitet, die aber ihrerseits eine Subklasse von View ist.

Sie können ohne Weiteres auch eigene View-Elemente implementieren, indem Sie eine neue View-Klasse von einer vorhandenen ableiten und um zusätzliche Fähigkeiten erweitern.

Android bietet jedoch bereits eine Vielzahl vordefinierter View-Elemente, die für die meisten Anwendungsfälle ausreichen sollten. Es können hier nicht alle einzeln behandelt werden, daher stellen wir weiter unten nur einige besonders häufig verwendete View-Elemente im Detail vor.

Layout mit XML

Obwohl man Layouts auch komplett programmieren kann, ist es eher üblich, sie mithilfe von XML-Ressourcendateien aufzubauen, da im XML-Format die Struktur eines Layouts sehr viel übersichtlicher darstellbar ist als im Java-Programm. Durch Ressourcenvarianten (siehe Kapitel 5, *Mit Ressourcen arbeiten*) können dabei auch unterschiedliche Gerätekonfigurationen berücksichtigt werden.

Die Sprache Kotlin erlaubt es ihrerseits, ein GUI-Layout ähnlich strukturiert und übersichtlich zu definieren, wie es mit XML möglich ist, sodass es durchaus eine Alternative sein kann, die App-Oberfläche im Programm aufzubauen, wenn man sich dieser Programmiersprache bedient. Wir kommen im Abschnitt »Layout im Programm« auf Seite 155 weiter unten darauf zurück.

XML-Layoutdateien liegen im Verzeichnis *res/layout*. Hier sehen Sie ein einfaches Beispiel, das ein LinearLayout definiert, in dem eine TextView und ein Button vertikal angeordnet sind:

```
<?xml version="1.0" encoding="utf-8"?>
<LinearLayout
  xmlns:android="http://schemas.android.com/apk/res/android"
  android:layout_width="match_parent"
  android:layout_height="match_parent"
  android:orientation="vertical" >
  <TextView android:id="@+id/mein_text"
    android:layout_width="wrap_content"
    android:layout_height="wrap_content"
    android:text="Hallo Welt!" />
  <Button android:id="@+id/mein_button"
    android:layout_width="wrap_content"
    android:layout_height="wrap_content"
    android:text="OK" />
</LinearLayout>
```

Jede View in der Struktur wird also durch ein XML-Element repräsentiert, seine Eigenschaften durch entsprechende Attribute.

Bei Layoutdateien, die durch die Entwicklungsumgebung generiert werden, sind neben dem Namensraum android, der allen Android-XML-Ressourcen zu eigen ist, in der Regel noch einer oder zwei weitere Namensräume angegeben:

```
xmlns:tools=http://schemas.android.com/tools
xmlns:app="http://schemas.android.com/apk/res-auto"
```

Der Namensraum tools markiert Attribute, die nur von der Entwicklungsumgebung verwendet werden, nicht aber in der laufenden App. Ein Beispiel hierfür ist das Attribut tools:text, dessen Inhalt der Layout-Editor zur Illustration in einer Text-View anzeigt, im Gegensatz zu dem Attribut android:text, das den tatsächlichen Textinhalt des Elements zur Laufzeit bezeichnet.

Der Namensraum app wird für Attribute verwendet, die Android nicht kennt oder die es in einer älteren Version noch nicht gab und die daher nicht verarbeitet werden können. Die Android-Erweiterungsbibliotheken benutzen das Attribut für GUI-Elemente oder einzelne Attribute, die sie zusätzlich definieren.

Ein Layout aufbauen

Wenn die obige Layoutdatei den Namen *res/layout/activity_main.xml* hat, können Sie sie in der onCreate()-Funktion der Activity folgendermaßen verknüpfen:

```
override fun onCreate(savedInstanceState:Bundle?) {
    super.onCreate(savedInstanceState)
    contentView = R.layout.activity_main
}
```

Durch die Zuweisung an die Property contentView wird die Layoutdatei eingelesen und die gesamte View-Struktur in Form korrespondierender Java-Klassen aufgebaut, sodass sie auf dem Bildschirm dargestellt werden kann.

Referenzierung einzelner Views

Wenn Sie aus dem Programm heraus auf einzelne Views zugreifen wollen, müssen diese durch das Attribut android:id mit einer *View-ID* versehen sein, damit sie aus dem Programm heraus identifiziert werden können. Die View-ID lässt man sich von Android automatisch generieren, indem man dem ID-Namen +id/ voranstellt (android:id="@+id/mein_button").

Im Programm holen Sie sich den Zugriff auf die View mithilfe der Activity-Funktion findViewById(), der Sie die Ressourcen-ID mitgeben. Dabei müssen Sie in irgendeiner Weise zu erkennen geben, welchen Typ Sie als Ergebnis erwarten.

```
val meinButton:Button = findViewById(R.id.mein_button)
```

oder

```
val meinButton = findViewById<Button>(R.id.mein_button)
```

Erweiterungen für Kotlin

Wenn Sie die Anko-Bibliothek *ContextUtils* eingebunden haben, können Sie das mit der Erweiterungsfunktion find()etwas abkürzen:

```
val meinButton = find<Button>(R.id.mein_button)
```

Mit den Kotlin-Android-Erweiterungen geht es sogar noch kürzer. Fügen Sie am Anfang des Programms folgende Importanweisung ein, wobei Sie `activity_main` durch den Ressourcennamen Ihres Layouts ersetzen:

```
import kotlinx.android.synthetic.main.activity_main.*
```

Diese Importanweisung hat zur Folge, dass alle Elemente Ihres Layouts, die eine ID besitzen, direkt im Programm als Properties unter dem ID-Namen verfügbar sind und auch schon den richtigen Typ haben. Sie können also unmittelbar mit dem Objekt arbeiten.

```
mein_button.text = ". . ."
```

Layout im Programm

Soll ein Layout (oder ein Teil davon) in Abhängigkeit von Laufzeitbedingungen dynamisch aufgebaut werden, kann man dafür keine Ressourcendatei verwenden, sondern muss im Programm einen entsprechenden Objektgraphen zusammensetzen.

Die Namen der Klassen und Felder, die dabei zu verwenden sind, entsprechen weitgehend den XML-Elementen und -Attributen; allerdings gibt es bei den Attributen immer wieder auch Abweichungen zwischen der XML- und der Java-Definition. In der Dokumentation zu den Android-View-Klassen sind die Zusammenhänge jeweils erklärt (*http://developer.android.com/reference/*).

Die Baumstruktur des Layouts stellt man dar, indem man einer View-Gruppe mit der Funktion `addView()` Kind-Views zuordnet:

```
val parent = LinearLayout(this)
val child = TextView(this)
parent.addView(child)
child.parameter = ...
```

Das obige XML-Layout in Java nachzubauen, wäre ziemlich umständlich. Mit Kotlin kann man von verschiedenen Sprachkonstrukten profitieren. Sie ermöglichen es, das Programm so aufzubauen, dass es die Struktur des Layouts widerspiegelt.

```
private fun createLayout(activity: Activity) {
  // Layout definieren und der Activity zuweisen.
  activity.setContentView(LinearLayout(activity).apply {
    orientation = LinearLayout.VERTICAL
    // Layoutparameter für Layout definieren.
```

```
    layoutParams.height =
          ViewGroup.LayoutParams.MATCH_PARENT
    layoutParams.width =
          ViewGroup.LayoutParams.MATCH_PARENT
    // TextView definieren und dem LinearLayout zuweisen.
    addView(TextView(activity).apply {
      text = "Hallo Welt!"
      // Layoutparameter für TextView definieren.
      layoutParams.height =
            ViewGroup.LayoutParams.WRAP_CONTENT
      layoutParams.width =
            ViewGroup.LayoutParams.WRAP_CONTENT
    })
    // Button definieren und dem LinearLayout zuweisen.
    addView(Button(activity).apply{
      text = "OK"
      // Layoutparameter für Button definieren.
      layoutParams.height =
            ViewGroup.LayoutParams.WRAP_CONTENT
      layoutParams.width =
            ViewGroup.LayoutParams.WRAP_CONTENT
    })
  })
}
```

Die Funktion zur Übergabe an die Activity sieht dann so aus:

```
override fun onCreate(savedInstanceState:Bundle?) {
    super.onCreate(savedInstanceState)
    createLayout(this)
}
```

Layout mit Anko

Wenn Sie das Layouts-Paket der Anko-Bibliothek einsetzen, bekommen Sie noch mehr Möglichkeiten zur Verfügung, Layouts im Programm einfach und übersichtlich zu gestalten.

In dem betreffenden Kotlin-Programm müssen Sie dazu lediglich folgende `import`-Zeile hinzufügen:

```
import org.jetbrains.anko.*
```

Die obige `createLayout()`-Funktion kann mit Anko so aussehen:

```
private fun createLayout(activity: Activity) =
  activity.linearLayout {
```

```
    orientation = LinearLayout.VERTICAL
    layoutParams.height =
          ViewGroup.LayoutParams.MATCH_PARENT
    layoutParams.width =
          ViewGroup.LayoutParams.MATCH_PARENT
    textView("Hallo Welt!") {
      layoutParams.height =
            ViewGroup.LayoutParams.WRAP_CONTENT
      layoutParams.width =
            ViewGroup.LayoutParams.WRAP_CONTENT
    }
    button("OK") {
      layoutParams.height =
            ViewGroup.LayoutParams.WRAP_CONTENT
      layoutParams.width =
            ViewGroup.LayoutParams.WRAP_CONTENT
    }
  }
```

View-Attribute

Alle Views lassen sich mit einer großen Menge an Attributen konfigurieren. Die meisten von ihnen können unter dem gleichen Namen als XML-Attribute oder als Setter-Funktionen verwendet werden.

Beispielsweise ist die XML-Definition

```
<TextView
    android:text="@string/beispiel_text"
    android:background="@android:color/beispiel_farbe"
    . . . />
```

äquivalent zu folgenden Programmanweisungen:

```
val textView = TextView(this)
textView.setText(R.string.beispiel_text)
textView.setBackgroundResource(android.R.color.black)
```

Für viele Attributwerte, die in der XML-Form durch Schlüsselwörter definiert sind (z.B. `android:gravity="top"`), gibt es analoge Kotlin-Konstanten (z.B. `android.view.Gravity.TOP`). In welcher Weise diese Konstanten definiert sind, ist allerdings uneinheitlich und muss der Dokumentation entnommen werden. In der Android-Referenz sind sie ausführlich beschrieben (siehe *http://developer.android.com/reference/android/widget/package-summary.html*).

Einige der Attribute werden von allen Views gemeinsam verwendet; die wichtigsten wollen wir hier kurz vorstellen.

background

Hintergrundbild oder -farbe als `drawable`-Ressource, Farbcode oder `color`-Ressource.

```
android:background="@drawable/beispiel_hintergrundbild"
android:background="#FFFFF"
android:background="@color/beispiel_hintergrundfarbe"
```

clickable

Legt fest, ob die View auf Klicks bzw. Berührungen reagiert. Der Vorgabewert hängt vom View-Typ ab.

```
android:clickable="true"
```

id

Eindeutige Identifizierungsnummer; in der Regel wird hier eine von Android generierte Ressourcen-ID verwendet.

```
android:id="@+id/beispiel_id"
```

onClick

Bezeichnet eine Funktion in der zugehörigen Activity, die beim Auftreten eines Klick-Ereignisses aufgerufen wird. Dieses Attribut kann anstelle einer eigenen Event-Listener-Implementierung (siehe dazu den Abschnitt »View-Ereignisse« auf Seite 162) verwendet werden.

```
android:onClick="beispielKlickFunktion"
```

Die benannte Funktion wird mit der auslösenden View als Argument aufgerufen.

```
fun beispielKlickFunktion(view:View) {
   when (view.getId()) { . . . }
}
```

padding, paddingLeft, paddingTop, paddingRight, paddingBottom

Legt den Abstand zwischen dem Inhalt und dem äußeren Rand der View fest.

```
android:padding="15.5dp"
```

Hier nicht aufgeführt sind diejenigen Layoutparameter, die zur Dimensionierung und Ausrichtung der Kind-Views innerhalb ihrer übergeordneten View-Gruppe dienen (siehe den Abschnitt »Layoutparameter« auf Seite 171).

Dimensionsangaben

Positions- und Größenangaben von Oberflächenelementen werden in der XML-Datei und im Java-Programm unterschiedlich gehandhabt.

Bemaßung in XML

Die Werte für Positionen, Breiten, Höhen, Abstände usw. werden in der XML-Datei immer durch dimensionierte Fließkommazahlen (wie `"15.5dip"`) oder Schlüsselwörter mit besonderer Bedeutung (wie `"wrap_content"`) angegeben.

Die Dimensionierung erfolgt durch Buchstabenkombinationen, die an den Zahlenwert angehängt sind. Tabelle 6-1 führt alle erlaubten Einheiten auf.

Tabelle 6-1: Buchstabenkürzel für Dimensionsangaben

Kürzel	Bezeichnung	Bedeutung
`dp` `dip`	auflösungsneutrale Pixel (*density-independent pixels*)	Umgerechnete Pixelgröße unter Berücksichtigung der Bildschirmauflösung. Bei einer Auflösung von 160 DPI entspricht `1dp` ungefähr `1px`, bei 320 DPI etwa `2px`. Diese Einheit wird bevorzugt verwendet, um einheitliche Größenverhältnisse bei unterschiedlichen Auflösungen zu erzielen.
`in`	Zoll (*inch*)	Physische Größe in Zoll.
`mm`	Millimeter	Physische Größe in Millimetern.
`pt`	Punkt	Physische Größe in typografischen Punkten (entspricht 1/72 Zoll).
`px`	Pixel	Auflösungsabhängige Größe in Bildschirmpunkten.
`sp`	skalierungsneutrale Pixel (*scale-independent pixels*)	Wie `dp`, jedoch wird zusätzlich die Einstellung der Schriftgröße auf dem Gerät einbezogen. Empfohlen für die Größenangaben bei Schriften.

Bemaßung im Programm

Im Java-Programm erfolgen die Größenangaben immer in Pixeln; für die Umrechnung unter Berücksichtigung der Auflösung müssen Sie selbst sorgen. Die dafür benötigten Informationen können Sie als Felder einer Instanz von `android.util.DisplayMetrics` entnehmen, die Sie in einer Activity beispielsweise folgendermaßen verwenden, um eine Breitenangabe entsprechend einem Wert `"15.5dip"` in der XML-Layoutdatei zu berechnen:

```
val metrics = DisplayMetrics()
val dipValue = 15.5 // der zu berechnende DIP-Wert
val pixelValue = dipValue * metrics.density
layoutParams.width = pixelValue.toInt()
```

Bei diversen Umrechnungen unterstützt Sie auch die Klasse `android.util.TypedValue`.

Unter Umständen kann es sinnvoller sein, die Bemaßung als Ressource anzugeben, vor allem wenn die gewünschten Werte von der Gerätekonfiguration abhängig sind. Der betreffende Wert wird in einer Ressourcendatei namens *dimen.xml* im Ressourcenverzeichnis *res/values* definiert.

```
<?xml version="1.0" encoding="utf-8"?>
<resources>
    <dimen name="big_height">25dp</dimen>
</resources>
```

Die Zuweisung zu einem Layoutparameter im Programm erfolgt dann so:

```
layoutParams.height =
        resources.getDimension(R.dimen.big_height).toInt()
```

Anstelle der XML-Schlüsselwörter für spezielle Werte wie `"wrap_content"` können Sie vordefinierte Konstanten verwenden, z.B. `ViewGroup.LayoutParams.WRAP_CONTENT`.

Styles und Themen

Android bietet die Möglichkeit, verschiedene View-Attribute zusammenzufassen und dadurch die Realisierung einheitlicher Anwendungsoberflächen zu vereinfachen. Für diesen Zweck verwendet man eine XML-Datei im Ressourcenverzeichnis *res/values*, die typischerweise *styles.xml* heißt. Unter dem Wurzelelement `<resources>` führt sie verschiedene `<style>`-Elemente auf, die jeweils einen Style oder ein GUI-Thema repräsentieren. Darin wiederum befinden sich `<item>`-Elemente, deren Attribut `name` jeweils auf einen Attributnamen und deren Inhalt der Wert ist, der den Attributen dieses Namens zugewiesen werden soll:

```
<?xml version="1.0" encoding="utf-8"?>
<resources>
  <style name="mandatory_text">
    <item name="android:background">#F5F6CE</item>
    <item name="android:textStyle">bold</item>
  </style>
  . . .
</resources>
```

Dieses Beispiel ist für die Kennzeichnung von Textfeldern vorgesehen, bei denen eine Eingabe erforderlich ist.

Style-Ressourcen können voneinander erben. Wenn Sie beispielsweise einen Style definieren wollen, der die gleichen Eigenschaften haben soll wie der oben definierte, zusätzlich aber eine bestimmte Schriftgröße festlegen soll, können Sie ihn so formulieren:

```
<style name="mandatory_text_big" parent="mandatory_text">
  <item name="android:textSize">14pt</item>
</style>
```

Mit dem Attribut `parent` benennen Sie den Style, von dem alle Elemente übernommen werden sollen, die nicht auch im abgeleiteten Style benannt sind.

Anwendung als Style

Wenn Sie diese Ressource innerhalb Ihres Layouts auf ein bestimmtes Textfeld anwenden wollen, referenzieren Sie sie mit dem Attribut `style`:

```
<TextView
  style="@style/mandatory_text_big"
  . . .>
```

Damit werden die im Style namens `"mandatory_text_big"` definierten Attribute, die nicht in der `<TextView>`-Definition selbst vorkommen, der Text-View zugeordnet. Das Ergebnis ist also dasselbe wie das, das man hiermit erreicht:

```
<TextView
  android:background="#F5F6CE"
  android:textStyle="bold"
  android:textSize="14pt"
  . . .>
```

Im Programm ist die Zuweisung eines Styles zu einer View nicht ohne Weiteres möglich, daher sind Styles nur auf Views anwendbar, die als Ressourcen definiert sind. Dafür bietet die Programmiersprache jedoch andere Möglichkeiten, mit denen Sie den gleichen Zweck erreichen können.

Anwendung als GUI-Thema

Eine Style-Ressource kann auch einer kompletten Komponentenoberfläche zugeordnet werden und wirkt sich dann auf alle in ihr enthaltenen Views aus. Die Zuordnung nehmen Sie im Manifest bei der Anmeldung der Activity vor:

```
<activity android:name=".MainActivity"
  android:theme="@style/beispiel_theme"
  . . .>
</activity>
```

Da ein GUI-Thema nicht einer View, sondern einer Activity zugewiesen wird, kann diese Zuweisung auch im Code der Activity vorgenommen werden. Typischerweise geschieht das in der Ereignisfunktion `onCreate()`:

```
override fun onCreate(savedInstanceState:Bundle?) {
    super.onCreate(savedInstanceState)
    setTheme(R.style.beispiel_theme)
    setContentView(R.layout.activity_main)
    . . .
}
```

View-Ereignisse

Die Elemente einer Anwendungsoberfläche werden nicht nur auf dem Bildschirm dargestellt, sondern sie können auch Ereignisse auslösen, beispielsweise durch den Druck oder Klick auf einen Button.

Was beim Auftreten eines solchen Ereignisses geschehen soll, legen Sie mithilfe eines *Event-Listeners* fest. Damit ist ein Objekt gemeint, das ein definiertes Interface implementiert und über eine Funktion verfügt (oder manchmal auch mehrere), die die entsprechende Aktion ausführt.

Als Beispiel sei das Interface `android.view.View.OnClickListener` genannt, das man implementieren muss, um die Reaktion auf den Druck oder Klick auf eine View zu programmieren. Diese Implementierung muss dann der View mit der Funktion `setOnClickListener()` zugewiesen werden. Da `OnClickListener` ein Interface mit nur einer abstrakten Funktion ist, verwendet man in Kotlin dazu einen Lambda-Ausdruck.

```
val b:Button = findViewById(R.id.mein_button)
b.setOnClickListener { v: View ->
    // Aktion ausführen
}
```

Bei einer solchen Implementierung brauchen Sie für jede Taste eine eigene Listener-Implementierung. Ein anderes verbreitetes Muster besteht darin, das Listener-Interface durch eine einzige Klasse, z. B. die `Activity`-Klasse selbst, zu implementieren und in der Ereignisfunktion ein `when`-Konstrukt zur Unterscheidung zwischen mehreren auslösenden Views zu verwenden:

```
class MainActivity : Activity(), View.OnClickListener {

    override fun onClick(v:View) {
        when (v.id) {
          R.id.mein_button -> {
            // Aktion ausführen
          }
          R.id.anderer_button ->
            // andere Aktion ausführen
          }
        . . .
        }
    }
    . . .
}
```

In ähnlicher Weise kann die Anwendung darauf reagieren, wenn auf eine View lange gedrückt wurde; in diesem Fall heißen das Listener-Interface `OnLongClickListener`, die darin definierte Ereignisfunktion `onLongClick()` und die View-Funktion zum Zuordnen des Listeners `setOnLongClickListener()`.

Es gibt zahlreiche weitere View-Ereignisfunktionen, für die Listener implementiert werden können, die zum Teil auf bestimmte Arten von Views spezialisiert sind. Den meisten dieser Funktionen wird neben der View-Referenz noch ein zweites Argument übergeben, dem die Einzelheiten zu dem aufgetretenen Ereignis entnommen werden können (z.B. bei `onClick()`, um welche Taste es sich handelt und ob sie gedrückt oder losgelassen worden ist). Einzelheiten zu den Ereignisfunktionen finden Sie in der API-Dokumentation zu den View-Klassen.

Die Benennung der beteiligten Klassen und Funktionen folgt immer demselben Schema. Wenn das Ereignis beispielsweise *Ereignis* heißt, gibt es dazu folgende Namensregeln:

- Die Funktion, die beim Auftreten des Ereignisses aufgerufen wird, heißt `onEreignis()`.
- Das Interface für den Listener heißt `OnEreignisListener`.
- Die Funktion, mit der der Event-Listener der View zugewiesen wird, heißt `setOnEreignisListener()`.

Elementare Views

Elementare Views enthalten keinen weiteren Views, sondern füllen einen bestimmten Bereich des Bildschirms mit einer Information (Text, Bild, Video usw.) aus. Häufig können Sie auch durch Antippen oder Wischen eine Aktion ausführen.

TextView

Die `TextView` dient in erster Linie dazu, eine Zeichenkette statisch darzustellen. Im Prinzip kann man sie auch zum Editieren verwenden, allerdings wird dazu eher der `EditText` verwendet, der etwas weitergehende Möglichkeiten bietet. `TextView` ist die Basisklasse für einige andere textbezogene Views, darunter auch `EditText` und `Button`.

```
<TextView
    android:text="Hallo Welt!"
    android:textStyle="bold" />
```

ImageView

Die `ImageView` stellt eine *drawable*-Ressource als Bild dar:

```
<ImageView android:src=@drawable/beispiel_bild" />
```

Space

Diese View dient nur dem Zweck, einen leeren Zwischenraum im Layout herzustellen. Sinnvollerweise können nur wenige Layoutparameter angewendet werden.

```
<Space android:layout_width="2dp"
       android:layout_height="match_parent" />
```

Button

Der `Button` ist von `TextView` abgeleitet und unterscheidet sich nicht wesentlich von ihm; nur die grafische Darstellung als Druckknopf ist anders. Typischerweise wird mit dem Button ein `OnClickListener` verbunden, um auf das Drücken des Buttons reagieren zu können (siehe den Abschnitt »View-Ereignisse« auf Seite 162). Das ist aber im Prinzip auch bei jeder anderen View möglich.

```
<Button android:text="OK"
        android:onClick="onClick" />
```

Die Attribute von `Button` sind dieselben wie von `TextView`.

ImageButton

Der `ImageButton` entspricht in seiner Funktion dem `Button`, allerdings mit dem Unterschied, dass anstelle des Texts eine Bildressource dargestellt wird. Er ist von der `ImageView` abgeleitet und hat daher dieselben Attribute.

```
<ImageButton
    android:src="@drawable/beispiel_button_bild"
    android:onClick="beispielKlickFunktion" />
```

Sie können anstelle eines Bilds auch einen Image-Selector referenzieren, der dafür sorgt, dass in Abhängigkeit vom Status des Buttons unterschiedliche Bilder dargestellt werden:

```
<ImageButton
    android:src="@drawable/beispiel_selector"
    android:onClick="beispielKlickFunktion" />
```

Der Image-Selector ist eine *drawable*-Ressource in Form einer XML-Datei, in der die Zusammenhänge zwischen Button-Zustand und Bildanzeige definiert sind:

```
<?xml version="1.0" encoding="utf-8"?>
<selector
    xmlns:android="http://schemas.android.com/apk/res/android">
    <!-- Button gedrückt -->
    <item android:state_pressed="true"
        android:drawable="@drawable/beispiel_button_druck" />
    <!-- Button fokussiert -->
    <item android:state_focused="true"
        android:drawable="@drawable/beispiel_button_fokus" />
    <!-- Alle anderen Zustände -->
    <item android:drawable="@drawable/button_normal" />
</selector>
```

Checkbox, ToggleButton, Switch

Diese Layoutelemente erlauben dem Benutzer, eine Option zu aktivieren oder zu deaktivieren bzw. ein- oder auszuschalten. Sie haben dementsprechend zwei Zustände, die in unterschiedlicher Weise grafisch dargestellt werden.

Die `Checkbox` wird als Kästchen umgesetzt, das durch ein Häkchen oder ein anderes Symbol als eingeschaltet gekennzeichnet wird.

Der `ToggleButton` ähnelt eher einem normalen Button, wobei der eingeschaltete Zustand grafisch wie »gedrückt« dargestellt wird.

Der `Switch` ist eine Art Schiebeschalter, der das Umschalten zwischen Ein- und Auszustand visualisiert (verfügbar seit Android 4.0, API-Level 14).

Alle drei Elemente sind von `Button` abgeleitet und haben daher dieselben Attribute wie dieser (neben einigen spezifischen, auf die einzugehen hier zu weit führen würde).

```
<Checkbox android:text="@string/beispiel_checkbox"
         android:onClick="beispielCheckboxFunktion" />
```

Um den Status eines dieser Layoutelemente im Java-Programm abzufragen, kann man die Funktion isChecked() verwenden. Mit setChecked(boolean) können Sie den Status setzen und ihn mit toggle()umschalten.

```
public void beispielCheckboxFunktion(View view) {
    Checkbox box = (Checkbox)view;
    if (box.isChecked()) {
        . . .
    } else {
        . . .
    }
}
```

RadioButton

Der RadioButton ähnelt einer Checkbox, allerdings sorgt das Framework automatisch dafür, dass in einer Gruppe von RadioButton-Elementen immer nur eines eingeschaltet sein kann. Damit das funktioniert, müssen sie einer RadioGroup untergeordnet sein.

```
<RadioGroup android:id="@+id/beispiel_group" android:orientation=
"vertical">
    <RadioButton android:id="@+id/radio_yes" android:text="Ja" />
    <RadioButton android:id="@+id/radio_no" android:text="Nein" />
    <RadioButton android:id="@+id/radio_maybe" android:text=
"Vielleicht" />
</RadioGroup>
```

Die RadioGroup ist von LinearLayout abgeleitet, kann also horizontal oder vertikal ausgerichtet sein.

Um nicht die Klick-Ereignisse und den Status jedes RadioButton einzeln verfolgen zu müssen, können Sie sich im Java-Programm auch direkt an die RadioGroup wenden, indem Sie ihr einen speziellen Listener zuordnen, der direkt abfragt, welcher Button aus der Gruppe gerade eingeschaltet ist:

```
val group = findViewById<RadioGroup>(R.id.beispiel_group)
group.setOnCheckedChangeListener {
        gr:RadioGroup, checkedId:Int ->
  if (gr==group) {
```

```
    when (checkedId) {
      R.id.radio_yes -> {
        . . .
      }
    }
  }
}
```

Die Funktion `onCheckedChange()` des Listeners bekommt als Parameter die betroffene `RadioGroup` und die ID-Nummer des aktuell ausgewählten Buttons mit und kann entsprechend reagieren.

EditText

Mit dem `EditText` können ein- oder mehrzeilige Texte bearbeitet werden. Er ist von `TextView` (siehe oben) abgeleitet und erbt daher alle ihre Attribute. Zahlreiche weitere Attribute erlauben es, die Bearbeitungsmöglichkeiten zu konfigurieren.

Da mobile Geräte häufig nicht mit physischen Tastaturen ausgestattet sind, bietet Android eine alternative Möglichkeit zur Eingabe von Schriftzeichen, die als *Eingabemethode* (*Input Method*) bezeichnet wird.

Eingabemethode

Bei der Eingabemethode handelt es sich um das grafische Abbild einer Tastatur, die nicht nur an die aktuelle Lokalisierung angepasst ist, sondern auch hinsichtlich des Layouts, der verfügbaren Tasten und der auszulösenden Aktionen konfiguriert werden kann.

Eingabearten

Die Art der Eingabe – und damit das Layout und das Verhalten der Tastatur – kann mit dem Attribut `inputType` festgelegt werden, z.B. `date`, `number`, `phone` usw.

Eingabeaktionen

Neben der Art der Eingabe können Sie mit dem Attribut `imeOptions` auch eine bestimmte Aktion festlegen, die bei Beendigung der Eingabe ausgelöst werden soll, z.B. actionDone, actionSearch, actionSend.

Um im Programm auf die Eingabeaktion zu reagieren, weisen Sie der entsprechenden View einen TextView.OnEditorActionListener zu:

```
val text = findViewById<EditText>(R.id.beispiel_edittext)
text.setOnEditorActionListener {
        v:TextView, actionId:Int, event:KeyEvent ->
    var handled = false
    if (actionId == EditorInfo.IME_ACTION_SEND) {
            . . .
          handled = true
    }
    handled
}
```

Spinner

Der Spinner erlaubt die Auswahl aus einer Anzahl von Werten, die in einer Drop-down-Liste angezeigt werden. Im einfachsten Fall werden die Werte, unter denen eine Auswahl getroffen werden soll, als Array-Ressource vorgegeben:

```
<Spinner android:entries="@array/beispiel_array" />
```

Wenn die Auswahlliste dynamisch zusammengestellt werden soll, verwenden Sie nicht das entries-Attribut, sondern weisen dem Spinner im Programm eine Implementierung von Spinner.Adapter zu, die die Drop-down-Liste darstellt. Es gibt einige fertige Adapterimplementierungen, die auch für Auswahl-Views verwendet werden (siehe den Abschnitt »Dynamische Views« auf Seite 175) und in der Regel ausreichen dürften.

Auf die getroffene Auswahl reagieren Sie im Java-Programm, indem Sie dem Spinner einen OnItemSelectedListener zuweisen:

```
val spinner = findViewById<Spinner>(R.id.beispiel_spinner)
spinner.setOnItemSelectedListener(
  object : AdapterView.OnItemSelectedListener {
    override fun onItemSelected(
          parent:AdapterView<*>, view:View, pos:Int, id:Long) {
```

```
    val item = parent.getItemAtPosition(pos)
    . . .
  }
  override fun onNothingSelected(view:AdapterView<*>) {
    . . .
  }
})
```

Dieser Listener hat zwei Aktionsfunktionen: Die eine wird aufgerufen, wenn ein Element aus der Liste selektiert worden ist, die andere, wenn kein Element selektiert worden ist. Im ersten Fall erhalten Sie den Index des Elements in dem `int`-Parameter `pos`; das selektierte Element selbst – in diesem Fall den entsprechenden String aus dem String-Array – finden Sie durch den Aufruf der Funktion `getItemAtPosition()` an der ebenfalls übergebenen `AdapterView` heraus.

DatePicker und TimePicker

Diese vorgefertigten Views dienen dazu, ein Datum oder einen Zeitpunkt auszuwählen. Dabei erfolgt die Auswahl entweder in einer Ansicht aus Spinner-Elementen oder in einer tabellarischen Ansicht.

```
<DatePicker android:id="@+id/beispiel_date_picker" />
<TimePicker android:id="@+id/beispiel_time_picker" />
```

Im `DatePicker` können Auswahlzeitraum und aktuell angezeigtes Datum über die Programmierschnittstelle spezifiziert werden. Das ausgewählte Datum erhalten Sie über die Funktionen `getDayOfMonth()`, `getMonth()` (null-relativ!) und `getYear()` jeweils als Integer-Zahl.

```
val datePicker =
    findViewById<DatePicker>(R.id.beispiel_date_picker)
val year = datePicker.getYear()
val month = datePicker.getMonth()
val day = datePicker.getDayOfMonth()
```

Mit der Funktion `updateDate()` können Sie das Datum auch setzen:

```
datePicker.updateDate(year,month,day)
```

Im TimePicker wird die ausgewählte Zeit mit den Funktionen getCurrentHour() und getCurrentMinute() ausgelesen:

```
val timePicker =
    findViewById<TimePicker>(R.id.beispiel_time_picker)
val hour = timePicker.getCurrentHour()
val minute = timePicker.getCurrentMinute()
```

Zum Setzen der Uhrzeit dienen analog die Funktionen setCurrentHour() und setCurrentMinute().

Der Wechsel zwischen 12-Stunden- und 24-Stunden-Darstellung ist nur in Java möglich (der Standard ist von der Lokalisierung des jeweiligen Geräts abhängig).

```
timePicker.setIs24HourView="true"
```

View-Gruppen

View-Gruppen haben keinen eigenen Inhalt, sondern dienen dazu, die ihnen zugeordneten Child-Views in einer bestimmten Art und Weise anzuordnen und zu dekorieren. Alle sind von der abstrakten Klasse android.view.ViewGroup abgeleitet.

Layoutparameter

Wie ein Kindelement innerhalb seiner View-Gruppe dimensioniert und positioniert werden soll, wird durch Layoutparameter gesteuert, die dem Kindelement zugeordnet sind, aber vom Elternelement verwendet und durch den Typ des Elternelements definiert werden.

Layoutparameter in XML

In der XML-Definition werden die Layoutparameter immer als XML-Parameter des untergeordneten Elements angegeben und sind am Namenspräfix layout_ zu erkennen. In folgendem Beispiel gibt der im <TextView>-Element angegebene Parameter android:layout_width="wrap_content" dem übergeordneten Layout die Anweisung, dass dieser die TextView so dimensionieren soll, dass sie nicht größer ist als der eigene Inhalt.

```
<LinearLayout . . .
  android:layout_width="match_parent"
  . . . >
  <TextView . . .
    android:layout_width="wrap_content"
    . . . />
</LinearLayout>
```

Das Attribut `android:layout_width="match_parent"` wiederum ist für dessen übergeordnetes Layout die Anweisung, dass das `LinearLayout` so weit ausgedehnt werden soll, dass es das Elternelement vollständig ausfüllt.

Layoutparameter im Programm

Im Android-Framework gibt es zu jeder Art von View-Gruppe einen oder mehrere korrespondierende Layoutparametertypen, die als statische innere Klassen definiert sind, z.B. `LinearLayout.LayoutParams`. Objekte dieser Klasse enthalten die Informationen, die von der View-Gruppe zum Dimensionieren, Anordnen und Ausrichten jeweils einer Kind-View benötigt werden.

Man weist am besten immer die Kind-View zuerst der Parent-View zu, holt sich danach das Layoutparameterobjekt von der Kind-View, das dann schon vom richtigen Typ ist, und setzt daran schließlich die Parameter, die man braucht. Folgendes Stück Programmcode entspricht der obigen XML-Passage, wobei `parent` die übergeordnete View-Gruppe des `LinearLayout` ist.

```
// Eltern-View definieren.
val layout = LinearLayout(context)
parent.addView (layout)
// Layoutparameter für Eltern-View definieren.
val lpLayout = layout.layoutParams
layout.layoutParams.width = ViewGroup.LayoutParams.MATCH_PARENT
. . .
// Kind-View definieren.
val textView = TextView(context)
layout.addView (textView)
// Layoutparameter für Kind-View definieren.
textView.layoutParams.width = ViewGroup.LayoutParams.WRAP_CONTENT
. . .
```

Allgemeine Layoutparameter

Einige elementare Layoutparameter sind auf alle View-Gruppen anwendbar.

`width` *und* `height`
: Bezeichnen die Breite bzw. Höhe des zu zeichnenden Elements. In XML wird eine dimensionierte Fließkommazahl angegeben, z.B. `android:layout_width="15.5dp"`. Im Programm wird die Anzahl der Pixel angegeben.

  `"match_parent"` anstelle der Größenangabe bedeutet, dass das Element möglichst groß dimensioniert sein und den gesamten innerhalb der Eltern-View verfügbaren Raum einnehmen soll. Die entsprechende Kotlin-Konstante ist `ViewGroup.LayoutParams.MATCH_PARENT`. In früheren Android-Versionen wurde mit derselben Bedeutung `"fill_parent"` bzw. `FILL_PARENT` verwendet; diese Konstanten sind aber inzwischen als *deprecated* markiert.

  `"wrap_content"` bedeutet umgekehrt, dass das Element möglichst klein dimensioniert wird, sodass es gerade seinen eigenen Inhalt umschließt. Die Kotlin-Konstante heißt dementsprechend `ViewGroup.LayoutParams.WRAP_CONTENT`.

`marginLeft`, `marginTop`, `marginRight`, `marginBottom`
: Legen den Abstand zwischen dem äußeren Rand der Kind-View und dem in der Eltern-View verfügbaren Raum fest. In XML ist eine dimensionierte Zahl und im Programm ein Pixelwert anzugeben.

  XML-Beispiel: `android:layout_margin_Left="5dp"`

LinearLayout

Das `LinearLayout` ordnet alle seine Kind-Views horizontal oder vertikal in einer Reihe an.

```
<LinearLayout orientation="vertical" gravity="right">
    <TextView . . ./>
    <Button . . ./>
</LinearLayout>
```

RelativeLayout

Im `RelativeLayout` werden die Kind-Views entsprechend ihrer relativen Position zueinander angeordnet. Wie das geschehen soll, legt man durch entsprechende Layoutparameter fest. Dieses Layout ist inzwischen veraltet und wurde durch das `ConstraintLayout` ersetzt.

GridLayout

Das `GridLayout` stellt seine Kind-Views in einer tabellarischen Anordnung dar. Bei der Definition muss man die Anzahl der Zeilen und die Anzahl der Spalten festlegen. Die Kind-Views werden entweder explizit durch entsprechende Layoutparameter oder, wenn diese fehlen, der Reihe nach in die Fächer der Tabelle eingeordnet.

```
<GridLayout . . .
    android:columnCount="3"
    android:rowCount="4">
    <TextView . . .
        android:row="0"
        android:column="0" />
    <TextView . . .
        android:row="0"
        android:column="1" />
    . . .
</GridLayout>
```

FrameLayout

Das `FrameLayout` ordnet seine Kind-Views gewissermaßen ineinander geschachtelt an. Normalerweise sind die Kind-Views oben links verankert; mithilfe des Layoutparameters `weight` können sie aber unterschiedlich ausgerichtet und dadurch auch bei gleicher Größe sichtbar gemacht werden. Meistens wird das `FrameLayout` aber nur zur Positionierung einer einzelnen Kind-View innerhalb eines Rahmens verwendet.

ScrollView

Die `ScrollView` ist eine Variante des `FrameLayout`, mit deren Hilfe sich eine andere View auf einfache Weise in Scrollbalken einkleiden lässt. Sie wird häufig zusammen mit dem `LinearLayout` verwendet. Das Attribut `android:fillViewport` legt fest, ob das enthaltene Element auf den ganzen verfügbaren Bereich ausgedehnt werden soll.

```
<ScrollView>
    <LinearLayout android:fillViewport="true" . . .>
        . . .
    </LinearLayout>
</ScrollView>
```

Dynamische Views

Die im Folgenden aufgeführten Views laden ihre Inhalte automatisch aus verschiedenen Datenquellen (Ressource, Datei, Datenbank, durch das Programm generiert). Die Verbindung zur Datenquelle wird jeweils durch einen spezifischen Adapter hergestellt.

Datenadapter

Ein Datenadapter hat im Prinzip drei Aufgaben:

- der Adapter-View einen standardisierten Lesezugriff auf die Liste der darzustellenden Daten zu bieten,
- für jedes Element der Liste eine Detail-View zu liefern und
- Datenänderungen an die Adapter-View zu signalisieren, sodass die Darstellung aktualisiert werden kann.

Die für diesen Zweck benötigten Funktionen sind im Interface `android.widget.Adapter` definiert und werden von den dynamischen Views entsprechend genutzt. Als Detail-Views werden häufig Layouts verwendet, die in den Systemressourcen vordefiniert sind und über ID-Nummern in `android.R.layout` identifiziert werden (leider aber notorisch schlecht dokumentiert sind). Der Adapter wird der Adapter-View mit der Funktion `setAdapter()` zugewiesen, z.B. so:

```
val adapter = MeinAdapter(. . .)
val view = findViewById<ListView>(R.id.beispiel_list_view)
view.setAdapter(adapter)
```

Wir zeigen im Folgenden die Verwendung einiger häufig benutzter vorgefertigter Adapter.

ArrayAdapter

Die Klasse `android.widget.ArrayAdapter` verknüpft eine Adapter-View mit einem Array beliebigen Typs und einer einfachen Text-View. Sie kann beispielsweise folgendermaßen instanziiert werden:

```
val array:Array<String> = . . .
val adapter:ListAdapter<String> =
    ArrayAdapter(
        context, R.layout.beispiel_list_view_1, array)
```

CursorAdapter

Die von dem abstrakten `CursorAdapter` abgeleitete Adapter-Klasse `android.widget.SimpleCursorAdapter` ermöglicht es, eine Adapter-View mit einem Cursor zu verbinden, der aus einer Datenbankabfrage (siehe den Abschnitt »SQLite-Datenbanken« auf Seite 223) oder aus dem Zugriff auf einen Content-Provider (siehe Kapitel 7, *Weitere Komponententypen*) stammt.

```
val cursor:Cursor = . . .
startManagingCursor(cursor)
val columnNames = arrayOf<String>(. . .)
val view_ids = intArrayOf(
    R.id.beispiel_feld_1,R.id.beispiel_feld2)
val adapter = SimpleCursorAdapter(this,
          R.layout.beispiel_list_view_2,
          cursor,
          column_names,
          view_ids,
          0)
```

SimpleAdapter

Die Adapter-Klasse `android.widget.SimpleAdapter` ähnelt dem `SimpleCursorAdapter`, allerdings wird er nicht mit einem Cursor, sondern mit einer Liste von `Map`-Objekten verknüpft, in denen jeweils ein String-Schlüssel auf ein Datenobjekt zeigt. Sie kann folgendermaßen instanziiert werden:

```
val daten = listOf(mapOf("name" to wert, . . .))
val columnNames = arrayOf<String>(. . .)
val view_ids = intArrayOf(
    R.id.beispiel_feld_1,R.id.beispiel_feld2)
```

```
val adapter = SimpleCursorAdapter (this,
          daten,
          R.layout.beispiel_list_view_2,
          columnNames,
          view_ids)
```

ListView

Die Adapter-View-Klasse `android.widget.ListView` stellt die von einem `ListAdapter` gelieferten Daten in einer vertikal angeordneten Liste mit Scrollbalken dar.

```
<ListView android:id="@+id/beispiel_list_view" />
```

Wenn die anzuzeigenden Daten als Array-Ressource vorliegen, können Sie diese im Attribut `android:entries` direkt benennen und brauchen dann im Programm keinen Adapter mehr zuzuweisen.

```
<ListView android:id="@+id/beispiel_list_view"
    android:entries="@array/bespiel_daten_liste" />
```

GridView

Views der Klasse `android.widget.GridView` stellen die Daten eines `ListAdapter` in einer zweidimensionalen, tabellenartigen Anordnung dar. Im Attribut `android:numColumns` geben Sie die Anzahl der Spalten an.

```
<GridView android:id="@+id/beispiel_grid_view
          android:numColumns="3" />
```

RecyclerView

Die `RecyclerView` aus der Android-Unterstützungsbibliothek V7 (`android.support.v7.widget.RecyclerView`) kann sowohl die `ListView` als auch die `GridView` ersetzen und ist insbesondere dann hilfreich, wenn eine (potenziell) große Anzahl von Elementen dargestellt werden soll. Die `RecyclerView` bekam ihren Namen aufgrund der ressourcensparenden Wiederverwendung der Views für die dargestellten Elemente.

Die Art und Weise, wie die Elemente angeordnet werden, bestimmt dabei ein Layout-Manager (abgeleitet von `RecyclerView.LayoutManager`). Die folgenden Layout-Manager werden mitgeliefert, Sie können aber auch eigene erstellen:

- `LinearLayoutManager` für eine listenartige Darstellung wie bei der `ListView`.
- `GridLayoutManager` für eine tabellarische Darstellung wie bei der `GridView`.
- `StaggeredGridLayoutManager` für eine tabellarische Darstellung mit versetzten Elementen.

Um die `RecyclerView` verwenden zu können, muss die folgende Abhängigkeit (mit der neuesten Version der Bibliothek) im modulspezifischen Gradle-Script definiert sein:

```
dependencies {
    ...
    implementation "com.android.support:recyclerview-v7:27.0.1"
}
```

Fragmente

Fragmente bieten die Möglichkeit, einen Teil der Funktionalität einer Activity in eine gesonderte, wiederverwendbare Klasse auszulagern, um sie in unterschiedlichen Zusammenhängen (also mehreren Activities) zu verwenden oder um in einer Activity Fragmente austauschen zu können.

Implementierung

Ein *Fragment* ist eine von `android.app.Fragment` abgeleitete Klasse, die ähnliche Eigenschaften aufweist wie eine Activity, also ihre eigene View und ähnliche Lebenszyklusfunktionen hat, aber nur im Rahmen einer Activity laufen kann. Im Gegensatz zur Activity hat sie eine eigene Ereignisfunktion namens `onCreateView()` für den

Aufbau der Oberfläche, die als Rückgabewert ein View-Objekt erwartet; diese Funktion sollte implementiert werden, sofern das Fragment eine eigene Oberfläche hat.

```
class BeispielFragment : Fragment() {

    override fun onCreateView (
            inflater: LayoutInflater?,
            container: ViewGroup?,
            savedInstanceState: Bundle?): View {
        val view = inflater!!.inflate(
                R.layout.fragment_beispiel, container, false)
        return view
    }
}
```

Alle Parametertypen dieser Funktion sind mit Fragezeichen versehen, da sie eine Java-Methode überschreibt, von der man syntaktisch nicht wissen kann, ob deren Parameter nullbar sind oder nicht. Da wir aber wissen, dass der Parameter `inflater` de facto nie `null` sein kann, können wir mit dem Compiler durch zwei Ausrufezeichen signalisieren, dass die Funktion `inflate()` sicher aufgerufen werden kann.

Die Funktion `onCreateView()` ruft also den als Argument erhaltenen `ViewInflater` auf, der aus der Layoutressource *res/layout/beispiel_fragment.xml* eine vollständige View-Hierarchie aufbaut. Die Funktion erhält als dritten Parameter ein `Bundle`, in dem sich analog zur `onCreate()`-Funktion der Activity Statuswerte für die Rekonstruktion befinden können, die zuvor mit `saveInstanceState()` gesichert worden sind. Die ebenfalls übergebene `ViewGroup` enthält das umgebende Container-Objekt (kann aber auch `null` sein) und dient dazu, Layoutattribute für die manuelle Programmierung der Fragment-View ermitteln zu können.

Lebenszyklus

Der Lebenszyklus eines Fragments ist, wie man in Abbildung 6-3 sehen kann, noch etwas komplizierter als der einer Activity.

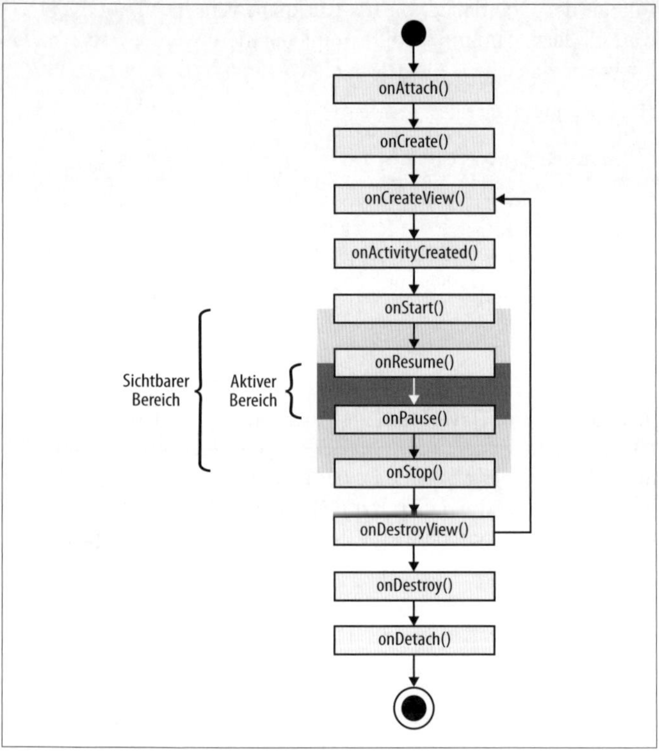

Abbildung 6-3: Lebenszyklus des Fragments

Das Fragment hat im Prinzip die gleichen Lebenszyklusfunktionen wie die Activity; sie werden analog zu den gleichnamigen Funktionen der Activity durchlaufen. Dazu kommen noch einige Funktionen, die spezifisch für Fragmente sind:

- `onAttach()` – das Fragment wird mit einer Activity verknüpft.
- `onCreateView()` – Aufbau der Fragment-Oberfläche.
- `onActivityCreated()` – die `onCreate()`-Funktion der Activity wurde durchlaufen.

- onDestroyView() – die Fragment-Oberfläche wurde abgebaut.
- onDetach() – das Fragment wurde von der Activity getrennt.

Einbindung in die Activity

Ein Fragment kann statisch durch die Layoutdatei oder dynamisch durch Programmfunktionen in die umgebende Activity eingebunden werden. Die zweite Methode hat den Vorteil, dass man die Fragmente zur Laufzeit austauschen kann.

Ein Fragment im Layout einbinden

Man kann ein Fragment statisch in eine Activity einbinden, indem man es in der Layoutressourcendatei mit dem Tag <fragment> an der entsprechenden Stelle einfügt. In dem Tag muss als Attribut android:name der Name der Fragment-Klasse eingetragen werden.

```
<FrameLayout . . . >
  <fragment android:name="com.example.hallo.BeispielFragment"
            android:id="@+id/beispiel_fragment"
            android:layout_height="match_parent"
            android:layout_width="match_parent" />
</FrameLayout>
```

In diesem Fall brauchen Sie sich nicht weiter um die Instanziierung der Fragment-Klasse zu kümmern, da sie vom Framework beim Aufbau der View mit übernommen wird. Achten Sie aber darauf, dass die Fragment-Deklaration wie oben mit einer ID-Nummer versehen ist (Attribut android:id), da diese zur Identifikation des Fragments benötigt wird.

Ein Fragment in der Activity einbinden

Alternativ können Sie ein Fragment auch dynamisch einbinden. Zu diesem Zweck müssen Sie auf die Dienste des Fragment-Managers zurückgreifen und eine Fragment-Transaktion durchführen, wie es im folgenden Beispiel einer onCreate()-Funktion der umgebenden Activity geschieht:

```
override fun onCreate(savedInstanceState:Bundle?) {
  super.onCreate(savedInstanceState)
  . . .
```

```
    val transaction =
            fragmentManager.beginTransaction()
    val fragment = BeispielFragment()
    transaction.add(R.id.fragment_container,fragment)
    transaction.commit()
    . . .
}
```

Die Funktion ruft den Fragment-Manager (eine Property des Kontexts) auf, um eine Fragment-Transaktion zu beginnen. In dieser Transaktion fügt sie dem umgebenden Container (den sie als Ressourcen-ID angibt) das neu instanziierte Fragment hinzu. Am Ende schließt sie die Transaktion mit `commit()` ab.

Die `FragmentTransaction` bietet noch eine ganze Reihe weiterer Funktionen, mit denen es möglich ist, Fragmente programmgesteuert zu entfernen, auszutauschen, zu verstecken usw. Mehr dazu erfahren Sie in der Android-Dokumentation unter *http://developer.android.com/guide/components/fragments.html*.

Mit Fragmenten kommunizieren

Häufig stehen mehrere Fragmente in Beziehung zueinander oder zur Activity, die sie umgibt. Das Framework stellt einige Möglichkeiten zur Verfügung, mit denen sie untereinander koordiniert werden können.

Um aus dem Fragment auf die Activity zuzugreifen, verwenden Sie die Fragment-Funktion `getActivity()`. Am besten definieren Sie ein Interface, das jeder Activity implementiert werden muss, die Ihr Fragment einbindet, und rufen dann aus dem Fragment heraus dessen Funktionen auf.

Umgekehrt kann auch eine Activity (oder ein anderes Fragment) auf ein Fragment zugreifen. Dazu lässt sie sich vom Fragment-Manager das betreffende Fragment anhand seiner in der Layoutressource angegebenen ID-Nummer heraussuchen:

```
val frag =
    fragmentManager.findFragmentById(R.id.beispiel_fragment)
    as BeispielFragment
```

Fragmente ohne Oberfläche

Ein Fragment muss nicht unbedingt eine eigene Oberfläche haben. Es kann auch einfach nur dazu dienen, einen Teil der Funktionalität einer Activity in wiederverwendbarer Weise auszulagern. In diesem Fall verwenden Sie in der `FragmentTransaction` die Funktion `add()` in folgender Weise:

```
compantion object {
    const val FRAGMENT_TAG = "com.example.hallo.FRAG"
}
. . .
transaction.add(beispielFragment, FRAGMENT_TAG);
```

`FRAGMENT_TAG` definiert eine Kennung, mit deren Hilfe Sie das Fragment wiederfinden können.

Durch diesen Aufruf von `add()` binden Sie das Fragment nicht in die View-Hierarchie der Activity ein. Als Folge davon werden im Fragment auch nicht die Funktionen `onCreateView()` und `onDestroyView()` aufgerufen, brauchen also nicht implementiert zu werden.

Wenn Sie ein solches Fragment mit dem `FragmentManager` wiederfinden wollen, müssen Sie anstelle von `findFragmentById()` die Funktion `findFragmentByTag()` und außerdem den Tag-String verwenden, den Sie beim Aktivieren des Fragments in der `FragmentTransaction` angegeben haben:

```
val beispielFragment =
    fragmentManager.findFragmentByTag(FRAGMENT_TAG) as
    BeispielFragment
```

Den Fragment-Status erhalten

Eine ausgesprochen praktische Fähigkeit von Fragmenten besteht darin, dass sie im Gegensatz zu Activities ihren Status auch über Konfigurationsänderungen hinweg behalten können, wie sie etwa beim Drehen des Geräts oder anderen Ereignissen auftreten können. In solchen Fällen wird eine gerade im Vordergrund liegende Activity komplett abgeräumt und wieder neu aufgebaut, was die Handhabung länger laufender Aktionen, beispielsweise eines Abrufs von Informationen über das Netz, kompliziert machen kann.

Lagern Sie solche Aktionen in ein Fragment aus, damit sie durch den Ab- und Neuaufbau der Activity nicht vorzeitig abgebrochen werden. Damit das funktioniert, müssen Sie in der `onCreate()`-Funktion des Fragments die Property `retainInstance` auf `true` setzen.

```
override fun onCreate(savedInstanceState: Bundle?) {
    super.onCreate(savedInstanceState)
    retainInstance = true
}
```

Spezielle Fragmente

Das Android-Framework bietet verschiedene vorimplementierte Fragmente, z. B. diese hier:

- `android.app.DialogFragment` stellt einen Eingabedialog in einem eigenen Fenster dar.
- `android.app.ListFragment` stellt eine Liste von Daten dar, die an eine Datenquelle gebunden ist.
- `android.preference.PreferenceFragment` ist ein Fragment zum Bearbeiten von Benutzerpräferenzen.
- `android.webkit.WebViewFragment` stellt ein Browserfenster in Form einer `WebView` dar.

Während `DialogFragment` und `ListFragment` Basisklassen für eine eigene Implementierung darstellen, sind die anderen Fragmente fertige Implementierungen, die in der Regel so verwendet werden, wie sie sind.

KAPITEL 7

Weitere Komponententypen

Neben der Activity kennt Android noch die Komponententypen Service, Broadcast-Receiver und Content-Provider. Im Gegensatz zu Activities, von denen es in jeder App mindestens eine gibt, benutzt man diese Komponenten nur, wenn man sie für einen spezifischen Zweck benötigt.

Komponententyp Service

Services sind Komponenten einer Android-Anwendung, die unabhängig von einer Activity und ohne eigene Oberfläche im Hintergrund laufen.

Funktionsweise

Services können auf zwei unterschiedliche Weisen betrieben werden. Ein *startbarer Service* wird einmal von einer anderen Komponente in Gang gesetzt und läuft dann eigenständig im Hintergrund weiter, auch wenn die aufrufende Komponente längst nicht mehr existiert. Startbare Services verwendet man für länger andauernde Funktionen, z.B. das Abspielen von Hintergrundmusik oder das Herunterladen einer Datei aus dem Internet. Der Service wird von einer anderen Komponente beendet, wenn er nicht mehr benötigt wird (Beispiel: Hintergrundmusik) oder beendet sich selbst, wenn er seine Aufgabe erledigt hat (Beispiel: Download).

Ein *bindbarer Service* stellt Funktionen für andere Komponenten zur Verfügung, die diese in einer Art Client-Server-Kommunikation nutzen können. Ein solcher Service wird vom System automatisch gestartet, sobald ein Client Verbindung aufnehmen will, und automatisch beendet, wenn es keine Clientverbindungen mehr gibt. Bindbare Services kommen in normalen Anwendungsprogrammen nur selten vor und sind relativ schwierig zu implementieren, daher beschränken wir uns hier auf startbare Services.

> Beachten Sie bei der Arbeit mit Services unbedingt, dass ein Serviceaufruf normalerweise im Haupt-Thread der Anwendung läuft – also eigentlich nicht im Hintergrund. Das heißt, dass die Anwendung bei jedem Aufruf einer Servicefunktion bis zu ihrer Beendigung wartet. Damit die Anwendung responsiv bleibt, müssen lang anhaltende Aktionen, für die ja ein Service häufig genutzt wird, immer in gesonderte Threads ausgelagert werden (siehe dazu Kapitel 4, *Apps programmieren*).

Anmeldung im Manifest

Ein Service wird in *AndroidManifest.xml* durch ein `<service>`-Tag innerhalb von `<application>` deklariert.

```
<service
  android:name=".BeispielService">
</service>
```

Zwingend als Attribut `android:name` angegeben werden muss nur der vollständige Klassenname, wobei der vorangestellte Punkt die App-ID ersetzt.

Wenn ein Service nur von der eigenen Anwendung genutzt werden soll, aktiviert man ihn über den Klassennamen. Extern nutzbare Services benötigen dagegen einen Intent-Filter, da der Klassenname außerhalb der eigenen Anwendung nicht bekannt sein muss. Im einfachsten Fall sieht das etwa so aus:

```
<service
  android:name=".BeispielService"
  android:exported="true">
  <intent-filter>
    <action android:name="com.example.hallo.BEISPIEL_AKTION" />
  </intent-filter>
</service>
```

Das Attribut `android:exported` sollte hier auf `"true"` gesetzt sein, damit der Service außerhalb der eigenen App überhaupt sichtbar ist.

Implementierung

Ein Service ist eine von `android.app.Service` abgeleitete Klasse, die – abhängig von der Art des Service – eine oder mehrere ihrer Ereignisfunktionen implementiert. `Service` ist seinerseits von `android.content.Context` abgeleitet; daher steht wie in der Activity die gesamte Funktionalität des Kontexts zur Verfügung.

Tabelle 7-1 zeigt, welche Lebenszyklusfunktionen beim Auftreten welcher Ereignisse bei einem startbaren Service aufgerufen werden.

Tabelle 7-1: Lebenszyklusfunktionen im Service

Funktion	Zweck
`onCreate()`	Der Service wird durch eine andere Komponente gestartet und läuft noch nicht.
`onDestroy()`	Der Service selbst oder eine andere Komponente beendet den Service.
`onStartCommand()`	Der Service wird durch andere Komponente gestartet.
`onBind()`	Nicht verwendet.

Die Funktion `onStartCommand()` wird nur bei einem startbaren Service implementiert, `onBind()` muss jedoch immer implementiert werden, liefert bei einem nur startbaren Service aber `null` zurück. Die Funktionen `onCreate()` und `onDestroy()` können nach Bedarf implementiert werden.

Der minimale Rumpf einer Service-Klasse für einen startbaren Service sieht so aus:

```
class BeispielService : Service() {

  override onStartCommand(intent:Intent?, flags:Int, startId:Int):
                          Int {
    super.onStartCommand(intent, flags, startId)
    . . .
```

```
    return START_STICKY
  }

  override fun onBind(Intent intent):IBinder? = null

}
```

Die Funktion `onStartCommand()` erhält den vom Aufrufer übergebenen Intent, dem gegebenenfalls weitere Informationen zur auszuführenden Aktion entnommen werden können, sowie einen Flag-Parameter, dem entnommen werden kann, ob es ein wiederholter Auslieferungsversuch für den Intent ist. Die als dritter Parameter übergebene Start-ID wird unter Umständen beim Anhalten des Service benötigt.

Der Rückgabewert von `onStartCommand()` signalisiert, ob der Service nach dem Abschluss der Aufgabe enden (`Service.START_NOT_STICKY`) oder ob er weiterlaufen soll, bis er explizit angehalten wird (`Service.START_STICKY`).

Da `onStartCommand()` normalerweise im Haupt-Thread der Anwendung läuft, müssen länger andauernde Aktionen in einen getrennten Thread ausgelagert werden.

Die Funktion `onBind()` muss auch von einem Service implementiert werden, der nur startbar ist, signalisiert aber durch die zurückgegebene `null`, dass eine Verbindungsaufnahme nicht möglich ist.

Start und Ende

Von der Service-Klasse gibt es in der Regel nur eine Instanz, die aber mehrmals »gestartet« werden, also mehrere Aufgaben gleichzeitig ausführen kann.

Einen Service starten

Um einen Service zu starten, verwendet die aufrufende Komponente die `Context`-Funktion `startService()` mit einem Intent als Parameter, der den Service beschreibt. Bei einem internen Service (der zur selben Anwendung gehört) ist dies normalerweise ein expliziter Intent, bei einem externen Service eher ein impliziter Intent:

```
// Interner Serviceaufruf über die Klasse.
startService(Intent(this,BeispielService::class.java))
// Externer Serviceaufruf über den Aktionsnamen.
startService(Intent("com.example.hallo.BEISPIEL_AKTION"))
```

In beiden Fällen wird der Intent der Service-Klasse übergeben und kann zur Übergabe weiterer Informationen über die auszuführende Aktion genutzt werden.

Einen Service beenden

Die aufrufende (oder eine andere) Komponente kann den Service mithilfe der Funktion `stopService()` wieder beenden. Auch hier muss ein Intent übergeben werden, der den Service beschreibt; am besten ist es derselbe Intent, der auch schon beim Starten des Service verwendet wurde.

```
// Internen Service anhalten.
stopService(Intent(this, BeispielService::class.java))
// Externen Service anhalten.
stopService(Intent("com.example.hallo.BEISPIEL_AKTION"))
```

Wie im folgenden Abschnitt gezeigt wird, kann sich ein startbarer Service aber auch selbst stoppen.

Selbst-Stopp

Ein Service kann sich selbst anhalten, indem er eine der folgenden Funktionen aufruft:

- `stopSelf()` stoppt den Service in jedem Fall, auch wenn er mehrmals gestartet worden ist.
- `stopSelfResult()` erhält dagegen einen `int`-Parameter, der der in `onStartCommand()` übergebenen Start-ID entspricht. Nur wenn sie mit der Start-ID des letzten Servicestarts übereinstimmt, wird der Service tatsächlich angehalten.

Mithilfe der Start-ID kann man also verhindern, dass ein Service gestoppt wird, obwohl noch Startaufrufe unterwegs sind.

Vordergrundservices

Normalerweise laufen Services im Hintergrund mit einer niedrigeren Priorität und können vom System abgeräumt werden, wenn durch aktuelle Vordergrundaktivitäten der Arbeitsspeicher knapp wird. Ein Service kann sich aber auch selbst Vordergrundpriorität verleihen; das ist z.B. dann sinnvoll, wenn seine Tätigkeit in irgendeiner Weise für den Benutzer wahrnehmbar (sichtbar, hörbar) ist. Der Vordergrundmodus wird durch Ein- oder Ausblenden eines Icons in der Statusleiste ein- oder ausgeschaltet:

```
// Vordergrundmodus beginnen.
startForeground(123, notification)
. . .
// Vordergrundmodus beenden.
stopForeground(true)
```

Die bei `startForeground()` angegebenen Argumente sind eine Notification-ID und eine Notification-Instanz, die zur Anzeige einer Meldung in der Statusleiste benötigt werden (siehe Kapitel 8, *Navigation und Dialoge*).

`stopForeground()` beendet den Vordergrundmodus; das `boolean`-Argument bestimmt, ob die Benachrichtigung wieder aus der Statusleiste entfernt werden soll.

Intent-Services

Da die Services bei der Erledigung lange laufender Aktionen nicht den Haupt-Thread behindern dürfen, sind sie meistens mit relativ aufwendigem Thread-Handling verbunden. Um dies zu erleichtern, bietet das Framework eine vom Service abgeleitete Basisklasse `android.app.IntentService`, die einem von ihm abgeleiteten Service einen Teil der Arbeit abnimmt. Dieser wird gestartet, sobald ein erster `startService()`-Aufruf mit passendem Intent auftritt, und arbeitet diesen und alle weiteren Aufrufe sequenziell in einem Worker-Thread ab. Wenn alle Aufrufe erledigt sind und kein weiterer mehr anliegt, beendet sich der Service.

Die Verwendung des `IntentService` ist sehr einfach, da alle Lebenszyklusfunktionen der `Service`-Klasse bereits implementiert sind; es müssen nur noch ein Konstruktor und eine einzige Ereignisfunktion `onHandleIntent()` implementiert werden.

```
class BeispielIntentService :
        IntentService("BeispielIntentService") {
```

```
    override fun onHandleIntent(intent:Intent?) {
        . . .
    }
}
```

Der Konstruktor der Klasse `IntentService` muss mit dem Namen des Worker-Threads aufgerufen werden, was bei Kotlin direkt in der Deklaration der Klasse eingetragen wird.

In `onHandleIntent()` führen Sie nur noch die eigentliche Aktion aus und müssen sich um irgendein Thread-Handling nicht mehr kümmern. Der Service beendet sich automatisch nach Rückkehr der Funktion, sofern keine weiteren Aufrufe vorliegen.

Komponententyp Broadcast-Receiver

Broadcasts sind im Prinzip systemweit in Form von Intents versandte Nachrichten, die von allen Android-Komponenten des Typs *Broadcast-Receiver* empfangen werden können, die sich für den jeweiligen Nachrichtentyp registriert haben. Es gibt sehr viele Broadcasts, die vom System selbst versendet werden, z.B. wenn die Batterie schwach wird, die SD-Karte entnommen wird oder ein Anruf eingeht. Sie können aber auch in jeder Activity und jedem Service selbst Broadcasts auf den Weg bringen.

Android unterscheidet zwischen expliziten und impliziten Broadcasts. Explizite Intents richten sich ausdrücklich an einzelne Empfänger, indem sie einen expliziten Intent (siehe Kapitel 4, *Apps programmieren*) enthalten oder sich ihrer Natur entsprechend auf eine App beziehen. Implizite Intents haben dagegen keine definierten Adressaten, sondern sind durch die im Intent angegebenen Aktion gekennzeichnet und können von potenziellen Empfängern bei Bedarf abonniert werden.

Funktionsweise

Ein Broadcast-Receiver wird immer dann vom System instanziiert, wenn ein Broadcast-Intent einer Art auftritt, für den er registriert worden ist. Wenn die App, zu der der Broadcast-Receiver gehört, gerade nicht aktiv ist, muss sie dazu erst einmal hochgefahren werden. Nach der Abarbeitung des Intents kann er wieder abgeräumt werden, sofern keine weiteren Nachrichten für ihn anliegen.

Normalerweise werden die Broadcast-Intents asynchron ohne festgelegte Reihenfolge abgearbeitet, und es können keine Ergebnisse zurückgegeben werden. Sie können aber auch als »geordnete« Broadcasts gesendet werden; in diesem Fall können Sie eine Reihenfolge für die Abarbeitung festlegen, und Ergebniswerte können von einem zum anderen Empfänger sowie zum ursprünglichen Absender weitergereicht werden. Eine weitere Variante von Broadcasts (sogenannte *sticky* Broadcasts) werden nach ihrer Abarbeitung durch alle betroffenen Empfänger nicht aus dem System entfernt, sondern bleiben erhalten und stehen dadurch auch noch Apps zur Verfügung, die erst später gestartet werden.

Im Folgenden wird der Umgang mit asynchronen Broadcasts ohne definierte Reihenfolge vorgestellt.

Anmeldung

Wie jede Android-Anwendungskomponente müssen Sie auch einen Broadcast-Receiver am System anmelden. Allerdings geschieht das nicht unbedingt im Manifest; als einziger Komponententyp kann ein Broadcast-Receiver auch durch eine Activity oder einen Service angemeldet werden.

Eintragung im Manifest

Ein Broadcast-Receiver wird im Manifest mit dem <receiver>-Tag angemeldet; die Attribute und inneren Tags entsprechen der Anmeldung eines Service. Das folgende einfache Beispiel beschreibt einen Broadcast-Receiver, der alle Intents mit dem angegebenen Aktionsnamen empfängt:

```
<receiver
  android:name=".BeispielReceiver"
  android:exported="true">
  <intent-filter>
    <action android:name=
       "android.intent.action.ACTION_LOCALE_CHANGED " />
  </intent-filter>
</receiver>
```

In diesem Fall wird immer dann eine Instanz von `BeispielReceiver` informiert, wenn der Benutzer sein Gerät auf eine andere Sprache umstellt. Das Attribut `android:exported` muss wie hier auf `"true"` gesetzt werden, wenn Nachrichten empfangen werden sollen, deren Quelle sich außerhalb der eigenen App befindet.

Eine Auswahl möglicher Aktionen finden Sie im Referenzteil unter »Standardaktionen«.

> Seit Android 8.0 (API-Level 26) können im Manifest keine Receiver für implizite Broadcasts (z.B. `ACTION_BATTEY_LOW`) mehr eingetragen werden, da das Aktivieren einer Vielzahl von Receiver-Komponenten bei häufiger eintretenden Ereignissen zu einer übermäßigen Systembelastung führen kann. Einige Aktionen, die seltener vorkommen oder die zwingend benötigt werden, sind davon ausgenommen (siehe *https://developer.android.com/guide/components/broadcast-exceptions.html*).

Dynamische Anmeldung

Als einzigen Komponententyp kann man einen Broadcast-Receiver auch mithilfe einer Framework-Funktion anmelden, ohne ein `<receiver>`-Tag in das Manifest schreiben zu müssen. Das kann immer dann sinnvoll sein, wenn ein Broadcast-Receiver nur für einen begrenzten Zeitraum benötigt wird, z.B. nur solange eine Activity aktiv ist. Die Anmeldung erfolgt mit der `Context`-Funktion `registerReceiver()`, der Sie eine Instanz des Broadcast-Receivers übergeben, sowie einer Instanz von `android.content.IntentFilter`.

```
val receiver = BeispielReceiver()
val filter = IntentFilter(Intent.ACTION_LOCALE_CHANGED)
registerReceiver(receiver,filter)
```

Diese dynamische Anmeldung hat den gleichen Effekt wie das obige Beispiel einer statischen Anmeldung im Manifest.

Wenn ein Broadcast-Receiver dynamisch angemeldet worden ist, muss er in der Regel auch von derselben Komponente wieder abgemeldet werden; dafür gibt es ebenfalls eine Funktion im `Context`:

```
unregisterReceiver(receiver)
```

In einer Activity findet das An- und Abmelden des Broadcast-Receivers am besten innerhalb der Lebenszyklusfunktionen `onResume()` und `onPause()` statt.

Implementierung

Ein Broadcast-Receiver hat einen sehr schlichten Lebenslauf: Seine einzige Lebenszyklusfunktion, die implementiert werden muss, heißt `onReceive()`.

Das folgende Beispiel zeigt einen sehr einfachen Broadcast-Receiver, der immer dann eine Logmeldung schreibt, wenn der Batteriestand niedrig ist:

```
class BeispielReceiver : BroadcastReceiver() {

  override fun onReceive(context:Context, intent:Intent) {
    if (intent.action==Intent. ACTION_LOCALE_CHANGED) {
      val language = Locale.getDefault().language
      Log.d("BeispielReceiver","Sprache geändert: "+language)
    }
  }
}
```

Zur Sicherheit wird hier noch einmal geprüft, ob die empfangene Meldung wirklich für diesen Broadcast-Receiver gedacht ist.

Dynamisch ad hoc angemeldete Broadcast-Receiver werden häufig als anonyme Klassen implementiert. Die folgende Syntax zeigt, wie die Instanz einer anonymen Klasse in Kotlin realisiert wird.

```
val receiver = object : BroadcastReceiver() {
  override fun onReceive(context:Context, intent:Intent) {
    . . .
  }
}
```

Broadcast-Versand

Um selbst Broadcast-Nachrichten zu versenden, verwenden Sie die `Context`-Funktion `sendBroadcast()`, der Sie einen entsprechenden Intent mitgeben:

```
sendBroadcast(Intent("com.example.hallo.BEISPIEL_AKTION"))
```

Optional können Sie als zusätzlichen Parameter den Namen einer Erlaubnis mitgeben, die der Empfänger haben muss, um auf Ihren Broadcast reagieren zu dürfen.

Lokale Broadcasts

Wenn Nachrichten nur innerhalb derselben Anwendung versendet und empfangen werden sollen, stellt der Broadcast-Mechanismus von Android wegen der systemweiten Sichtbarkeit ein potenzielles Sicherheitsrisiko und wegen der notwendigen Serialisierung eine Performanceschwachstelle dar. Das V4-Unterstützungspaket bietet aber einen Mechanismus an, der beide Nachteile vermeidet: die Klasse `android.support.v4.content.LocalBroadcastManager`. Mithilfe des lokalen Broadcast-Managers lassen sich Nachrichten an dynamisch registrierte Broadcast-Receiver versenden, die nicht die Anwendung verlassen und daher von außen nicht sichtbar sind und nicht serialisiert zu werden brauchen. Das obige Beispiel sieht dann so aus:

```
// Instanz des lokalen Broadcast-Managers beschaffen.
val lbm = LocalBroadcastManager.getInstance(this)
// Empfänger mit einem Intent-Filter anmelden.
lbm.registerReceiver(receiver,filter)
// Broadcast versenden.
lbm.sendBroadcast(. . .)
```

Komponententyp Content-Provider

Content-Provider sind Komponenten, deren Aufgabe darin besteht, anderen Komponenten Informationen zur Verfügung zu stellen, die ähnlich wie die Sätze einer Datenbank abgerufen werden können. In eigenen Apps eignen sie sich dazu, den Zugriff auf umfangreichere Datenbestände zu abstrahieren und aus dem funktionalen Teil der App auszulagern oder Daten anderen Apps zur Verfügung zu stellen.

Android enthält eine Reihe von Content-Provider-Klassen, deren Daten von Anwendungsprogrammen aus genutzt werden können, darunter die Kontakte, das Anrufprotokoll, der Browser (mit Zugriff auf Bookmarks und History) und die Systemeinstellungen. Häufig ersparen einem allerdings spezielle APIs den etwas umständlichen direkten Umgang mit dem betreffenden Provider. Wir zeigen Ihnen, wie Sie selbst Content-Provider programmieren und für Ihre Anwendung nutzen können.

Neben den hier vorgestellten Funktionen für strukturierte Daten können mit einem Content-Provider auch Funktionen für den Zugriff auf Dateien implementiert werden.

Funktionsweise

Ein Content-Provider stellt CRUD-Operationen (Anlegen, Lesen, Ändern, Löschen) zur Verfügung. Außerdem kann man Abfragen starten, deren Ergebnisse in tabellarischer Form geliefert werden. Wo sich diese Daten befinden – beispielsweise in Dateien, Datenbanken oder im Internet – oder ob sie gar bei jedem Aufruf neu generiert werden, ist dabei unerheblich. Eine einheitliche Zugriffslogik sorgt dafür, dass immer auf dieselbe Art und Weise auf die von einem Content-Provider gelieferten Daten zugegriffen werden kann.

Der Content-URI

Da der Content-Provider nicht unbedingt im selben Prozess läuft wie die aufrufende Komponente, kann man seine Funktionen nicht direkt nutzen. Vielmehr erfolgt der Zugriff über einen Content-Resolver, der die Datenquelle und die Aktion anhand eines Content-URI identifiziert und die Zugriffe darauf – mitsamt Serialisierung und Deserialisierung der Daten – vermittelt.

Der Content-URI kann beispielsweise eine der folgenden Formen haben:

```
"content://com.example.hallo.Beispiel/land"
"content://com.example.hallo.Beispiel/land/10"
```

Er hat folgende Bestandteile:

- Das Schema ist festgelegt und muss immer `content:` lauten.
- Die Authority (hier: `com.example.hallo.Beispiel`) definiert den Typ der Datenquelle und sollte in der Regel der Konvention für vollständige Java- oder Android-Klassennamen folgen.

- Der Pfad (hier: `/land`) bezeichnet die spezifische Tabelle, wenn die Datenquelle mehrere Arten von Daten enthält.
- Optional kann noch ein ID-Feld (hier `/10`) mit einer numerischen Kennung angehängt werden, mit der ein einzelner Datensatz abgefragt wird. Wenn das ID-Feld fehlt, betrifft der Befehl immer eine Reihe von Datensätzen.

Der Pfad kann auch eine Kette von Datenbezeichnungen und ID-Feldern enthalten, um Pfade in hierarchischen Datenstrukturen darzustellen, z.B. `/land/10/stadt/7` (innerhalb des Landes mit der ID 10 die Stadt mit der ID 7). Letztlich bleibt es aber Ihnen überlassen, wie Sie die Pfade in Ihren Content-URIs handhaben.

Content-Werte

Für den Austausch von ganzen Datensätzen zwischen Content-Provider und aufrufender Komponente werden Instanzen der Klasse `android.content.ContentValues` verwendet. Das ist ein Map-ähnliches Gebilde, das es erlaubt, elementare Werte (also `Byte`, `Int`, `Char` usw. sowie String) unter einem String-Schlüssel zu speichern und wieder auszulesen.

- Zum Speichern dient die vielfach überladene Funktion `put()`.
- Zum Auslesen gibt es umgekehrt verschiedene Funktionen wie `getAs...()`. Diese Funktionen versuchen, den tatsächlichen Objekttyp auf den Typ abzubilden, sofern ein Element mit dem Namen vorhanden ist. Wenn es nicht vorhanden ist oder nicht abgebildet werden kann, liefern sie `null`.

Folgendes Beispiel zeigt, wie das Schreiben und Auslesen eines `ContentValues`-Objekts im Prinzip funktioniert:

```
val values = ContentValues()
// Zwei Werte hineinschreiben.
values.put("name","Berlin")
values.put("seit",1237)
// Zwei Werte auslesen.
val name = values.getAsString("name")
val seit = values.getAsInteger("seit")
```

Die Klasse `ContentValues` ist *parcelable* (siehe Kapitel 4, *Apps programmieren*), weshalb sie dazu dienen kann, die Werte zwischen verschiedenen Prozessen zu transportieren.

Abfragekriterien

Einigen der CRUD-Funktionen des Content-Providers können Abfragekriterien analog zu einer SQL-WHERE-Klausel mitgegeben werden. Dazu dient jeweils ein String-Parameter mit dem Text der Bedingung, der Platzhalter enthalten kann, sowie ein String-Array mit den Werten für die Platzhalter. Es folgt das Beispiel eines Aufrufs der Funktion `delete()` zum Löschen eines oder mehrerer Datensätze:

```
val selektion = "kontinent=? AND gruendung<?"
val werte = {"Afrika","1950"}
```

Dies entspricht im Prinzip der Bedingung `"kontinent='Afrika' AND gruendung<'1950'"`. Die Syntax des Abfrageausdrucks und seine genaue Bedeutung bleiben allerdings der konkreten Implementierung des Content-Providers überlassen und müssen entsprechend dokumentiert werden.

Anmeldung

Content-Provider müssen immer im Manifest der Anwendung innerhalb des `<application>`-Tags angemeldet werden, damit sie funktionieren können. Dabei werden im Wesentlichen die implementierende Klasse und der zur Identifikation benötigte URI benannt.

```
<provider
    name=".BeispielProvider"
    android:authorities="com.example.hallo.BeispielDaten">
</provider>
```

Ein Content-Provider hat keinen Intent-Filter, da er nicht über einen Intent aktiviert wird. Stattdessen muss ein Attribut `android:authorities` angegeben werden, in dem ein oder mehrere Namen (gegebenenfalls durch Semikolon getrennt) aufgeführt sind, anhand deren der Content-Resolver die Datenquelle identifizieren kann.

Anders als andere Komponenten unterscheiden Content-Provider zwischen Schreib- und Leserechten, die eine aufrufende Komponente haben muss, um auf ihn zugreifen zu können. Zu diesem Zweck gibt es die zusätzlichen Attribute `android:readPermission` und `android:writePermission`, in denen die Namen der entsprechenden Rechte zu benennen sind.

Implementierung

Um einen eigenen Content-Provider zu realisieren, leiten Sie eine Klasse von `android.content.ContentProvider` ab und implementieren zumindest die sechs enthaltenen abstrakten Funktionen.

Der URI-Matcher

Die meisten dieser Funktionen erhalten einen Content-URI, der beschreibt, was für Daten gelesen bzw. geschrieben werden sollen. Die Interpretation des Content-URI kann man sich mithilfe einer Instanz des `android.content.UriMatcher` erleichtern, in der man verschiedenen Variationen von Authority und Pfad verschiedene Ganzzahlen zuordnet. In Kotlin legt man den Matcher am besten im Companion-Objekt der Provider-Klasse an und initialisiert ihn dort im init-Block:

```
companion object {
    const val AUTH = "com.example.hallo.BeispielDaten"
    const val LAND = 1
    const val LAND_ID = 2
    const val STADT = 3
    const val STADT_ID = 4

    val MATCHER = UriMatcher(UriMatcher.NO_MATCH)
    init {
        MATCHER.addURI(AUTH,"land",LAND)
        MATCHER.addURI(AUTH,"land/#",LAND_ID)
        MATCHER.addURI(AUTH,"stadt",STADT)
        MATCHER.addURI(AUTH,"stadt/#",STADT_ID)
    }
}
```

Mit der `UriMatcher`-Funktion `match()` kann man nun leicht die Zahl ermitteln, die zu einem URI gehört, und die Weiterverarbeitung dementsprechend gestalten:

```
when (MATCHER.match(uri)) {
    LAND -> {
        // Bearbeite eine Liste von Daten.
```

```
    }
    LAND_ID -> {
        val id = uri.lastPathSegment
        // Bearbeite den Satz mit der id.
    }
    else -> {
        // Exception auslösen.
        throw IllegalArgumentException(. . .)
    }
}
```

Was in den Case-Blöcken im Einzelnen geschieht, hängt natürlich von der jeweiligen Funktion ab, in der der Matcher verwendet wird.

onCreate

Diese Funktion wird beim Hochfahren des Content-Providers verwendet und dient der Initialisierung. Länger andauernde Aktionen sollten allerdings nicht hier, sondern besser erst beim ersten Zugriff auf die Daten durchgeführt werden. `onCreate()` hat keine Parameter. Bei einem Content-Provider, der mit einer Datenbank arbeitet, wird hier beim erstmaligen Start typischerweise die Datenbank initialisiert.

getType

Die Funktion getType() gibt einen String mit dem Mime-Typ der Daten zurück, die der Content-Provider für den genannten URI liefert.

```
companion object {
  const val TYPE_DIR_LAND =
    "vnd.android.cursor.dir/vnd.beispiel.land"
  const val TYPE_ITEM_LAND =
    "vnd.android.cursor.item/vnd.beispiel.land"
}
. . .
override fun getType (uri:Uri) =
    when (MATCHER.match(uri)) {
        LAND -> TYPE_DIR_LAND
        LAND_ID -> TYPE_ITEM_LAND
        . . .
        else -> null
    }
```

Im Beispiel ermittelt die Funktion zuerst, ob es sich bei dem erhaltenen URI um einen Verzeichnis- oder einen Item-URI handelt, und gibt einen entsprechenden Mime-Typ zurück. Der erste Teil des Mime-Typs sollte dabei immer

- `"vnd.android.curser.dir"` (für Listenergebnisse) oder
- `"vnd.android.cursor.item"` (für Einzelergebnisse)

lauten. Der zweite Teil kann von Ihnen selbst definiert werden, sollte aber konventionsgemäß mit `vnd.` beginnen und möglichst eindeutig sein.

insert

Die Funktion `insert()` übernimmt einen neuen Datensatz in die Datenquelle. Ihr werden nur ein Basis-URI und ein `ContentValues`-Objekt übergeben.

```
override fun insert (uri:Uri, values:ContentValues?):Uri? { }
```

Die Implementierung dieser Funktion sollte zunächst prüfen, ob der übergebene URI zutrifft, und dann einen Datensatz mit den in `values` enthaltenen Werten anlegen. Der Rückgabewert der Funktion ist ein veränderter Content-URI, der nicht den Datentyp allgemein, sondern das gespeicherte Element bezeichnet. Im Allgemeinen kann der Rückgabe-URI durch Anhängen einer numerischen ID gebildet werden. Dabei kann die statische Funktion `withAppendedId()` der Helper-Klasse `ContentUris` hilfreich sein.

update

Die Funktion `update()` ändert einen oder mehrere vorhandene Datensätze. Welche Sätze betroffen sind, wird durch die Abfragekriterien festgelegt, die in den Parametern `selection` und `selectionArgs` übergeben werden.

```
override fun update (uri:Uri, values:ContentValues?,
      selection:String?, selectionArgs:Array<String>?):Int { }
```

Diese Funktion sollte sich in Abhängigkeit vom Content-URI unterschiedlich verhalten. Wenn er sich auf eine ID bezieht, wird der betreffende Datensatz verändert, andernfalls alle Datensätze (des durch den URI bezeichneten Typs), die den übergebenen Kriterien entsprechen.

Der Rückgabewert benennt die Anzahl der geänderten Objekte.

delete

Mit `delete()` werden ein oder mehrere Datensätze gelöscht.

```
override fun delete (uri:Uri,
      selection:String?, selectionArgs:Array<String>?):Int { }
```

Die Handhabung des Content-URI und der Selektionskriterien ist analog zu `update()`. Der Rückgabewert benennt die Anzahl der gelöschten Objekte.

query

Die Funktion `query()` führt eine Abfrage entsprechend der übergebenen Content-URI und den Selektionskriterien aus:

```
override fun query (uri:Uri, projection:Array<String>?,
      selction:String?, selectionArgs:Array<String>?,
      sortOrder:String): Cursor? { }
```

Sofern der Parameter `projection` nicht `null` ist, enthält er eine Liste von Feldnamen, die der Aufrufer im Ergebnis erwartet.

Rückgabewert ist ein Objekt, das das Interface implementiert und mit dem die einzelnen Werte des Ergebnisses Zeile für Zeile abgefragt werden können. Dieses Interface ist recht umfangreich; daher leiten Sie, wenn Sie einen eigenen Content-Provider realisieren wollen, am besten einen eigenen Cursor-Typ von der abstrakten Klasse `android.database.AbstractCursor` ab, in dem bereits viele Funktionen vorimplementiert sind.

Aufruf

Um auf einen Content-Provider zuzugreifen, holen Sie sich den Content-Resolver Ihres Kontexts und rufen eine seiner Funktionen `insert()`, `update()`, `delete()` oder `query()` auf. Diese Funktionen entsprechen genau ihren Pendants in der `ContentProvider`-Klasse.

Der Content-Resolver identifiziert anhand des jeweils als erstes Argument angegebenen Content-URI den zuständigen Content-Provider und ruft bei diesem die entsprechende Abfragefunktion auf. Die erforderliche Serialisierung/Deserialisierung der Daten, die wegen der möglichen Überschreitung von Prozessgrenzen erforderlich ist, bleibt dabei für den Anwendungsprogrammierer völlig transparent.

Das folgende Beispiel zeigt, wie ein Datensatz über den Content-Resolver zum Einfügen an den Content-Provider gesendet wird. Auf den Content-Resolver kann man direkt über eine Kontext-Property namens `contentResolver` zugreifen.

```
val uri = Uri.parse("content://com.example.hallo.Beispiel/stadt")

// Einen Datensatz schreiben.
val values = ContentValues()
values.put("name","Berlin")
values.put("seit",1237)
contentResolver.insert(uri,values)
```

Die anderen Abfragefunktionen können analog angewendet werden.

Der clientseitige Umgang mit `Cursor`-Objekten, die von der Funktion `query()` geliefert werden, unterscheidet sich nicht von der Arbeit mit der Android-eigenen SQLite-Datenbank, daher kommen wir im Abschnitt »SQLite-Datenbanken« auf Seite 223 darauf zurück.

Content-Provider im Android-System

Das Android-System enthält standardmäßig eine Reihe von Content-Provider-Typen, mit denen diverse Benutzer- und Systeminformationen abgefragt werden können (sofern die aufrufenden Anwendungen über die entsprechenden Berechtigungen verfügen).

Um den Zugriff auf Android-eigene Content-Provider zu erleichtern, gibt es im Package `android.provider` eine Reihe von Klassen, in denen die benötigten Informationen (URIs, Feldnamen usw.) als Konstanten definiert sind. Außerdem verfügen sie häufig über zusätzliche Hilfsfunktionen.

Das folgende Codestück kann beispielsweise dazu verwendet werden, die ID, den Albumnamen und die Anzahl der enthaltenen Musikstücke aus dem externen Mediastore des Geräts auszulesen.

```
import android.provider.MediaStore.Audio.Albums
. . .
// Die Liste der auszulesenden Felder.
val projection = arrayOf(Albums._ID, Albums.ALBUM, Albums.NUMBER_
                 OF_SONGS)
// Der URI für die Liste der Alben.
val contentUri = Albums.EXTERNAL_CONTENT_URI
// Die Sortierreihenfolge.
val sortOrder = MediaStore.Audio.Media.ALBUM + " ASC"
val cursor = contentResolver.query(contentUri, projection, null,
             null, sortOrder)
```

Tabelle 7-2 führt einige Beispiele für Provider-Klassen auf.

Tabelle 7-2: Wichtige Content-Provider des Android-Systems

Klasse	Inhalt
CalendarContract	Termindaten aus dem Benutzerkalender
CallLog	Anrufe
ContactsContract	Kontaktdaten
MediaStore	Mediendateien, die auf internen und externen Datenträgern verfügbar sind
Settings	Systemeinstellungen
UserDictionary	Benutzerwörterbuch für Wortergänzungen der Eingabemethode
VoiceMailContract	Anrufbeantworteraufnahmen und Status

TEIL III

Systemfunktionen

KAPITEL 8

Navigation und Dialoge

Eine Anwendung kommuniziert mit ihren Benutzern nicht nur über ihre eigene Anwendungsoberfläche, sondern auch mithilfe verschiedener Funktionen, die vom Android-Desktop zur Verfügung gestellt werden und für die es spezielle Programmierschnittstellen gibt. Mit den wichtigsten Schnittstellen soll Sie dieses Kapitel vertraut machen.

Menüs

Das Android-Framework bietet verschiedene Möglichkeiten, Menüs zum Anstoßen von Aktionen darzustellen. Dafür stehen Optionsmenüs, Kontextmenüs und Pop-up-Menüs zur Verfügung.

Menüressourcen

Alle Menüs werden in einheitlicher Weise als XML-Dateien im Verzeichnis *res/menu* definiert, können aber auch im Programm zusammengebaut werden.

Die Wurzel eines Menübaums ist immer ein `<menu>`-Element, das verschiedene `<item>`-Elemente enthält. Einem `<item>` kann wiederum ein weiteres `<menu>`-Element als Untermenü (also als Zweig des Menübaums) zugeordnet werden. Folgendes Beispiel enthält den Inhalt der Datei *res/menu/beispiel_menu.xml* mit einem Untermenü und zwei Items:

```
<?xml version="1.0" encoding="utf-8"?>
<menu
    xmlns:android="http://schemas.android.com/apk/res/android">
```

```
    <item android:id="@+id/menu1"
          android:title="@string/menu1_titel" >
        <menu>
            <item android:id="@+id/menu1_item1"
                  android:title="@string/menu1_item1_titel" />
            <item android:id="@+id/menu1_item2"
                  android:title="@string/menu1_item2_titel" />
        </menu>
    </item>
</menu>
```

Die `<item>`-Elemente haben neben der vertrauten `id` eine ganze Reihe von Attributen, darunter die folgenden:

title
: Die sichtbare Aufschrift des Menüelements.

```
android:title="@string/beispiel_menu_titel"
```

icon
: Ein zusätzlich anzuzeigendes Symbolbild als Bildressource.

```
android:icon="@drawable/beispiel_menu_icon"
```

checkable
: Gibt an, dass das Menü-Item zusätzlich mit einer Checkbox versehen ist.

```
android:checkable="true"
```

onClick
: Der Name einer Funktion in der zugehörigen Activity, die bei der Anwahl des Menü-Items aufgerufen werden soll. Die Funktion muss öffentlich sein, erhält als einziges Argument eine `MenuItem`-Instanz und kann anstelle der unten beschriebenen `On...ItemSelected()`-Funktionen verwendet werden (die dann nicht aufgerufen werden).

Anstelle eines `<item>` können Sie auch ein `<group>`-Element verwenden, dem Sie wiederum mehrere `<item>`-Elemente unterordnen. Das `<group>`-Element ist nicht sichtbar, erlaubt Ihnen aber, die Attribute mehrerer `<item>`-Elemente gemeinsam zu setzen. Außerdem können Sie mithilfe des Attributs `android:checkableBehavior` beispielsweise festlegen, dass von mehreren `checkable`-Items nur eines aktiviert werden kann.

Optionsmenüs

Ein Optionsmenü klappt auf, wenn man auf den entsprechenden Button in der Aktionsleiste drückt.

Da neuere Geräte oft keine Menütaste mehr besitzen, ist es in jedem Fall sinnvoll, die Aktionsleiste zu verwenden. Mithilfe der Android-Unterstützungsbibliothek (siehe den Abschnitt »Die Unterstützungsbibliothek« auf Seite 33) können Sie trotzdem sicherstellen, dass die Anwendung auch mit älteren Geräten nutzbar bleibt.

Für die Anwendung in der Aktionsleiste ist folgendes `<item>`-Attribut von Bedeutung:

showAsAction
: Zeigt das Icon des Menü-Items zusätzlich in der Aktionsleiste an, sodass die entsprechende Aktion durch Drücken des Icons direkt ausgelöst werden kann. Mögliche Werte sind unter anderem `"ifRoom"` (Anzeige, wenn genügend Platz vorhanden ist), `"withText"` (mit zugehöriger Aufschrift) und `"always"` (Anzeige in jedem Fall).

```
android:showAsAction="ifRoom"
```

Damit das Menü auch beim Drücken der Menütaste bzw. der Schaltfläche erscheint, müssen Sie in der zugehörigen Activity die Funktion `onCreateOptionsMenu()` überschreiben.

```
override fun onCreateOptionsMenu (menu:Menu):Boolean {
    menuInflater.inflate(R.menu.beispiel_menu, menu)
    return true
}
```

Die Funktion holt sich von der Activity eine `MenuInflater`-Instanz und übergibt dieser in der Funktion `inflate()` die Menüressource und das Wurzelmenü. Sie muss `true` zurückgeben, um damit zu signalisieren, dass das Menü tatsächlich erzeugt worden ist.

Damit die Anwendung auf das Anwählen eines Menü-Items reagieren kann, überschreiben Sie außerdem die Funktion `onOptionsItemSelected()` und reagieren auf die ID-Nummer der übergebenen `MenuItem`-Instanz. Die Funktion gibt nur `true` zurück, wenn tatsächlich eine Aktion ausgeführt worden ist. Das folgende Android-Beispiel verwendet die Kurzform der Funktion, bei der der Funktionsrumpf durch einen einzelnen Ausdruck ersetzt wird und die keine return-Anweisung enthält; der Ausdruck besteht wiederum aus einem when-Konstrukt, das in Kotlin auch wie eine Funktion mit Rückgabewert verwendet werden kann.

```
override fun onOptionsItemSelected(item: MenuItem) =
    when (item.itemId) {
        R.id.menu1_item1 -> {
            //. . .
            true
        }
        //. . .
        else -> false
    }
}
```

Kontextmenüs

Ein Kontextmenü kann eingeblendet werden, wenn ein Benutzer lange auf ein bestimmtes Layoutelement drückt. Damit das geschieht, überschreiben Sie in der Activity die Funktion onCreateContextMenu().

```
override fun onCreateContextMenu(
        menu:ContextMenu, v:View, menuInfo:
             ContextMenu.ContextMenuInfo) {
    super.onCreateContextMenu(menu,v,menuInfo)
    menuInflater.inflate(R.menu.bsp_context_menu,menu)
}
```

Diese Funktion muss zunächst die Super-Funktion aufrufen und erzeugt dann – genauso wie beim Optionsmenü – mithilfe des menuInflater das Menü aus der Menüressource.

Die Reaktion auf die Auswahl eines Kontextmenü-Items erfolgt in der Funktion onContextItemSelected(), die genau so zu verwenden ist wie die Funktion onOptionsItemSelected() beim Optionsmenü (siehe den Abschnitt »Optionsmenüs« auf Seite 209).

Damit das funktioniert, muss (z.B. in der onCreate()-Funktion) dem betreffenden Dialogelement allerdings noch die aktuelle Activity als OnCreateContextMenuListener zugewiesen werden, etwa so:

```
val view = findViewById<ImageView>(R.id.beispiel_image)
view.onCreateContextMenuListener(this)
```

Dialoge

Dialoge dienen dazu, außerhalb des normalen Anwendungsflusses zusätzliche Informationen anzuzeigen, auf etwas hinzuweisen oder eine Bestätigung anzufordern. Ein Dialog füllt meistens nicht den ganzen Bildschirm aus und wird in der Regel durch Drücken eines Buttons oder durch Zeitablauf beendet.

Das Dialogfragment

Um einen Dialog anzuzeigen, benötigt man ein Dialogfragment. Dies ist eine spezieller Fragment-Typ, der von der Klasse `android.app.DialogFragment` abgeleitet ist und nur eine Funktion `onCreateDialog()` überschreiben muss, in der das eigentliche Dialogobjekt erzeugt wird. (Es gibt auch eine gleichnamige Klasse in der Android-Unterstützungsbibliothek, die im Prinzip denselben Zweck erfüllt, aber nur für Apps benötigt wird, die noch auf sehr alten Geräten laufen sollen.)

```
class BeispielDialogFragment : DialogFragment() {
    override fun onCreateDialog(savedInstanceState: Bundle): Dialog {
       return Dialog(. . .)
    }
}
```

Bei Bedarf können Sie dieses Fragment dann mithilfe des Fragment-Managers starten und damit den Dialog auf den Bildschirm bringen (siehe Kapitel 6, *Activity und Layout*).

In der Regel erzeugt man einen Dialog nicht, indem man die Klasse `android.app.Dialog` selbst erweitert. Sie verwenden besser eine der vorgefertigten Dialogklassen.

AlertDialog

Der `android.app.AlertDialog` ist gewissermaßen ein Baukasten für einfache Hinweis-, Warn- und Rückfragedialoge. Er verfügt über eine statische innere Klasse namens `AlertDialog.Builder`, der als *Fluent Interface* für den Aufbau eines solchen Dialogs dient.

```
val dialog = AlertDialog.Builder(activity)
    .setTitle("Beispiel-Dialog")
    .setPositiveButton("OK") { dialog, button ->
        . . .
    }
    .create()
```

In diesem sehr einfachen Beispiel versehen wir den Dialog mit einem Titel und einem Button für eine positive Antwort. Dem Button ist eine `DialogInterface.OnClickListener`-Instanz mit einer Aktionsfunktion zugewiesen, in der die Reaktion auf den Button-Klick erfolgt. Die `Builder`-Funktion `create()` erzeugt aus den vorherigen Angaben den fertigen `AlertDialog`.

Der Alert-Dialog kann darüber hinaus noch eine Textmitteilung, weitere Buttons (z. B. *Ja*, *Nein*, *Abbrechen*) und eine Liste mit Elementen zur Auswahl (z. B. als Text oder Checkbox) umfassen.

Mitteilungen

Neben den Dialogen gibt es noch weitere Möglichkeiten, Benutzer über Ereignisse zu benachrichtigen: mit Statusmeldungen, Snackbars und sogenannten Toasts.

Toasts

Ein *Toast* ist eine Mitteilung, die in einem kleinen Fenster angezeigt wird, keinen eigenen Fokus bekommt und nach einer bestimmten Zeit wieder verschwindet. Er wird realisiert mithilfe der Klasse `android.widget.Toast`.

```
val toast = Toast.makeText(this,
    "Daten wurden geladen.",Toast.LENGTH_SHORT)
toast.show()
```

Anstelle des Klartexts kann auch die ID-Nummer einer String-Ressource angegeben werden. Das letzte Argument gibt an, wie lange die Meldung angezeigt werden soll; es muss eine der beiden Konstanten `Toast.LENGTH_SHORT` oder `Toast.LENGTH_LONG` sein.

Wenn Sie die Anko-Bibliothek verwenden, können Sie die beiden Erweiterungsfunktionen `toast()` und `longToast()` einsetzen:

```
import org.jetbrains.anko.*
. . .
toast("Daten wurden geladen.")
```

Es gibt einige Möglichkeiten, die Darstellung einer Toast-Meldung zu variieren; so können Sie beispielsweise auch ein eigenes Layout zuweisen.

Snackbars

Eine neue, etwas ansehnlichere Alternative zum Toast ist die in der Design-Unterstützungsbibliothek verfügbare *Snackbar*. Dabei handelt es sich um eine kurze Textmeldung, die animiert eingeblendet wird und eine festgelegte Zeit verbleibt, aber auch weggewischt werden kann. Man erzeugt eine Snackbar mithilfe einer statischen Factory-Funktion der Klasse `android.support.design.widget.Snackbar`.

```
var bar = Snackbar.make(view,"Eine Nachricht",Snackbar.LENGTH_SHORT)
bar.show()
```

Als Dauer kann eine der Konstanten `LENGTH_SHORT`, `LENGTH_LONG`, `LENGTH_INDEFINITE` oder die Anzahl der Millisekunden angegeben werden. Wenn Sie `LENGTH_INDEFINITE` angeben, müssen Sie selbst dafür sorgen, dass sie verschwindet, indem Sie die Funktion `dismiss()` aufrufen.

Die Snackbar wird an eine View angebunden, zum Beispiel an den Button, bei dessen Betätigung die Snackbar erscheinen soll.

```
button.setOnClickListener { view ->
    Snackbar.make(view,"Button ${view.text}
             gedrückt.",Snackbar.LENGTH_LONG)
            .show()
}
```

Statusmeldungen

Statusmeldungen (*Notifications*) erscheinen nicht im Anwendungsbereich, sondern werden durch ein Icon signalisiert oder kurz am oberen Bildrand angezeigt und können dann im *Notification Drawer* aufgeklappt werden. In dieser Liste sammeln sie sich an und verschwinden erst, wenn sie durch neuere Meldungen verdrängt oder vom Benutzer gelöscht werden. Sie eignen sich daher besonders für Meldungen aus Services, die ja keine eigene Oberfläche haben. Außerdem kann man durch Antippen der Meldung typischerweise eine neue Activity starten.

Seit Android 8.0 (API-Level 26) müssen Statusmeldungen in Kanälen (Kategorien) gruppiert werden, für die die Benutzer individuelle Einstellungen vornehmen können. In älteren Android-Versionen gibt es diese Kanäle noch nicht. Daraus folgt, dass man für die verschiedenen Android-Versionen unterschiedlich programmieren muss, denn die Unterstützungsbibliotheken stellen dafür (zumindest momentan) keine Hilfe zur Verfügung.

Zunächst definieren wir einen Namen für den Kanal, legen ihn an und konfigurieren ihn, sofern die App unter Android 8.0 oder höher läuft. Letzteres kann schon beim Starten der App vorgenommen werden und sollte nur einmal geschehen müssen.

```
// Kanal-ID definieren.
val channelId = "meinKanal"
// Notification-Manager holen.
val notificationManager =
        getSystemService(Context.NOTIFICATION_SERVICE)
        as NotificationManager. . .
// Kanal definieren und konfigurieren,
// sofern Android-Version mindestens 8.0 (Oreo).
if (Build.VERSION.SDK_INT >= Build.VERSION_CODES.O) {
  val channel = NotificationChannel(channelId,
        getString(R.string.app_name),
        NotificationManager.IMPORTANCE_HIGH)
        channel.setDescription(getString(R.string.kanal_descr))
    channel.enableLights(true)
    channel.setLightColor(Color.RED)
  // Kanal anlegen.
  notificationManager.createNotificationChannel(channel)
}
```

Wenn beim Tippen auf die angezeigte Meldung eine Activity aufgerufen werden soll, müssen wir dafür einen Pending Intent erzeugen.

```
val pendingIntent = PendingIntent.getActivity(this, 0,
        Intent(this, MeineActivity::class.java), 0)
```

Die Statusmeldung selbst ist eine Instanz der Klasse android.app.Notification. Um in versionsunabhängiger Weise eine Instanz zu erzeugen, verwenden wir den NotificationCompat.Builder der Unterstützungsbibliothek V4 und setzen ein paar Parameter, die wir in jedem Fall brauchen. Die Kanal-ID muss immer übergeben werden, hat aber bei älteren Android-Versionen keine Bedeutung.

```
val builder = NotificationCompat.Builder(this, channelId)
      .setContentTitle(getString(R.string.app_name))
      .setSmallIcon(R.drawable.alarm_notification_icon)
      .setContentIntent(pendingIntent)
      .setContentText(getString(R.string.alarm_notification))
```

Die restlichen Parameter benötigen wir nur, wenn die App auf einer Android-Version vor 8.0 läuft.

```
if (Build.VERSION.SDK_INT < Build.VERSION_CODES.O) {
  builder
    .setContentTitle(getString(R.string.app_name))
    .setPriority(NotificationCompat.PRIORITY_HIGH)
    .setColor(ContextCompat.getColor(this,
           R.color.transparent))
    .setLights(Color.YELLOW, 500, 5000)
    .setAutoCancel(true)
}
```

Um die Statusmeldung schließlich anzuzeigen, rufen Sie die Funktion notify() des NotificationManager auf.

```
val service = Context.NOTIFICATION_SERVICE
val manager =
     getSystemService(service) as NotificationService
manager.notify(42, notification)
```

Der erste Parameter von notify() ist eine Int-ID, mit der die Meldung eindeutig identifizierbar ist. Sie wird benötigt, wenn Sie die Meldung beispielsweise mit der Funktion cancel() des NotificationManager wieder entfernen möchten.

Außerdem wird, wenn es in der Liste bereits eine Meldung mit derselben ID gibt, die frühere Meldung gelöscht.

KAPITEL 9

Persistente Daten

Android bietet verschiedene Möglichkeiten, Daten persistent zu halten: Präferenzdaten (als einfache Name/Wert-Paare) sowie konventionelle Dateien im internen Speicher der Anwendung, im externen Speicher (typischerweise einer SD-Karte) und in SQLite-Datenbanken. Zu jeder von ihnen gibt es eigene APIs, die – zum Teil als Ergänzung zu den Java-Standardfunktionen – den Zugriff und die Verwaltung der Daten erleichtern.

Präferenzdaten

Die Präferenzdaten (*Shared Preferences*) dienen normalerweise dazu, Benutzereinstellungen zu einer einzelnen Activity oder der gesamten Anwendung persistent zu speichern. Sie können aber auch für beliebige Anwendungsdaten verwendet werden, sofern dafür eine einfache Liste von Name/Wert-Paaren ausreicht.

Auf die Präferenzdaten zugreifen

Um mit den Präferenzdaten zu arbeiten, holen Sie sich eine Instanz von `android.content.SharedPreferences`. Dafür stellt der `Context` zwei Funktionen zur Verfügung.

```
val sharedPrefs = getSharedPreferences (
        "com.example.hallo.anwendungsdaten", Context.MODE_PRIVATE)
```

Die Kontext-Funktion `getSharedPreferences()` öffnet eine Präferenzdatei mit dem angegebenen Namen, die von verschiedenen Komponenten der Anwendung gemeinsam genutzt werden kann.

```
val privatePrefs = getPreferences(Context.MODE_PRIVATE)
```

getPreferences() ist in der Activity-Klasse definiert und ermöglicht Ihnen den Zugriff auf eine Präferenzdatei, die nur für die aktuelle Activity vorgesehen ist.

Das Argument Context.MODE_PRIVATE verbietet anderen Anwendungen den Zugriff auf die Daten. Anderen Anwendungen Lese- oder sogar Schreibzugriffe zu erlauben, ist generell nicht sinnvoll.

Beide Funktionen legen die benötigten Dateien im Speicherbereich der Anwendung neu an, wenn sie noch nicht existieren.

Präferenzdaten lesen

Die Präferenzdaten bilden eine Art Map, in der Werte der elementaren Typen Boolean, Float, Int, Long und String sowie Set<String> unter einem Namen abgelegt werden. Für jeden dieser Typen bieten SharedPreferences eine entsprechend benannte Funktion, z.B.

```
val intBeispiel = prefs.getInt("IntBeispiel",0)
val stringBeispiel = prefs.getString("StringBeispiel","")
val setBeispiel =
    prefs.getStringSet("setBeispiel",emptySet())
```

Das zweite Argument gibt jeweils einen Vorgabewert an, der von der Funktion zurückgegeben werden soll, wenn kein Wert mit dem jeweiligen Namen vorhanden ist.

Präferenzdaten schreiben

Um Präferenzdaten schreiben oder ändern zu können, benötigen Sie eine Instanz des SharedPreferences.Editor, den Sie mit der Funktion edit() bekommen. Im Editor finden Sie dann für jeden zulässigen Datentyp eine korrespondierende put…()-Funktion.

```
val editor = prefs.edit()
editor.putInt("IntBeispiel",42)
editor.putString("StringBeispiel","Hallo Welt")
editor.putStringSet("SetBeispiel",setOf("Hallo","liebe","Welt"))
val ok = editor.apply()
```

Die neu geschriebenen bzw. geänderten Werte werden erst durch den Aufruf der apply()-Funktion asynchron gespeichert. Die Funktion liefert einen Boolean-Wert zurück, dem Sie entnehmen können, ob das Speichern erfolgreich verlaufen ist oder nicht (was geschehen kann, wenn die Daten von mehreren Anwendungskomponenten gleichzeitig verändert werden).

Im GUI-Thread sollte anstelle von `commit()` besser die Funktion `apply()` verwendet werden, die die gleiche Wirkung hat, aber asynchron arbeitet (infolgedessen aber keine Erfolgsmeldung zurückliefern kann).

Auf Änderungen in Präferenzdaten reagieren

Wenn Sie auf Änderungen an den Präferenzdaten, die in einer Komponente vorgenommen werden, in einer anderen Komponente reagieren wollen, können Sie dafür einen `OnSharedPreferenceChangeListener` verwenden, den Sie bei Ihrer `SharedPreference`-Instanz anmelden. In Kotlin kann man dafür einen Lambda-Ausdruck verwenden.

```
prefs.registerOnSharedPreferenceChangeListener { pr, key ->
    when (key) {
        "StringBeispiel" -> {
            val s = pr.getString(key, "")
            . . .
        }
        . . .
    }
}
```

Die Aktionsfunktion erhält neben dem Verweis auf die `SharedPreference`-Instanz, in der die Änderung erfolgt, den Schlüssel des geänderten Werts, sodass sie entsprechend mit der Änderung umgehen kann.

Zugriff auf Dateien

Dateien, in denen Sie normal lesen und schreiben, können sich sowohl im internen Speicher der App als auch auf einem externen Medium befinden.

Dateien im internen Speicher

Jede Anwendung hat im internen (primären) Speicher des Android-Geräts einen eigenen Bereich, in dem nicht nur die vom Betriebssystem und vom Framework verwalteten Dateien abgelegt werden, sondern in den Sie auch eigene Dateien mit beliebigen Informationen legen können. Diese Dateien sollten nicht allzu umfangreich sein, da der Platz im internen Speicher begrenzt ist; größere Bilder, Sound- und Videodateien usw. sollten daher eher in einem externen Speicher untergebracht werden.

Um mit den Dateien im internen Speicher zu arbeiten, verwenden Sie die standardmäßigen Klassen im Package `java.io` der Java-Laufzeitumgebung, wie `File`, `FileReader`, `FileWriter`, `FileInputStream` und `FileOutputStream`. Der `Context` stellt Ihnen aber einige Funktionen und Properties zur Verfügung, die Ihnen das Lokalisieren der Dateien im internen Speicher erleichtern, darunter die folgenden:

openFileInput, openFileOutput
: Diese Funktionen öffnen eine Datei mit dem angegebenen Namen und geben einen Java-`FileInputStream` bzw. -`FileOutputStream` zurück. Der Funktion `openFileOutput` kann man in einem zusätzlichen Parameter Flags mitgeben, z.B. `Context.MODE_APPEND`, wenn die Daten zu einer bestehenden Datei hinzugefügt werden sollen, oder `Context.MODE_WORLD_READABLE`, wenn die Datei für andere Anwendungen lesbar sein soll (was generell nicht zu empfehlen ist).

```
val input:InputStream = openFileInput("Beispiel.dat")
```

filesDir, cacheDir
: Diese beiden Nur-lese-Properties des `Context` liefern `File`-Objekte für Verzeichnisse. Bei `filesDir` ist es das Wurzelverzeichnis für die normalen von der Anwendung verwalteten Dateien. Die Property `cacheDir` verweist auf ein Verzeichnis für temporäre Dateien, die bei Speichermangel vom System gelöscht werden können.

Beide Verzeichnisse können für normale Java-Dateioperationen verwendet werden. Mit den folgenden zwei Zeilen öffnen Sie beispielsweise eine Textdatei zum Lesen:

```
val textfile = File(filesDir,"beispiel_datei.txt")
val reader = FileReader(textfile)
```

getDir

Die Funktion `getDir()` liefert ein `File`-Objekt für ein Unterverzeichnis relativ zum Datei-Wurzelverzeichnis der Anwendung und legt das Unterverzeichnis an, wenn es noch nicht vorhanden ist. Ein zweiter Parameter ist für Flags vorgesehen, die den Zugriff aus anderen Anwendungen ermöglichen (und nicht genutzt werden sollten).

```
val unterverz:File = getDir("beispieldaten",0)
```

deleteFile

Löscht eine Datei mit dem angegebenen Namen.

```
val ok:Boolean = deleteFile("beispiel_datei.txt")
```

fileList

Gibt ein Array mit den Namen aller im internen Speicher existierenden Dateien zurück.

```
for (datei in fileList()) . . .
```

Dateien im externen Speicher

Neben dem internen, besonders geschützten Speicher haben Android-Geräte auch ein zusätzliches, unter Umständen auswechselbares Medium, auf dem umfangreichere Daten wie Bilder, Sounds und Filme gespeichert werden können. Meistens sind das SD-Karten, es können aber auch Festplatten, Memory-Sticks usw. sein.

Im externen Speicher können sich sowohl anwendungsspezifische Daten befinden, die für den exklusiven Zugriff durch die App vorgesehen sind, als auch anwendungsübergreifende Daten, die allen Apps zur Verfügung stehen. Anders als beim internen Speicher sind die anwendungsspezifischen Daten jedoch nicht sicher geschützt vor einem Zugriff durch andere Apps.

Berechtigungen für den Speicherzugriff

Für den Zugriff auf den externen Speicher benötigt die App folgende Berechtigungen:

- `WRITE_EXTERNAL_STORAGE` für lesende und schreibende Zugriffe.
- `READ_EXTERNAL_STORAGE` für ausschließlich lesende Zugriffe.

Ab Android 4.4 (API-Level 19) sind diese Berechtigungen nicht mehr erforderlich, wenn nur auf die anwendungsspezifischen Daten im externen Speicher zugegriffen wird.

Je nachdem, was die App vorhat, muss also eine dieser Berechtigungen in die Manifest-Datei eingetragen werden. In jedem Fall muss zusätzlich auch vor jedem Speicherzugriff geprüft werden, ob die Berechtigung vorliegt (siehe hierzu Kapitel 4, *Apps programmieren*).

Status des Mediums prüfen

Mit dem folgenden statischen Funktionsaufruf von `android.os.Environment` können Sie prüfen, ob ein externes Speichermedium angeschlossen ist:

```
val status:String = Environment.getExternalStorageState()
when (status) {
  Environment.MEDIA_MOUNTED_READ_ONLY -> {
    // Zugriff nur lesend möglich.
  }
  Environment.MEDIA_MOUNTED -> {
    // Zugriff lesend und schreibend möglich.
  }
  else -> {
    // Kein Zugriff möglich.
  }
}
```

Sie können auch direkt auf Änderungen des Anschlusszustands reagieren, indem Sie einen Broadcast-Receiver für die beiden Systemaktionen `Intent.ACTION_MEDIA_MOUNTED` und `Intent.ACTION_MEDIA_UNMOUNTED` registrieren (siehe Kapitel 7, *Weitere Komponententypen*).

Verzeichnisse auf dem externen Medium

Für die Dateien und Verzeichnisse auf dem externen Medium gibt es eine festgelegte Ordnerstruktur, die einzuhalten unbedingt zu empfehlen ist. Dabei muss man zwischen den Daten unterscheiden, die zu einer bestimmten Anwendung gehören, und denjenigen, die für gemeinsamen Zugriff vorgesehen sind.

Anwendungsspezifische Daten

Die Dateien, die Sie nur in Ihrer Anwendung verwenden, müssen immer in einem Verzeichnis wie */Android/data/com.example.hallo/files/* liegen (wenn wie hier der App-Package-Name `com.example.hallo` lautet). Sie sind für andere Anwendungen tabu und werden beim Deinstallieren der Anwendung, zu der sie gehören, automatisch gelöscht.

Die Kontext-Funktion `getExternalFilesDir()` liefert Ihnen das Verzeichnis für die privaten Dateien Ihrer Anwendung. Optional können Sie als Argument einen Dateityp angeben, der als Konstante in der `Environment`-Klasse definiert ist.

```
val privateDateien:File = getExternalFilesDir(null)
val privateMusik:File =
      getExternalFilesDir(Environment.DIRECTORY_MUSIC)
```

Anwendungsübergreifende Dateien

Dateien, die von verschiedenen Anwendungen gemeinsam genutzt werden, liegen in thematisch sortierten Unterverzeichnissen des Medium-Wurzelverzeichnisses, z.B. */Music/*, */Pictures/*, */Movies/* usw. Diese Verzeichnisse ermitteln Sie mit einer statischen Funktion der Klasse `android.os.Environment`. Dort sind auch Konstanten für die Unterverzeichnisse definiert, in denen bestimmte Arten von Dateien liegen, z.B. `DIRECTORY_PICTURES` für Bilder oder `DIRECTORY_RINGTONES` für Klingeltöne.

```
val bildeDateien:File =
    Environment.getExternalStoragePublicDirectory(
        Environment.DIRECTORY_PICTURES)
```

SQLite-Datenbanken

In das Android-Framework integriert ist auch ein leichtgewichtiges, aber leistungsfähiges relationales Datenbanksystem, das aus dem Open-Source-Projekt *SQLite* stammt und über eine Android-eigene Programmierschnittstelle recht einfach bedient werden kann. Dadurch ist es möglich, auch komplexe, strukturierte Daten effektiv zu verwalten. Die Standardprogrammierschnittstelle des Java-SDK (JDBC) steht unter Android nicht zur Verfügung.

Auf die SQLite-Datenbank einer App kann nur von den eigenen Komponenten aus zugegriffen werden. Sie hat immer einen (innerhalb der Anwendung) eindeutigen Namen sowie eine Versionsnummer, die hochgezählt werden muss, wenn sich bei einer neuen Version der Anwendung die Datenbankstruktur ändert.

Weitere Informationen zur Arbeit mit SQLite finden Sie auf der Website des SQLite-Projekts (*http://www.sqlite.org*). Wichtig ist insbesondere die Dokumentation des SQLite-eigenen SQL-Dialekts unter *http://www.sqlite.org/lang.html.*

Der SQLite-Helper

Um mit einer SQLite-Datenbank zu arbeiten, verwenden Sie am besten eine eigene Helper-Klasse, die Sie von `android.database.sqlite.SQLiteOpenHelper` ableiten. Sie kann etwa so aussehen:

```
class BeispielDatenbankOpenHelper(context: Context) :
        SQLiteOpenHelper(context, DBNAME, null, DBVERSION) {

    companion object {
        const val DBNAME = "BeispielDatenbank"
        const val DBVERSION = 1
    }

    override fun onCreate(db: SQLiteDatabase) {
        db.execSQL("CREATE TABLE . . .")
    }

    override fun onUpgrade(db: SQLiteDatabase,
                           oldVersion: Int, newVersion: Int) {
        // Datenbank aktualisieren.
    }
}
```

Dem Super-Konstruktor müssen neben dem Anwendungskontext der Name der Datenbank und die Versionsnummer mitgegeben werden. Außerdem sind zwei abstrakte Funktionen zu implementieren:

`onCreate()` wird ausgeführt, wenn zum ersten Mal auf die Datenbank zugegriffen werden soll. Hier müssen die notwendigen Tabellen, Indizes, Constraints usw. angelegt und gegebenenfalls Anfangsdaten wie Schlüsseltabellen gefüllt werden.

`onUpgrade()` wird nur ausgeführt, wenn die Datenbank erstmalig nach einem Versionswechsel verwendet wird. Dieser Funktion wird die Nummer der bisher auf dem Gerät vorhandenen Datenbankversion sowie die neue Versionsnummer übergeben, die erforderlichen Anpassungen führt sie dann durch.

> Wenn Sie Ihre Daten direkt mit Adapter-Views verknüpfen wollen, müssen Sie darauf achten, dass jede betroffene Tabelle ein Indexfeld vom Typ `INTEGER(long)` mit dem Namen `_id` hat.

Das Datenbankobjekt

Die eigentliche Datenbank (in Form einer Instanz der Klasse `database.sqlite.SQLiteDatabase`) erhalten Sie, indem Sie die Helper-Klasse instanziieren und eine der beiden Properties `readableDatabase` und `writableDatabase` aufrufen, mit denen die Datenbank nur zum Lesen oder zum Lesen und Schreiben geöffnet wird.

```
val helper = BeispielDatenbankOpenHelper(this)
val db = helper.writableDatabase
```

Das Datenbankobjekt `db` enthält nun alle Funktionen, die Sie zum Lesen und Schreiben von Daten benötigen.

Viele der Funktionen erlauben die Nutzung von Fragezeichen als Platzhalter in SQL-Anweisungen. Diese Funktionen haben immer einen zusätzlichen Parameter `bindArgs:Array<String>`, der ein Array mit den konkreten anstelle der Platzhalter einzufüllenden Werten erwartet.

```
val where = "umsatz=? AND land=?"
val bindArgs = arrayOf("0.0","USA")
val anzahl = db.delete("kunde",where,bindArgs)
```

Nutzen Sie die Platzhalter in SQL-Anweisungen zumindest immer dann, wenn Sie vom Anwender eingegebene Daten verarbeiten, um wirksam *SQL-Injection* zu verhindern.

Hier sind einige häufig genutzte Funktionen der `SQLiteDatabase`:

`beginTransaction()`, `endTransaction()`

Beginnt bzw. beendet eine Transaktion. Schreiboperationen zwischen den beiden Funktionen werden nur ausgeführt, wenn unmittelbar vor dem Ende der Transaktion `setTransactionSuccessful()` aufgerufen worden ist. Die Transaktion sollte in jedem Fall explizit geschlossen werden, daher kleidet man den Rumpf der Transaktion am besten in einen `try`-Block ein.

```
db.beginTransaction()
try {
    // Datenbank-Schreiboperationen
    db.setTransactionSuccessful()
} finally {
    db.endTransaction()
}
```

`execSQL()`

Führt ein SQL-Statement aus, das keine Ergebnisse zurückliefert.

```
db.execSql("CREATE TABLE . . .")
db.execSql("CREATE TABLE . . .", bindArgs)
```

`insert()`, `insertOrThrow()`

Schreiben einen neuen Datensatz in die angegebene Tabelle. Zu übergeben ist neben dem Tabellennamen ein `ContentValues`-Objekt mit den Namen und Werten (siehe auch den Abschnitt »Content-Werte« auf Seite 197). Die Funktion `insert` liefert als Ergebnis die ID-Nummer des neuen Datensatzes als `Long` oder `1`, wenn ein Fehler auftritt.

```
val values = ContentValues()
values.put("name","Wert")
val rowId = db.insert("tabelle",null,values)
```

Die Funktion `insertOrThrow()` macht das Gleiche, löst bei einem Fehler aber eine `android.database.SQLException` aus und eignet sich daher besser für die Verwendung innerhalb von Transaktionen.

`update()`
: Ändert Datensätze in der angegebenen Tabelle. Zu übergeben ist neben dem Tabellennamen ein `ContentValues`-Objekt mit den Namen und Werten sowie optional eine WHERE-Klausel, um die Änderung auf bestimmte Datensätze zu beschränken.

```
def values = ContentValues()
values.put("name","anderer Wert")
val where = "name='Wert'"
val anzahl = db.update("tabelle",values,where)
```

`delete()`
: Löscht alle Zeilen aus einer Tabelle. Wenn eine WHERE-Klausel angegeben ist, werden nur die von ihr erfassten Zeilen gelöscht.

```
val where = "name='anderer Wert'"
val anzahl:Int = db.delete("tabelle",where,bindArgs)
```

`query()`, `rawQuery()`
: Führen eine Datenbankabfrage durch und liefern als Ergebnis ein `android.database.Cursor`-Objekt. Die Funktion `query` hat zahlreiche Parameter und ist mehrfach überladen. Wir gehen im nächsten Abschnitt näher auf sie ein.

```
val columns = arrayOf<String>( . . . )
val where = "name like '%Wert%'"
val cursor = db.query("tabelle",columns,
        where,bindArgs,null,null,null)
```

Die Variante `rawQuery()` führt ebenfalls eine Abfrage durch, hat als Parameter aber eine komplette SQL-SELECT-Anweisung.

```
val cursor =
    db.rawQuery("SELECT * FROM tabelle WHERE . . .",bindArgs)
```

Datenbankabfragen

Für Datenbankabfragen können Sie neben `rawQuery()` eine der `query()`-Varianten der `SQLiteDatabase` verwenden, bei denen die Abfrage aus verschiedenen einzelnen Parametern zusammengesetzt wird.

> Zu beachten ist, dass Parameter, die sich auf SQL-Klauseln beziehen (z.B. WHERE), immer ohne das zugehörige Schlüsselwort angegeben werden. So lautet die WHERE-Klausel beispielsweise "stadt='Berlin'" und nicht "WHERE stadt='Berlin'".

distinct:Boolean *(optional)*
: Wenn true, werden doppelte Datensätze herausgefiltert.

table:String
: Name der Tabelle, auf die sich die Abfrage bezieht.

columns:Array<String>
: String-Array mit den Namen der Spalten, die in das Ergebnis übernommen werden sollen. null liefert alle Spalten.

selection:String
: SQL-WHERE-Klausel. null liefert alle Zeilen der Tabelle.

selectionArgs:Array<String>
: String-Array mit Argumenten, die anstelle der Fragezeichen in der WHERE-Klausel eingesetzt werden sollen, oder null.

groupBy:String
: SQL-GROUP BY-Klausel oder null.

having:String
: SQL-HAVING-Klausel oder null.

orderBy:String
: SQL-ORDER BY-Klausel oder null.

limit:String
: SQL-LIMIT-Klausel oder null.

Der Cursor

Datenbankabfragen mit den Funktionen query() und rawQuery() liefern eine Implementierung von android.database.Cursor, mit der Sie die Ergebnisdaten Zeile für Zeile auswerten können.

```
val cursor = db.query(. . .)
if (cursor.count==0) {
```

```
    // Keine Daten gefunden.
} else while (cursor.moveToNext()) {
    // Zeile auswerten.
}
cursor.close()
```

Anfangs steht der Cursor *vor* dem ersten Satz, muss also erst bewegt werden, bevor Daten ausgelesen werden können. Dafür gibt es verschiedene `moveTo...()`-Funktionen, mit denen Sie innerhalb der Ergebnismenge hin und her navigieren können. Eine davon ist `moveToNext()`, die zum nächsten Ergebnissatz springt und `false` zurückgibt, wenn es keinen weiteren Satz mehr gibt.

Den Inhalt eines Ergebnissatzes bekommen Sie mithilfe von Getter-Funktionen für verschiedene Datentypen. Sie greifen jedoch nicht über die Feldnamen, sondern anhand der Feldindexnummern darauf zu, daher muss man diese jeweils mit der Funktion `getColumnIndex()` ermitteln.

```
val intFeld:Int = cursor.getInt(getColumnIndex("intFeld"))
val floatFeld:Float = cursor.getFloat(getColumnIndex("floatFeld"))
val stringFeld:String =
cursor.getString(getColumnIndex("stringFeld"))
val blobFeld:ByteArray = cursor.getBlob(getColumnIndex("blobFeld"))
```

In vielen Fällen wird der Cursor direkt an eine Adapter-View weitergereicht, die den Inhalt dynamisch auf dem Bildschirm anzeigt (siehe Kapitel 6, *Activity und Layout*).

Das SQLite-Tool

Mit dem Android SDK bekommen Sie auch das Befehlszeilenwerkzeug `sqlite` geliefert, das Ihnen ermöglicht, SQLite-Datenbanken anzulegen, zu untersuchen und zu manipulieren. Um eine SQLite-Datenbank auf dem Emulator oder dem angeschlossenen Gerät zu bearbeiten, gehen Sie wie nachfolgend beschrieben vor. Voraussetzung ist, dass Sie den Pfad zu den SDK-Plattformtools in Ihre PATH-Umgebungsvariable aufgenommen haben, wie in Kapitel 2, *Entwicklungsumgebung und Entwicklungsprozess*, beschrieben.

Öffnen Sie ein Terminal- bzw. Befehlszeilenfenster; Sie können auch das Terminal-Fenster in Android Studio verwenden. Verbinden Sie sich dann mithilfe der *Android Debug Bridge* (ADB) mit dem Gerät.

Bei einem AVD mit:

```
$ adb -s emulator-<AVD-Nummer> shell
```

Bei einem über USB angeschlossenen Gerät mit:

```
$ adb -d shell
```

Die AVD-Nummer ist eine vierstellige Zahl, die oben im Emulator angezeigt wird, z.B. 5554.

Starten Sie dann das SQLite-Tool `sqlite3`.

```
127|generic_x86:/ $ sqlite3
```

Nun erscheint die SQLite-Befehlsaufforderung, und Sie können eine Datenbank auf dem Gerät öffnen:

```
sqlite> .open /data/data/hallo/databases/beispiel.db
```

Wenn Sie fertig sind, schließen Sie sowohl das SQLite-Tool als auch die Verbindung mit dem Gerät:

```
sqlite> .exit
generic_x86:/ $ exit
```

Die im SQLite-Tool verfügbaren Befehle sind unter *https://www.sqlite.org/cli.html* dokumentiert.

KAPITEL 10

Systemdienste und Sensoren

Android stellt eine Vielzahl von Funktionen zur Verfügung, mit deren Hilfe Hardware- und Softwarefeatures des Geräts, auf dem die App läuft, genutzt werden können. Zwei Gruppen solcher Features lassen sich aus dem Programm über (relativ) einheitliche APIs ansprechen und sollen daher hier im Zusammenhang behandelt werden.

Systemdienste stellen Zugänge zu so unterschiedlichen Funktionen wie Wecken, Herunterladen und Ortsbestimmung zur Verfügung. Sie alle eint, dass sie sich über sogenannte Service-Manager-Klassen verwalten lassen. Einer dieser Systemdienste ist auch dafür zuständig, die Werte der am Gerät befindlichen Sensoren abzufragen.

Systemdienste verwenden

Jeder Systemdienst wird durch ein Managerobjekt repräsentiert, das vom Kontext über die Funktion `getSystemService()` zur Verfügung gestellt wird. Als Parameter wird ein `Int`-Wert übergeben, der den Typ des Systemdiensts bezeichnet und in `Context` als Konstante definiert ist.

```
val alarmMgr = getSystemService(Context.ALARM_SERVICE)
               as AlarmManager
```

Die Funktion `getSystemService()` hat den Ergebnistyp `Any`, daher muss das Ergebnis erst zu dem zutreffenden Managertyp umgewandelt werden. Man ruft sie am besten in der `onCreate()`-Funktion der Activity auf.

Die Namen der in Context definierten Servicekonstanten sind alle nach demselben Schema gebildet: ALARM_SERVICE verweist auf die Service-Klasse AlarmManager, WIFI_SERVICE auf WifiManager, ACCOUNT_SERVICE auf AccountManager usw.

Allerdings liegen die Service-Klassen in unterschiedlichen Packages und implementieren kein gemeinsames Interface, sie müssen also jeweils nach eigenen Regeln programmiert werden.

Die meisten Systemdienste können von einer App nur verwendet werden, wenn diese über bestimmte Berechtigungen verfügt. Das ist jeweils in der Dokumentation angegeben.

Eine Übersicht der verfügbaren Services finden Sie im Referenzteil unter »Systemdienste«.

Beispiel Weckdienst

Der Alarm-Manager bietet die Möglichkeit, eine bestimmte Aktion zu einer bestimmten Zeit einmalig oder in Intervallen ausführen zu lassen. Die auszuführende Aktion wird in der Form eines Pending-Intents (siehe Kapitel 4, *Apps programmieren*) definiert.

Die folgende Funktion setzeAlarm() beauftragt den Alarm-Manager nach einer angegebenen Zahl von Minuten, eine Aktion anzustoßen, die in dem Broadcast-Receiver AlarmReceiver implementiert ist, die in dem expliziten Intent genannt ist. Die Funktion erzeugt aus dem Intent einen Pending-Intent und übergibt diesen dem Alarm-Manager zusammen mit der Startzeit. Die Startzeit wird mithilfe der SystemClock ermittelt, die in der Funktion elapsedRealtime() die abgelaufene Zeit seit dem Hochfahren des Geräts liefert, zu der die Minutenzahl, umgerechnet in Millisekunden, hinzuaddiert wird.

```
private var alarmIntent:PendingIntent? = null
private val alarmMgr =
  getSystemService(Context.ALARM_SERVICE) as AlarmManager

private fun setzeAlarm(minuten:Int) {
    // Berechne Ausführungszeit.
    val zeitpunkt = SystemClock.elapsedRealtime() +
            minuten.toLong()*60*1000
```

```
    // Erzeuge Intent.
    val intent = Intent(this, AlarmReceiver::class.java)
    // Erzeuge Pending-Intent aus Intent.
    alarmIntent = PendingIntent.getBroadcast(
          this, 0, intent, 0)
    // Setze einmaligen Alarm.
    alarmMgr.set(AlarmManager.ELAPSED_REALTIME_WAKEUP,
          zeitpunkt, alarmIntent)
}
```

Der Alarm-Manager gibt Ihnen auch die Möglichkeit, einen bestehenden Auftrag zu löschen. Dazu muss ihm in der Funktion `cancel()` der betreffende Intent übergeben werden.

```
private fun beendeAlarm() {
  if (alarmIntent!=null) {
    alarmMgr.cancel(alarmIntent)
    alarmIntent = null
  }
}
```

Der Alarm-Manager bietet noch viele weitere Möglichkeiten, einmalige oder wiederholte Aktionen im Voraus zu planen (siehe dazu die Dokumentation der Klasse `AlarmManager` unter *https://developer.android.com/reference/android/app/AlarmManager.html*).

Auf Sensoren zugreifen

Android-Geräte verfügen normalerweise über eine Vielzahl von Messfühlern, mit denen die unterschiedlichsten Umgebungsbedingungen wie Temperatur, Beschleunigung, Himmelsrichtung, Annäherung eines Körpers usw. gemessen werden können. Um sie zu benutzen, verwendet man ebenfalls einen Systemdienst, der mit dem Sensor-Manager eine einheitliche Programmierschnittstelle bietet.

Android kennt folgende Gruppen von Sensoren:

- *Umgebungssensoren* messen die Eigenschaften der Umgebung, z.B. Lufttemperatur, Luftdruck, Luftfeuchtigkeit, Helligkeit usw.
- *Positionssensoren* messen den Standort und die Ausrichtung des Geräts.

- *Bewegungssensoren* messen Dreh- und Beschleunigungskräfte entlang der drei Achsen des Geräts.
- *Körpersensoren* messen Körperfunktionen wie Herzfrequenz und Laufschritte.

Manche Sensoren werden nur von bestimmten (neueren) Android-Versionen unterstützt. Außerdem ist nicht jede Art von Sensor an jedem Gerät verfügbar, manche Geräte haben mehrere Sensoren desselben Typs, und nicht jeder Sensor hat auf jedem Gerät die gleichen Fähigkeiten.

Man hat mit dem Sensorframework von Android folgende Möglichkeiten:

- Prüfen, welche Sensoren am Gerät vorhanden sind.
- Prüfen, welche spezifischen Eigenschaften die Sensoren haben.
- Sensordaten in bestimmten Abständen abrufen.
- Event-Listener für die Verfolgung von Veränderungen an einem Sensor registrieren.

Im Referenzteil im Abschnitt »Sensortypen« auf Seite 251 finden Sie eine Auflistung der in Android definierten Sensortypen.

Sensorzugriff im Manifest anmelden

Wenn eine App auf einen Sensor zugreifen will, muss das im Manifest vermerkt sein. Diese Angabe wird zur Installation auf dem Gerät benötigt und von App-Märkten (wie Google Play) verwendet, um die auf bestimmten Geräten installierbaren Apps zu filtern. Dabei muss man unterscheiden, ob eine App auch ohne den Sensor betrieben werden kann oder nicht.

Für jeden Sensor, auf den die App zugreifen möchte, muss ein `<uses-feature>`-Element angelegt werden. Der im Attribut `android:name` anzugebende Sensorname kann dem Abschnitt »Sensortypen« auf Seite 251 im Referenzteil entnommen werden. Das Attribut `android:required` legt fest, ob der Sensor für den Betrieb der App zwingend vorausgesetzt wird oder nicht.

Folgender Eintrag besagt, dass die App ohne Bewegungssensor nicht betrieben werden kann:

```
<uses-feature
  android:name="android.hardware.sensor.accelerometer"
  android:required="true" />
```

Auf den Kompass kann sie jedoch notfalls verzichten:

```
<uses-feature
  android:name="android.hardware.sensor.compass"
  android:required="false" />
```

Für manche Sensoren müssen zusätzlich auch noch bestimmte Berechtigungen eingetragen werden. So gelten beispielsweise Körpersensoren als gefährlich und benötigen die Berechtigung `android.permission.BODY_SENSORS`.

Sensoren identifizieren

Bevor man auf einen Sensor zugreifen kann, muss man ihn zunächst im System identifizieren. Zu diesem Zweck verwendet man den Systemdienst *Sensor-Service*, der durch ein Objekt des Typs `SensorManager` repräsentiert wird.

```
val sensorManager =
    getSystemService(Context.SENSOR_SERVICE) as SensorManager
```

Der `SensorManager` verfügt über eine Funktion `getSensorList()`, die eine Liste der verfügbaren Sensoren eines bestimmten Typs liefert.

```
val sensorList:List<Sensor> =
    sensorManager.getSensorList(Sensor.TYPE_RELATIVE_HUMIDITY)
```

Mit dem Argument `Sensor.TYPE_ALL` erhält man eine Liste aller Sensoren des Geräts.

Das Ergebnis ist eine Liste von Objekten des Typs `android.hardware.Sensor`.

Wenn es zu einem Typ mehrere Sensoren gibt, muss einer von ihnen als *default* definiert sein. Mit der `SensorManager`-Funktion `getDefaultSensor()` kann man den Default-Sender herausfinden und dabei auch gleich feststellen, ob es im Gerät überhaupt einen Sensor des angegebenen Typs gibt.

```
val magnSensor:Sensor? =
    sensorManager.getDefaultSensor(Sensor.TYPE_MAGNETIC_FIELD)
if (magnSensor==null) {
    // Kein Sensor für das Magnetfeld vorhanden.
}
```

Folgender Programmcode zeigt beispielhaft, wie die Suche nach einem geeigneten Sensor für die Schwerkraftbestimmung ablaufen kann.

```
val sensor:Sensor? =
// Sensor von Google in der Version 3 suchen.
sensorManager.getSensorList(Sensor.TYPE_GRAVITY).find {
    it.vendor.contains("Google Inc.") && it.version==3
} ?:
// Wenn nicht gefunden, Default-Sensor nehmen.
sensorManager.getDefaultSensor(Sensor.TYPE_GRAVITY) ?:
// Wenn es den auch nicht gibt, anderen Sensortyp verwenden.
sensorManager.getDefaultSensor(Sensor.TYPE_ACCELEROMETER)
```

Sensorereignisse empfangen

Die Messergebnisse eines Sensors kann man nicht direkt abfragen; sie werden immer in Form von Ereignissen an die Anwendung geliefert. Ein solches Ereignis wird durch ein Objekt des Typs SensorEvent repräsentiert, das – nach Kotlin übersetzt – folgendermaßen definiert ist.

```
package android.hardware

class SensorEvent {
    val values:FloatArray  // die ermittelten Werte
    val sensor:Sensor      // der betreffende Sensor
    val accuracy:Int       // Genauigkeit
    val timestamp:Long     // Zeitpunkt in Nanosekunden
}
```

Die Messwerte werden in einem Array von Float-Zahlen gespeichert, deren Bedeutung durch den jeweiligen Sensortyp festgelegt ist. Viele Sensoren liefern nur einen Messwert, der sich dann in values[0] befindet.

Um die Ereignisse eines Sensors zu empfangen zu können, muss man ein Objekt registrieren, das das Interface SensorEventListener implementiert.

Einen Listener registrieren

Sie können dabei beispielsweise folgendermaßen vorgehen, um in Ihrer App über Veränderungen der Umgebungshelligkeit informiert zu werden:

Definieren Sie in der Activity zwei Properties für den Sensor-Manager und den Sensor.

```
private var sensorManager:SensorManager? = null
private var lightSensor? = null
```

In der `onCreate()`-Funktion lassen Sie sich den Sensor-Manager und den Sensor geben.

```
sensorManager = getSystemService(Context.SENSOR_SERVICE)
                        as SensorManager
lightSensor = sensorManager.getDefaultSensor(Sensor.TYPE_LIGHT)
```

In der `onResume()`-Funktion, wenn die Activity also in den Vordergrund tritt, registrieren Sie das Listener-Objekt `LightSensorEventListener`, sodass es die Ereignisse empfangen kann.

```
sensorManager.registerListener(LightSensorEventListener,
      lightSensor, SensorManager.SENSOR_DELAY_NORMAL)
```

In der `onPause()`-Funktion, wenn die Activity beendet oder überlagert wird, machen Sie die Registrierung des Listener-Objekts wieder rückgängig, damit keine überflüssigen Ereignisse an den Listener gesandt werden.

```
sensorManager.unregisterListener(LightSensorEventListener)
```

Den Event-Listener implementieren

In Kotlin eignet sich für den Event-Listener ein Singleton-Objekt, das das Interface `SensorEventListener` mit zwei Funktionen implementiert.

Die Funktion `onSensorChanged()` wird sofort nach der Registrierung des Listeners aufgerufen und dann immer bei der Veränderung eines Messwerts. Sie erhält das `SensorEvent`-Objekt als Argument.

Die Funktion `onAccuracyChanged()` wird immer aufgerufen, wenn sich die Messgenauigkeit ändert, und erhält eine Referenz auf den

Sensor sowie einen Int-Wert, der den aktuellen Genauigkeitsgrad beschreibt.

```
object LightSensorEventListener : SensorEventListener {

  override fun onSensorChanged (event:SensorEvent) {
    val lux = event.values[0]
    // Helligkeit hat sich verändert.
  }
  override fun onAccuracyChanged(sensor:Sensor,accuracy:Int) {
    when (accuracy) {
      SensorManager.SENSOR_STATUS_ACCURACY_LOW -> {
        // niedrige Genauigkeit
      }
        . . .
    }
  }
}
```

Referenzteil

Android-Versionen

Die folgende Tabelle führt alle bisherigen Android-Versionen auf, die für Mobiltelefone und Tablets bestimmt sind, mit denen Veränderungen der API einhergegangen sind und die somit ein eigenes API-Level haben. Genannt sind jeweils die Versionsnummer, die API-Level-Nummer, der Codename (entsprechend den Java-Konstanten in `android.os.Build.VERSION_CODES`) sowie der Monat der Freigabe.

Android-Version	API-Level	Codename	Freigabe
1.0	1	BASE	10.2008
1.1	2	BASE_1_1	02.2009
1.5	3	CUPCAKE	05.2009
1.6	4	DONUT	09.2009
2.0	5	ECLAIR	11.2009
2.0.1	6	ECLAIR_0_1	12.2009
2.1	7	ECLAIR_MR1	01.2010
2.2	8	FROYO	06.2010
2.3	9	GINGERBREAD	11.2010
2.3.3	10	GINGERBREAD_MR1	02.2011
3.0	11	HONEYCOMB	02.2011
3.1	12	HONEYCOMB_MR1	05.2011
3.2	13	HONEYCOMB_MR2	06.2011

Android-Version	API-Level	Codename	Freigabe
4.0	14	ICE_CREAM_SANDWICH	10.2011
4.0.3	15	ICE_CREAM_SANDWICH_MR1	11.2011
4.1	16	JELLY_BEAN	06.2012
4.2	17	JELLY_BEAN_MR1	10.2012
4.3	18	JELLY_BEAN_MR2	07.2013
4.4	19	KITKAT	10.2013
5.0	21	LOLLIPOP	11.2014
5.1	22	LOLLIPOP_MR1	03.2015
6.0	23	M (Marshmellow)	10.2015
7.0	24	N (Nougat)	08.2016
7.1	25	N_MR1	10.2016
8.0	26	O (Oreo)	08.2017
8.1	27	O_MR1	12.2017

API-Übersichten

Die Java-APIs des Android-Frameworks sind sehr umfangreich und etwas schwer zu überblicken. Daher wollen wir hier einige Einstiegspunkte vorstellen, und zwar in Form einer Übersicht über die diversen Packages (sofern sie nicht zum Standard-JDK gehören) sowie einige API-Klassen von zentraler Bedeutung.

Die zum Framework gehörenden Java-Packages lassen sich in vier Gruppen unterscheiden.

- Die Android-spezifischen Packages, die als genuiner Teil des Frameworks eigens für Android realisiert und auf den Geräten installiert wurden. Sie beginnen alle mit dem Präfix `android`.
- Die Packages der Unterstützungsbibliothek gehören zwar auch zu Android, sind aber nicht auf Geräten installiert und müssen daher eigens in die Anwendung geladen werden. Sie beginnen mit `android.support`.

- Die Klassen für den Zugriff auf Google-Dienste. Diese sind wiederum typischerweise auf mobilen Geräten installiert, aber keine genuinen Teile des Frameworks. Das Präfix ist `com.google.android`.
- Schließlich gibt es noch einige Packages aus verschiedenen Open-Source-Projekten, die in das Framework integriert worden sind und deren Namen projektspezifisch sind.

Die folgenden Tabellen listen jeweils die wesentlichen Packages aus diesen Gruppen mit ihrem jeweiligen Inhalt auf.

Eine vollständige Dokumentation aller Android-APIs ist unter *https://developer.android.com/reference/packages.html* zu finden.

Android-eigene Packages

Package	Inhalt
`android`	Wurzel-Package des Android-Frameworks, enthält die Klassen `R` und `Manifest`.
`android.accessibilityservice`	Unterstützung für die Entwicklung von Services, die alternative Feedbacks auf bestimmte Ereignisse in der Benutzerschnittstelle realisieren.
`android.accounts`	Zentrale Verwaltung von Anmeldedaten für Internetdienste.
`android.animation`	Unterstützung für animierte GUI-Elemente.
`android.annotation`	Annotationstypen für Android Lint.
`android.app`	Basisklassen für die Entwicklung von Anwendungskomponenten wie `Activity`, `Service` usw.; untergeordnete Packages für Geräteadministration und Backup.
`android.appwidget`	Unterstützung für die Entwicklung von App-Widgets.
`android.bluetooth`	Bluetooth-Kommunikation.
`android.content`	Gemeinsame Nutzung von Inhalten (u. a. die Klassen `ContentProvider` und `Intent`); untergeordnete Packages für Package-Management (`pm`) und Ressourcenmanagement (`res`).
`android.database`	Implementierungsunabhängige Klassen für die Unterstützung von Datenbankabfragen; untergeordnetes Package `sqlite` zur Implementierung des SQLite-Zugriffs.

Package	Inhalt
`android.drm`	Framework für die Arbeit mit geschützten Inhalten (*Digital Rights Management*).
`android.gesture`	Verwaltung von Bildschirmgesten.
`android.graphics`	Direkter Zugriff auf elementare Grafikfunktionen des Bildschirms; untergeordnetes Package `drawable` für verschiedene komplexe Grafiktypen.
`android.hardware`	Zugriff auf Gerätefeatures wie Kamera und Sensoren.
`android.hardware.display`	Informationen über Displays (seit Android 4.2, API-Level 17).
`android.hardware.input`	Informationen über Eingabegeräte.
`android.hardware.location`	Unterstützung für Geofencing (seit Android 4.3, API-Level 18).
`android.hardware.usb`	Zugriff auf Geräte, die über USB angeschlossen sind.
`android.inputmethodservice`	Unterstützung für die Programmierung von Eingabefunktionen, z. B. Softwaretastaturen.
`android.location`	Ortsbestimmung.
`android.media`	Aufnahme und Wiedergabe von Medien.
`android.mtp`	Interaktion mit angeschlossenen Fotoapparaten über das *Media Transfer Protocol*.
`android.net`	Netzwerkkommunikation (als Ergänzung zu den entsprechenden Java-Standardklassen); untergeordnete Packages zu den Protokollen HTTP, NSD, RTP, SIP und WIFI.
`android.nfc`	Zugriff auf Gerätefeatures für die Nahbereichskommunikation (*Near Field Communication*).
`android.opengl`	Schnittstelle für die Grafikprogrammierung nach dem OpenGL-Standard.
`android.os`	Sammelsurium von Klassen für systemnahe Dienste, Interprozesskommunikation und Gerätefeatures.
`android.os.storage`	Verwaltung von Dateisystemen für umfangreiche Binärdaten (*Opaque Binary Blobs*).
`android.preference`	GUI-Oberfläche und Speicher für Präferenzdaten.
`android.print`	Klassen für die Implementierung von Druckfunktionen.
`android.printservice`	Klassen für die Implementierung von Druckdiensten.

Package	Inhalt
`android.provider`	Hilfsklassen für den Zugriff auf diverse Content-Provider des Android-Systems.
`android.renderscript`	API für die hoch performante Ausführung elementarer mathematischer Berechnungen und Grafikdarstellungen.
`android.sax`	Framework für die vereinfachte Realisierung robuster SAX-Handler zum Einlesen von XML-Dokumenten.
`android.security`	Zugriff auf private Schlüssel und Zertifikate.
`android.service...`	Packages für verschiedene Android-Systemdienste.
`android.speech`	Service für die Spracherkennung.
`android.speech.tts`	Sprachsynthesizer.
`android.telephony`	APIs für das Monitoring von telefoniebezogenen Informationen, für den Versand von SMS-Nachrichten und zur Verarbeitung von Strings mit Telefonnummern.
`android.test`	Android-Testframework.
`android.text`	Darstellung von Texten und Verfolgung von Textänderungen auf dem Bildschirm.
`android.text.format`	Hilfsklassen für die Textformatierung.
`android.text.method`	Beobachtung und Modifikation von Tastatureingaben.
`android.text.style`	Abfrage und Änderung von Textabschnitten innerhalb von View-Objekten auf dem Bildschirm.
`android.text.util`	Verschiedene Hilfsklassen für die Textmanipulation.
`android.util`	Diverse Hilfsklassen für die Verarbeitung von Datums-/Zeitinformationen, Konvertierungen, XML, Logging usw.
`android.view`	Basisklassen für das Bildschirmlayout und die Benutzerinteraktion.
`android.view.accessibility`	Klassen zur Verfolgung von Ereignissen in der Benutzerschnittstelle zur Unterstützung der Realisierung barrierefreier Anwendungen.
`android.view.animation`	Unterstützung für *tweened* Animationen (bei denen grafische Elemente manipuliert werden).
`android.view.inputmethods`	Interaktion zwischen Views und Eingabemethoden (z. B. Soft-Keyboards).
`android.view.textservice`	Rechtschreibprüfung.

Package	Inhalt
`android.webkit`	Webbrowser-API.
`android.widget`	Diverse Elemente für den Aufbau von Anwendungsoberflächen.
`dalvik`	Hilfs- und Informationsklassen für die Android-eigene virtuelle Maschine.

Fremdbibliotheken

Package	Inhalt
`javax.microediton.khronos`	Schnittstelle für APIs zur Mediendarstellung über *OpenGL* der Khronos Group (*http://www.khronos.org/egl/*).
`junit`	Junit-3-Testframework (*http://www.junit.org/*).
`org.apache.http`	Teile der *Apache HttpComponents* (Bibliothek zur Bedienung des HTTP-Protokolls (*http://hc.apache.org/*).
`org.json`	Standardimplementierung des JSON-Formats (*http://www.json.org/java/index.html*).
`org.xmlpull`	XML-Pull-Parser (*http://xmlpull.org/*).

Unterstützungsbibliotheken

Die Packages der Unterstützungsbibliotheken sind nur verfügbar, wenn sie über entsprechende Einträge im Gradle-Script wie folgt in das Projekt eingebunden sind, dabei muss `NAME` durch den jeweiligen Paketnamen (z. B. `appcompat-v7`) und `VERSION` durch die aktuelle Versionsnummer (z. B. `27.0.1`) ersetzt werden.

```
dependencies {
   implementation 'com.android.support:NAME:VERSION'
   . . .
}
```

Im Folgenden sind die Unterstützungsbibliotheken mit ihren jeweiligen Paketen aufgeführt. Es gibt verschiedene Abhängigkeiten zwischen den Paketen dieser Bibliotheken, die aber durch Gradle selbsttätig aufgelöst werden sollten.

Unterstützungsbibliothek V4

Die Pakete dieser Bibliothek sind nutzbar ab Android 1.6 (API-Level 4) und dienen hauptsächlich dazu, vorhandene Plattformfunktionalitäten in kompatibler Weise zu ergänzen und erweitern.

Package	Inhalt
`support-compat`	Kompatible Wrapper-Klassen für verschiedene Plattform-APIs.
`support-core-utils`	Hilfsklassen, die von den anderen Paketen dieser und anderer Bibliotheken benötigt werden.
`support-core-ui`	Verschiedene Komponenten für die Benutzeroberfläche.
`support-media-compat`	Rückwärtskompatible Version des Medienframeworks von Android.
`support-fragment`	Rückwärtskompatible Version der Fragment-Klassen.

Unterstützungsbibliothek V7

Diese ab Android 2 (API-Level 7) einsetzbaren Pakete enthalten zusätzliche Features, die unabhängig voneinander verwendet werden können.

Package	Inhalt
`appcompat-v7`	Erweiterungen für eine einheitliche Gestaltung der Benutzeroberfläche nach den Android-Standards.
`cardview-v7`	Enthält die dynamische View-Gruppe *CardView*.
`gridlayout-v7`	Enthält die dynamische View-Gruppe *GridLayout*.
`mediarouter-v7`	Funktionen für die Weiterleitung von abgespielten Medieninhalten auf externe Geräte.
`palette-v7`	Funktionen zum Abgreifen dominierender Farben aus einem Bild.
`recyclerview-v7`	Enthält die dynamische View-Gruppe *RecylerView*.
`preference-v7`	Funktionen für die Behandlung von Benutzereinstellungen.

Unterstützungsbibliothek V13

Diese Bibliothek enthält nur ein Paket, das ab Android 3.2 (API-Level 13) nutzbar ist.

Package	Inhalt
support-v13	Unterstützung für die kompatible Implementierung von Fragmenten.

Unterstützungsbibliothek V14

Ebenfalls nur ein Paket, verwendbar ab Android 4.0 (API-Level 14).

Package	Inhalt
preference-v14	Aktuellere Version der Präferenzbibliothek.

Einzelpakete

Verschiedene neuere Pakete der Unterstützungsbibliotheken sind nicht mehr nach der frühesten unterstützten Android-Version klassifiziert und bieten APIs für diverse einzelne Features.

Package	Inhalt
animated-vector-drawable	Unterstützung für bewegte Vektorgrafiken.
customtabs	Unterstützung für die Realisierung von benutzerdefinierten Tabs im Chrome-Browser.
Design	Unterstützung für Benutzerschnittstellen nach dem Material-Design.
Exifinterface	Funktionen für den Zugriff auf die EXIF-Daten einer Bilddatei.
Multidex	Unterstützung für die Erstellung von Apps, die mehr als 64.000 Java-Methoden haben.
Percent	Unterstützung für die Dimensionierung von Benutzerschnittstellen mit prozentualen Bemessungen. (Sollte nicht mehr verwendet werden; stattdessen kann das `ConstraintLayout` genutzt werden, das solche Möglichkeiten ebenfalls bietet.)
support-annotations	Diverse Java-Annotationen für Konsistenzsicherung durch Android Lint.
support-vector-drawable	Unterstützung für statische Vektorgrafiken.

Ressourcenkennzeichen

Zu allen Ressourcen kann es Varianten für bestimmte Lokalisierungen, Geräteeigenschaften und Android-Versionen geben, die durch Suffixe an den Verzeichnisnamen gekennzeichnet sind. So befinden sich beispielsweise im Verzeichnis *drawable-small-port-ldpi* grafische Elemente für kleine Bildschirme in *portrait*-Stellung mit LDPI-Auflösung.

Die folgende Tabelle listet häufig verwendete Konfigurationsvarianten für Ressourcen auf. Die vollständige Liste aller Konfigurationsoptionen finden Sie auf der Android-Site unter *http://developer.android.com/guide/topics/resources/providing-resources.html#AlternativeResources*.

Gruppe	Bedeutung	Beispiele
Lokalisierung	Sprache und gegebenenfalls Region, für die das Gerät eingestellt ist, in der üblichen OSI-Codierung, durch Bindestrich getrennt. Dem Regionscode muss der Buchstabe *r* vorangestellt werden.	*de* *de-rAU* *fr* *fr-rFR*
Mindestbreite	Minimale Breite des Bildschirms, unabhängig von der Orientierung (also der kleinere Wert von Höhe und Breite). Angegeben wird die Zeichenfolge *sw* gefolgt von der Größenangabe. Typische Werte sind: 320dp für Smartphones mit kleinem Display 480dp für Smartphones 600dp für 7-Zoll-Tablets 720dp für 8-Zoll-Tablets	*sw320dp* *sw720dp*
Bildschirmgröße	Ungefähre Größe des Bildschirms von einem kleinen Mobiltelefon (*small*) bis zu einem Tablet-Computer (*xlarge*).	*small* *normal* *large* *xlarge*
Bildschirmformat	Unterscheidet Breitbild- und Normalbildschirme.	*long* *notlong*
Bildschirmorientierung	Aktuelle Bildschirmorientierung: Hochformat (*portrait*) oder Breitformat (*landscape*).	*port* *land*

Gruppe	Bedeutung	Beispiele
Bildschirmauflösung	Folgende Werte sind zulässig: dpi: ca. 120 dpi mdpi: ca. 160 dpi hdpi: ca. 240 dpi xhdpi: ca 320 dpi nodpi: keine Skalierung erforderlich	*ldpi* *mdpi* *hdpi* *xhdpi* *nodpi*
Android-Version	Minimalversion der Android-Plattform, bestehend aus einem *v* und der API-Level-Nummer.	*v14* *v26*

Systemdienste

Mit den Namen der Systemdienste, wie sie im `Context` als Konstanten definiert sind, erhält man beispielsweise durch die folgende Zeile Zugriff auf den Energiespar-Manager:

```
val pm = getSystemService(Context.POWER_SERVICE) as PowerManager
```

Manche Systemdienste sind in älteren Android-Versionen nicht verfügbar.

Namenskonstante	Service-Klasse	Funktion
`ACCESSIBILITY_SERVICE`	`android.view.accessibility.AccessibilityManager`	Funktionen für Barrierefreiheit.
`ACCOUNT_SERVICE`	`android.accounts.AccountManager`	Zentraler Speicher für Onlineaccounts.
`ACTIVITY_SERVICE`	`android.app.ActivityManager`	Zugang zur systemweiten Activity-Verwaltung.
`ALARM_SERVICE`	`android.app.AlarmManager`	Zeitgesteuerter Start von Anwendungen.
`APPWIDGET_SERVICE`	`android.appwidget.AppWidgetManager`	Verwaltung von App-Widgets.
`AUDIO_SERVICE`	`android.media.AudioService`	Steuerung der Tonausgabe.
`BATTERY_SERVICE`	`android.os.BatteryManager`	Funktionen im Zusammenhang mit Broadcasts zu `ACTION_BATTERY_CHANGED`.

Namenskonstante	Service-Klasse	Funktion
BLUETOOTH_SERVICE	android.bluetooth. BluetoothManager	Verwaltung von Bluetooth-Verbindungen.
CAMERA_SERVICE	android.hardware. camera2.CameraManager	Verbindung mit angeschlossenen Kameras.
CAPTIONING_SERVICE	android.view. accessibility. CaptioningManager	Zugriff auf Videoaufnahmen.
CONNECTIVITY_SERVICE	android.net. ConnectivityManager	Verwaltung von Netzwerkverbindungen.
DOWNLOAD_SERVICE	android.app. DownloadManager	HTTP-Downloads.
FINGERPRINT_SERVICE	android.hardware. fingerprint. FingerprintManager	Zugriff auf Fingerabdrucksensoren.
HARDWARE_PROPERTIES_SERVICE	android.os. HardwarePropertiesManager	Abfrage bestimmter Hardwarezustände.
INPUT_METHOD_SERVICE	android.view. inputmethod. InputMethodManager	Verwaltet Eingabemethoden.
INPUT_SERVICE	android.hardware. input.InputManager	Interaktion mit Eingabegeräten.
JOB_SCHEDULER_SERVICE	android.app.job. JobScheduler	Planung und Abfrage von Hintergrundaktivitäten.
KEYGUARD_SERVICE	android.app. KeyguardManager	Sperrt und entsperrt die Tastatur.
LAYOUT_INFLATER_SERVICE	android.view. LayoutInflater	Expandiert Layoutressourcen in komplette View-Bäume.
LOCATION_SERVICE	android.location. LocationManager	Steuert die Ortsbestimmung.
MEDIA_ROUTER_SERVICE	android.media. MediaRouter	Steuerung der Medienausgabe über verschiedene Ausgangskanäle.
MEDIA_SESSION_SERVICE	android.media. session.MediaSessionManager	Verfolgung von laufenden Medienvorgängen.
MIDI_SERVICE	android.media. midi.MidiManager	Zugang zum MIDI-Dienst.

Namenskonstante	Service-Klasse	Funktion
NETWORK_STATS_SERVICE	android.app.usage.NetworkStatsManager	Zugriff auf Netzwerkstatistiken.
NFC_SERVICE	android.nfc.NfcManager	Nutzung von Near Field Communication.
NOTIFICATION_SERVICE	android.app.NotificationManager	Informationen über Hintergrundereignisse.
NSD_SERVICE	android.net.nsd.NsdManager	Zugriff auf das Network Service Directory.
POWER_SERVICE	android.os.PowerManager	Zugang zu den Energiesparfunktionen.
PRINT_SERVICE	android.print.PrintManager	Verwaltung von Druckaufträgen.
RESTRICTIONS_SERVICE	android.content.RestrictionsManager	Abfrage von Benutzungsbeschränkungen.
SEARCH_SERVICE	android.app.SearchManager	Systemweite Suchfunktion.
SENSOR_SERVICE	android.hardware.SensorManager	Zugriff auf Sensoren.
SHORTCUT_SERVICE	android.content.pm.ShortcutManager	Verwaltung von Schnellzugriffen auf Anwendungsfunktionen.
STORAGE_SERVICE	android.os.StorageManager	Zugriff auf den Systemspeicher.
STORAGE_STATS_SERVICE	android.app.usage.StorageStatsManager	Zugriff auf Statistiken über die Speichernutzung.
SYSTEM_HEALTH_SERVICE	android.os.health.SystemHealthManager	Zugriff auf Informationen über den Gerätezustand.
TELECOM_SERVICE	android.telecom.TelecomManager	Zugriff auf Informationen zur Telekommunikation.
TELEPHONY_SERVICE	android.telephony.TelephonyManager	Zugang zu Telefoniefunktionen.
TELEPHONY_SUBSCRIPTION_SERVICE	android.telephony.SubscriptionManager	Zugriff auf Informationen zu den aktuellen Telefonverträgen.

Namenskonstante	Service-Klasse	Funktion
TEXT_ CLASSIFICATION_ SERVICE	android.view. textclassifier. TextClassificationManager	Dienst zur inhaltlichen Klassifikation von Texten.
TEXT_SERVICES_ MANAGER_SERVICE	android.view. textservice. TextServicesManager	Rechtschreibprüfung für Texte.
UI_MODE_SERVICE	android.app. UiModeManager	Steuerung der Oberflächenmodi (Car Mode, Night Mode).
USAGE_STATS_ SERVICE	android.app.usage. UsageStatsManager	Zugriff auf Benutzungsstatistiken des Geräts.
USB_SERVICE	android.hardware. usb.UsbManager	Zugriff auf über den USB-Host angeschlossene Geräte.
USER_SERVICE	android.os. UserManager	Verwaltung der Benutzer auf einem Mehrbenutzersystem.
VIBRATOR_SERVICE	android.os.Vibrator	Zugang zum Vibrator.
WALLPAPER_SERVICE	android.service. wallpaper.WallpaperService	Anzeige »lebender« Hintergründe.
WIFI_AWARE_ SERVICE	android.net. wifi.aware. WifiAwareManager	Dienst zum Entdecken und Herstellen von Peer-to-peer-Verbindungen über WLAN.
WIFI_P2P_SERVICE	android.net. wifi.p2p. WifiP2pManager	Verwaltung von Peer-to-peer-Verbindungen über WLAN.
WIFI_SERVICE	android.net. WifiManager	Verwaltung von WLAN-Verbindungen.
WINDOW_SERVICE	android.view. WindowManager	Window-Manager, erforderlich für selbst programmierte Windows.

Sensortypen

Die verfügbaren Sensortypen sind als Konstanten der Klasse `android.hardware.Sensor` definiert.

Namenskonstante	Gemessene Werte
TYPE_ACCELEROMETER	Beschleunigungskräfte
TYPE_AMBIENT_TEMPERATURE	Umgebungstemperatur
TYPE_GRAVITY	Massenanziehungskräfte
TYPE_GYROSCOPE	Drehbewegungen
TYPE_LIGHT	Umgebungshelligkeit
TYPE_LINEAR_ACCELERATION	lineare Beschleunigung
TYPE_MAGNETIC_FIELD	magnetisches Feld
TYPE_ORIENTATION	Neigungs- und Drehposition des Geräts
TYPE_PRESSURE	Luftdruck
TYPE_PROXIMITY	Nähe eines Objekts am Gerät
TYPE_RELATIVE_HUMIDITY	relative Luftfeuchtigkeit
TYPE_ROTATION_VECTOR	Geräteorientierung
TYPE_TEMPERATURE	Umgebungstemperatur

Standardaktionen

Die vom Android-Framework vorgegebenen Aktionsnamen sind in der Klasse `android.content.Intent` als String-Konstanten definiert. Der vollständige Name einer Aktion, der beispielsweise in einem Intent-Filter anzugeben ist, entspricht also dem Namen der Konstanten mit vorangestelltem Präfix `android.intent.action`.

Activity-Aktionen

Die folgende Übersicht zeigt wichtige Aktionen, die dem Starten von Activities dienen.

Namenskonstante	Aktion
ACTION_ANSWER	Auf einen eingehenden Anruf reagieren.
ACTION_ATTACH_DATA	Daten anhängen.
ACTION_CALL	Anruf tätigen.
ACTION_CHOOSER	Auszuführende Activity auswählen.

Namenskonstante	Aktion
ACTION_DELETE	Etwas löschen.
ACTION_DIAL	Telefonnummer wählen, ohne einen Anruf auszulösen.
ACTION_EDIT	Daten bearbeiten.
ACTION_GET_CONTENT	Daten einer bestimmten Art auswählen.
ACTION_INSERT	Leeres Element in einen Container einfügen.
ACTION_MAIN	Kennzeichen der Haupt-Activity.
ACTION_PICK	Daten aus einer Liste auswählen.
ACTION_PICK_ACTIVITY	Activity anhand eines Intents auswählen.
ACTION_RUN	Daten ausführen.
ACTION_SEARCH	Nach einem Text suchen.
ACTION_SEND	Daten versenden (ohne Adressangabe).
ACTION_SENDTO	Daten versenden (mit Adressangabe).
ACTION_SYNC	Daten synchronisieren.
ACTION_VIEW	Daten auf dem Bildschirm anzeigen.
ACTION_WEB_SEARCH	Text im Web suchen.

Broadcast-Aktionen

Im Folgenden finden Sie wichtige Aktionen zu Broadcast-Intents, die von Systemdiensten gesendet werden.

Aktion	Ereignis
ACTION_BATTERY_CHANGED	Batterie gewechselt.
ACTION_BOOT_COMPLETED	Bootvorgang abgeschlossen.
ACTION_POWER_CONNECTED	Gerät ans Stromnetz angeschlossen.
ACTION_POWER_DISCONNECTED	Gerät vom Stromnetz getrennt.
ACTION_SHUTDOWN	Gerät wird heruntergefahren.
ACTION_TIME_CHANGED	Uhrzeit wurde gestellt.
ACTION_TIME_TICK	Uhrzeit geändert (wird einmal pro Minute gesendet).
ACTION_TIMEZONE_CHANGED	Zeitzone umgestellt.
ACTION_UID_REMOVED	Benutzer-ID entfernt.

Manifest

In den folgenden Tabellen listen wir die wichtigen standardmäßigen Schlüsselwörter für die Festlegung von Berechtigungen und Geräteeigenschaften in der Manifest-Datei auf.

Standardberechtigungen

Standardberechtigungen sind die wichtigsten von Android vordefinierten Berechtigungen, wie sie bei Bedarf im Manifest-Tag `<uses-permission>` benannt werden müssen. In der ersten Spalte ist jeweils der Name der Berechtigung ohne Präfix angegeben. Dem Namen für die Deklaration im Manifest ist jeweils `android.permission` voranzustellen. Alle hier genannten Berechtigungen sind unter demselben Namen als Konstanten in `android.Manifest.permission` definiert. So gehört beispielsweise zu der Berechtigung `CALL_PHONE` der vollständige Name `"android.permission.CALL_PHONE"`, der in der Java-Konstanten `android.Manifest.permission.CALL_PHONE` definiert ist.

Name	Bedeutung
`ACCESS_COARSE_LOCATION`	Grobe Ortsbestimmung (z. B. durch den WLAN-Zugang oder die Mobilfunkzelle).
`ACCESS_FINE_LOCATION`	Feine Ortsbestimmung (z. B. durch GPS).
`ACCESS_NETWORK_STATE`	Zugriff auf den Netzwerkzustand.
`ACCESS_WIFI_STATE`	Zugriff auf den WLAN-Status.
`BATTERY_STATS`	Abfrage der Batteriestatistik.
`BLUETOOTH`	Verbindung zu Bluetooth-Geräten herstellen.
`BLUETOOTH_ADMIN`	Bluetooth-Geräte ermitteln.
`BROADCAST_STICKY`	Sticky Intents versenden.
`CALL_PHONE`	Telefonanruf ohne Bestätigung des Benutzers initiieren.
`CAMERA`	Zugriff auf die Kamera im Gerät.
`FLASHLIGHT`	Zugriff auf das Blitzlicht im Gerät.
`GET_ACCOUNTS`	Benutzerkonten aus dem `AccountService` ermitteln.

Name	Bedeutung
GLOBAL_SEARCH	Globale Suche in den Daten eines Content-Providers.
INTERNET	Netzwerkverbindungen herstellen.
NFC	Über NFC kommunizieren.
READ_CALENDAR	Kalenderdaten lesen.
READ_CALL_LOG	Zugriff auf das Anrufprotokoll (seit Android 4.1, API-Level 16).
READ_CONTACTS	Kontaktdaten lesen.
READ_EXTERNAL_STORAGE	Lesend auf externen Speicher zugreifen (seit Android 4.1, API-Level 16).
READ_HISTORY_BOOKMARKS	Browser-History und Lesezeichen lesen.
READ_PHONE_STATE	Telefonstatus lesen.
READ_PROFILE	Benutzerprofil lesen.
READ_SMS	SMS-Nachrichten lesen.
READ_SOCIAL_STREAM	Social-Stream-Daten lesen (seit Android 4.0.3, API-Level 15).
READ_USER_DICTIONARY	Benutzerwörterbuch lesen (seit Android 4.1, API-Level 16).
RECEIVE_MMS	MMS empfangen.
RECEIVE_SMS	SMS empfangen.
RECEIVE_WAP_PUSH	WAP-Push-Meldungen empfangen.
RECORD_AUDIO	Tonaufnahmen erstellen.
SEND_SMS	SMS senden.
SET_ALARM	Wecker einstellen.
SET_ORIENTATION	Bildschirmorientierung einstellen.
USE_SIP	SIP-Dienste verwenden.
VIBRATE	Auf den Vibrator zugreifen.
WRITE_CALENDAR	In den Kalender schreiben.
WRITE_CALL_LOG	In das Anrufprotokoll schreiben.
WRITE_CONTACTS	In die Kontaktdaten schreiben.
WRITE_EXTERNAL_STORAGE	Schreibend auf den externen Speicher zugreifen.
WRITE_PROFILE	In das Benutzerprofil schreiben.

Name	Bedeutung
WRITE_SETTINGS	Systemeinstellungen lesen und schreiben.
WRITE_SMS	SMS-Nachricht schreiben.
WRITE_SOCIAL_STREAM	Social-Stream-Nachricht schreiben (seit Android 4.0.3, API-Level 15).
WRITE_USER_DICTIONARY	In das Benutzerwörterbuch schreiben (seit Android 4.1, API-Level 16).

Geräteeigenschaften

Es folgt eine Liste der wichtigsten von Android vordefinierten Geräteeigenschaften, wie sie bei Bedarf im Manifest-Tag `<uses-feature>` benannt werden müssen. Angegeben ist jeweils der Name der Berechtigung ohne Präfix. Der Name für die Deklaration wird gebildet, indem der Name kleingeschrieben wird, die Unterstriche durch Punkte ersetzt werden und das Präfix `android.feature` vorangestellt wird. Die Features sind als Konstanten in der Klasse `android.content.pm.PacketManager` definiert, wobei dem Konstantennamen jeweils `FEATURE_` voranzustellen ist. Beispielsweise lautet der vollständige Name des Features `CAMERA_FRONT` `android.feature.camera.front` und ist in der Java-Konstanten `PackageManager.FEATURE_CAMERA_FRONT` definiert.

Name	Bedeutung
BLUETOOTH	Bluetooth-Kommunikation
CAMERA	Kamera auf der Rückseite
CAMERA_FRONT	Kamera auf der Vorderseite
LIVE_WALLPAPER	Unterstützung für »lebende« Bildschirmhintergründe
LOCATION	Ortsbestimmung allgemein
LOCATION_GPS	Ortsbestimmung über GPS
LOCATION_NETWORK	Ortsbestimmung über das Netzwerk
MICROPHONE	Mikrofon
NFC	Nahbereichskommunikation (*Near Field Communication*)
SCREEN_LANDSCAPE	Bildschirm im Querformat

Name	Bedeutung
SCREEN_PORTRAIT	Bildschirm im Hochformat
SENSOR_ACCELEROMETER	Beschleunigungsmesser
SENSOR_BAROMETER	Barometer (Luftdruckmesser)
SENSOR_COMPASS	Kompass
SENSOR_GYROSCOPE	Gyroskop (Drehungssensor)
SENSOR_LIGHT	Lichtsensor
SENSOR_PROXIMITY	Näherungsmesser
SIP	SIP-API verfügbar
SIP_VOIP	SIP über VOIP
TELEPHONY	Telefonie mit Datenkommunikation
TELEPHONY_CDMA	CDMA-Telefonie (UMTS u. a.)
TELEPHONY_GSM	GSM-Telefonie
TELEVISION	Fernsehgerät (seit Android 4.1, API-Level 16)
TOUCHSCREEN	Berührungsbildschirm
USB_ACCESSORY	USB-Anschluss
USB_HOST	USB-Host-Anschluss
WIFI	WLAN-Kommunikation
WIFI_DIRECT	*WIFI Direct*-Kommunikation

Kotlin-Standardfunktionen

Die Standardbibliothek von Kotlin bietet eine Reihe von Funktionen auf Package-Ebene, die automatisch in jedes Kotlin-Quellprogramm importiert werden und daher überall verfügbar sind.

Im Folgenden sind einige der häufiger benötigten Standardfunktionen in der Form beispielhafter Aufrufe aufgeführt.

Funktionen für Prüfungen und Fehlermeldungen

`assert(x<>0)`
: Löst einen `AssertionError` aus, wenn das angegebene Argument `false` ist. (Die JVM-Option `-ea` muss dazu gesetzt sein.)

`check(x>0)`
`check(x>0) { "$x ist kleiner als 0." }`

Löst eine `IllegalStateException` aus, wenn der übergebene Wert `false` ist. Der Lambda-Ausdruck wird nur bei Bedarf ausgewertet und liefert eine Erklärung.

`checkNutNull(s)`
`checkNutNull(s) { "s ist null." }`

Löst eine `IllegalStateException` aus, wenn der übergebene Wert `null` ist. Der Lambda-Ausdruck wird nur bei Bedarf ausgewertet und liefert eine Erklärung.

`error("Fehlertext")`

Lost *immer* eine `IllegalStateException` aus und kehrt niemals zurück.

`require(x>0)`
`require(x>0) { "$x ist kleiner als 0." }`

Löst eine `IllegalArgumentException` aus, wenn der übergebene Wert `false` ist. Der Lambda-Ausdruck wird nur bei Bedarf ausgewertet und liefert eine Erklärung.

`requireNutNull(s)`
`requireNutNull(s) { "s ist null." }`

Löst eine `IllegalArgumentException` aus, wenn der übergebene Wert `null` ist. Der Lambda-Ausdruck wird nur bei Bedarf ausgewertet und liefert eine Erklärung.

`TODO()`
`TODO(text)`

Löst *immer* einen `NotImplementedError` aus und kehrt niemals zurück. Dient der Kennzeichnung von Programmstellen, die noch nicht fertig implementiert sind.

Funktionen für Arrays und Kollektionen

`arrayListOf("a","b","c") » ArrayList<String>`

Erzeugt eine `ArrayList` aus den übergebenen Werten.

`arrayOf("a","b","c") » Array<String>`

Erzeugt ein Array aus den übergebenen Argumenten.

arrayOfNulls<String>(10) » Array<String>
: Erzeugt ein Array der angegebenen Länge, das nur null-Werte enthält.

booleanArrayOf(true,false,true) » BooleanArray
: Erzeugt ein Boolean-Array aus den übergebenen Werten.

byteArrayOf(1.toByte(), 2.toByte()) » ByteArray
: Erzeugt ein Byte-Array aus den übergebenen Werten.

charArrayOf('a','b','c') » CharArray
: Erzeugt ein Char-Array aus den übergebenen Werten.

doubleArrayOf(1.0,2.0,3.0) » DoubleArray
: Erzeugt ein Double-Array aus den übergebenen Werten.

emptyArray<String>() » Array<String>
: Erzeugt ein leeres Array.

emptyList<String>() » List<String>
: Erzeugt eine leere, unveränderliche Liste.

emptyMap<String,Int>() » Map<String,Int>
: Erzeugt eine leere, unveränderliche Map.

emptySet<String>() » Set<String>
: Erzeugt ein leeres, unveränderliches Set.

floatArrayOf(1.0f,2.0f,3.0f) » FloatArray
: Erzeugt ein Float-Array aus den übergebenen Werten.

hashMapOf("a" to 1, "b" to 2) » HashMap<String,Int>
: Erzeugt eine HashMap aus den übergebenen Wertepaaren.

hashSetOf("a", "b", "c") » HashSet<String>
: Erzeugt ein HashSet aus den übergebenen Werten.

intArrayOf(1,2,3) » IntArray
: Erzeugt ein Int-Array aus den übergebenen Werten.

linkedMapOf("a" to 1, "b" to 2) » LinkedHashMap<String,Int>
: Erzeugt eine LinkedHashMap aus den übergebenen Wertepaaren.

linkedHashSetOf("a", "b", "c") » LinkedHashSet<String>
: Erzeugt ein LinkedHashSet aus den übergebenen Werten.

listOf("a","b","c") » List<String>
Erzeugt eine unveränderliche Liste aus den übergebenen Werten.

listOfNotNull("a") » List<String>
Erzeugt eine unveränderliche Liste mit einem Element, wenn das Argument nicht null ist, andernfalls eine leere Liste.

longArrayOf(1L,2L,3L) » LongArray
Erzeugt ein Long-Array aus den übergebenen Werten.

mapOf("a" to 1, "b" to 2) » Map<String,Int>
Erzeugt eine unveränderliche Map aus den übergebenen Wertepaaren.

mutableListOf("a","b","c") » MutableList<String>
Erzeugt eine veränderliche Liste aus den übergebenen Werten.

mutableMapOf("a" to 1, "b" to 2) » MutableMap<String,Int>
Erzeugt eine veränderliche Map aus den übergebenen Wertepaaren.

mutableSetOf("a", "b", "c") » MutableSet<String>
Erzeugt ein veränderliches Set aus den übergebenen Werten.

setOf("a", "b", "c") » Set<String>
Erzeugt ein unveränderliches Set aus den übergebenen Werten.

shortArrayOf(1.toShort(),2.toShort()) » ShortArray
Erzeugt ein Short-Array aus den übergebenen Werten.

sortedMapOf("a" to 1, "b" to 2) » SortedMap<String,Int>
Erzeugt eine SortedMap aus den übergebenen Werten.

sortedSetOf("a", "b", "c") » HashSet<String>
Erzeugt ein SortedSet aus den übergebenen Werten.

Funktionen für Funktionen

repeat(10) { println(it) }
Durchläuft die Funktion die angegebene Anzahl von Durchgängen und übergibt jedes Mal den Schleifenindex, beginnend mit 0.

`run(funktion)`
: Führt die als Argument übergebene Funktion aus und liefert das Ergebnis der Funktion zurück.

`synchronized(lockObjekt) { . . . }`
: Führt die Funktion synchronisiert aus, wobei die Sperrung über das angegebene `lockObjekt` erfolgt. Liefert das Ergebnis der Funktion zurück.

`use (InputStream(...)) { . . . }`
: Führt die Funktion aus, wobei das übergebene `AutoClosable`-Objekt als Argument übergeben wird und als Zielwert dient und am Ende auf jeden Fall geschlossen wird.

`with (meinString) { println(toUpperCase()) }`
: Führt die Funktion aus, wobei das übergebene Objekt als Argument als Zielwert dient (und in der Funktion als `this`-Objekt fungiert).

Index

B

C

D

L

M

S

T